UNIRULE
INSTITUTE OF ECONOMICS
北京天则经济研究所

民主法治：
中国政府体制改革之路

A Democratic and Legal System
—— The Reform of China's Government System

茅于轼◎主编

暨南大學出版社
JINAN UNIVERSITY PRESS
中国·广州

图书在版编目（CIP）数据

民主法治：中国政府体制改革之路／茅于轼主编．—广州：暨南大学出版社，2009.8

ISBN 978－7－81135－088－3

Ⅰ．民…　Ⅱ．茅…　Ⅲ．国家机构—政治体制改革—研究—中国　Ⅳ．D62

中国版本图书馆 CIP 数据核字（2008）第 141891 号

出版发行：暨南大学出版社

地　址：中国广州暨南大学
电　话：总编室（8620）85221601
营销部（8620）85225284　85228291　85220693（邮购）
传　真：（8620）85221583（办公室）　85223774（营销部）
邮　编：510630
网　址：http：//www.jnupress.com　http：//press.jnu.edu.cn

排　版：广州市天河星辰文化发展部照排中心
印　刷：湛江南华印务有限公司

开　本：787mm×960mm　1/16
印　张：16.5
字　数：320 千
版　次：2009 年 8 月第 1 版
印　次：2009 年 8 月第 1 次

定　价：36.00 元

序　言

本书是北京天则经济研究所（以下简称天则所）茅于轼和唐杰负责的“政府体制改革研究项目”报告集的第二册。第一册已由法律出版社在2004年以“公正透明：中国政府体制改革之路”为题出版。“政府体制改革研究项目”自1999年开始，每年一届，每届包含10个左右的子课题，至2003年为止共组织5届40余个子课题。具体的子课题、负责人列表请参见《公正透明：中国政府体制改革之路》一书的序言。所有子课题由天则所提供资金①，通过公开招标的方式确定负责人（大学老师和研究人员），负责人实施研究并提交报告给天则所审核，报告版权归天则所拥有。平均每个子课题获资金两万元，5届40余个子课题共花费100万元左右。在此过程中，我们阅读每个子课题的中期报告和正式报告并提出修改建议，所投入的大量时间是用金钱难以衡量的。从持续时间、总体规模、投入资源、所获成果来看，“政府体制改革研究项目”在国内相关研究领域是不多见的。

作为经济学家云集之处，作为民营研究机构，天则所组织“政府体制改革研究项目”似乎有些令人难以理解，其实背后的逻辑是清楚的。天则所的工作以制度经济学的研究为主，而制度转型又是我们的主攻方向，故政府体制改革对于我们并不陌生。

本书是5届课题研究中有关立法与司法制度改革的部分成果，其中，立法部分比较少，主要涉及代表制度的完善，即让人民更好地通过自己的代表当家作主；司法部分则涉及法治社会的建设。

为什么要研究民主与法治？

第一，民主和法治是市场经济的“保护神”。所谓的市场经济，是建立在平等自由的基础上的。它必然是民主法治政体的延伸，而且还是资源配置效率最高的一种规则。对生产者而言，他能把产品卖给出价最高的买方；对需求方

① 本届研究课题的资金来自社会资助，主要由福特基金会和上海法律与经济研究所提供；在课题招标和评审过程中，上海法律与经济研究所也给予了大力支持，在此向他们表示深深的感谢！

而言，他能够找到报价最低的卖方。这种奇妙的结合使得资源配置避免了浪费。相比由权力配置资源的计划经济，市场经济资源配置效率高得多，它体现了人类社会的发展与进步。中国改革开放 30 多年来经济整体快速增长，人们生活水平大幅度提高，成就巨大，举世公认，其原因之一就是市场作用不断加强。但是目前的市场经济还不够完善，除了很多资源的配置，如资金和土地，还没有充分市场化外，更重要的是市场经济的两大基本制度（产权保护和公平竞争）还未完全建立。上述问题的解决需要处理好政府与市场的关系。只有实现民主和法治，市场才能真正发挥资源配置的主体作用。

第二，民主和法治能弥补市场经济的缺陷。在承认市场经济的优点并继续发扬的同时，也应该认识到市场经济有很大的缺陷。在经济领域，用金钱来推动经济虽然提高了效率，但是如果不对权钱结合加以约束，普通百姓的基本权利将被侵犯。所以在代表选举时，要得到真正多数人的支持，而不是形式上的、表面的民主。在保障人权的司法裁判中，所依据的条文应该符合法律规定和法的精神，法的精神则来自公认的道德准则。

对于子课题报告，天则所提出的一以贯之的原则要求就是“科学性、建设性、可行性”。“科学性”是指论据扎实、逻辑清楚。其中特别重要的是对所研究的问题进行仔细的调研，避免人云亦云，弄清楚问题的真正所在。“建设性”是指课题负责人要在分析问题的基础上提出政策建议。分析问题的目的不是为了暴露问题、追究责任或站在利益冲突的一方来反对另一方，而是从客观、公正的立场出发，力求解决问题、化解矛盾。“可行性”是指政策建议要切合实际，考虑到各种制约因素，避免凭空设想、企图一步达到完美的盲目性。在阐述上述原则时要注意，调研和建议都要深入、细致。

在项目实施过程中，我们也争取选择最合适的课题负责人，并激励他们提交最好的报告。比如，课题负责人是通过公开招标程序确定的。招标通知会提前一两个月通过各种途径公布。除了常规的做法，我们还曾根据招标主题到各个相关学术论坛上搜索注册用户邮箱，给他们发邮件，将打印好的招标通知带到有关科研机构所在地，放到每个成员的信箱中，甚至到有关专业博士生的宿舍逐个通知。我们采取保险销售人员的做法是争取让尽可能多的人知道此事，因为越多的人知道就越可能选择到合适的课题负责人。对于入选的课题负责人，我们也想办法提供正确的激励措施。通过严格的质量评审，区分劳务费的最终金额（上下浮动 30% 以内），最高者大约为最低者的两倍。为了让评审专家没有顾虑，评审的表决采取匿名制。为了避免审核专家意见偏颇，我们重新为每个子课题邀请了两名该领域的专家，并召开课题总结会，给课题负责人和评审专家之间以交流的机会，也给课题组阐释的机会。

本课题成果的出版，几经周折，最后得到暨南大学出版社的支持才得以问世。这本推动我国改革进程的报告集能够奉献给大家，自然要感谢暨南大学出版社的远见卓识。作为巨大辛勤劳动的亲历者，我们倍感宽慰。

茅于轼　唐　杰

2009 年 3 月 29 日

目　录

政府采购制度研究：基于比较研究的视角

◇史际春　邓　峰①

［提要］本文从中国政府采购制度的转轨开始，阐述和界定了政府采购的基本组成，以及中国现行的政府采购制度的必要性，指出了将政府采购转向法治，采用竞争模式，以及赋予采购相对方以相应权利的意义，并进一步分析了政府采购的制度特性和法律原则。

目前的中国政府采购采用了行政法调整的方式，局限于政府为日常运作而采购的领域，本文则提出了应当将政府的商业性合同行为纳入统一法律调整的必要性，并将其界定为政府（公共）商事合同的一种，因而，遵守市场准则，采用民事诉讼方法来解决政府采购行为的违约，是本文这一定位的核心所在。

本文具体分析了政府采购的模式、主管机关、法律渊源、采购系统、采购官员、合同管理、信息管理、异议和索赔，特别是中央政府和地方政府的关系，政府采购方式及其选择，政府在采购中的主导性地位，以及违约责任和公益诉讼制度等。在结论中，还进一步指出了政府行为和企业行为的差别是导致政府采购的特殊性所在。

在地方政府不可遏止的探索热情和种种做法的推动下，又鉴于政府改革和加入世界贸易组织的需要，我国中央政府的采购制度正在发生变化。1999 年，财政部颁发了《政府采购管理暂行办法》，随后陆续颁布了《政府采购招标投标管理暂行办法》、《政府采购合同监督暂行办法》，在此基础上，2002 年又制定了《政府采购法》。政府采购制度的集中化、透明化和法制化，是改革的发展方向。

毫无疑问，政府采购制度的变迁对于建设市场经济的中国社会和中国政府

---

① 本文系北京天则经济研究所政府体制改革研究的子课题报告。史际春，法学博士，教授，中国人民大学法学院（100872）；邓峰，法学博士，副教授，北京大学法学院（100871）。本文在本次出版前由北京大学法学院硕士研究生任启明进行了修订。

有着重要的意义。它对于政府法制建设、塑造现代的公平竞争的市场、维护企业和政府诸方的合法权益乃至增进全民福祉，都是不可或缺并起着某种主导作用的环节。本报告采取比较制度研究的方法，努力构造一个可用以分析和论证的框架，对中国的政府采购制度建设及其法治方面提出相应的意见。

一、概述：政府采购的提出

（一）政府采购的概念及其特征

政府采购（government procurement 或 purchasing），也称为公共采购。各国对其的定义、范围并不一致。按照我国《政府采购法》的规定：政府采购，是指各级国家机关、事业单位和团体组织，使用财政性资金采购依法制定的集中采购目录以内的或者采购限额标准以上的货物、工程和服务的行为。而相关省市关于政府采购的概念也有相应的定义，如上海市规定“本办法所称的政府采购，是指政府为了开展日常政务活动或者为社会公众提供服务的需要，以确定的、规范的方式和程序，购买货物、工程和服务的行为”。概括起来，政府采购具有以下主要特征：

第一，政府采购属于公共财政的范畴，各财政预算单位的商品、工程、服务的采购及其管理构成了这一制度。作为最大的消费者，政府采购常常在 GDP 中占到 10% 以上的份额，对社会经济产生着重要影响①。

第二，政府采购具有公共性，其目的不限于满足个别单位的需要，同时具有为社会或公众提供服务的特性。相当的政策性质——财政政策、竞争政策、经济政策乃至政治目标，显性或隐性地包含于采购行为之中。

第三，政府采购制度通过确定的、规范的方式来完成。资金来源的公共性、政府管理的民主化和制度化、克服权力腐败和权利侵蚀的要求，决定了政府采购制度的综合性和复杂性。其复杂性在于，采购制度的规范化与具体市场行为之间难以和谐统一；其综合性在于，该制度涉及采购政策、采购程序、采购管理、采购合同等。在法律制度上，它涉及合同关系、政府经济管理关系、层级组织内部管理这三种不同性质的法律关系和法律规范，以及公务员制度、行政控权、经济管理、经济责任制、反不正当竞争、反垄断、合同、财政管理、廉政制度、经济监督和稽查、法律救济等一系列具体制度。

---

① 比如，欧盟的政府采购往往占到其 GDP 的 15%。See Conor. *Quigley*, *European Community Contract Law*, Volume 1, Kluwer Law International Press, p. 326.

（二）传统采购制度的弊端与制度转轨

政府采购制度的转轨，从根本上说在于由各单位的分散采购过渡到集中与分散相结合的纳入公共财政管理的采购。改制前的政府采购制度，是从战时经济条件下实行的财政供给制发展而来，主要是由各个支出单位自行采购。对政府采购的控制，主要是对财政资金使用和采购标的的控制。这一采购制度自改革开放以来已经呈现出不能胜任在市场经济条件下对政府行为施加有效控制的要求，曾经采取的社会购买力控制、禁止建造楼堂馆所、禁止车辆使用超标等做法，均反映了在原有制度下实现这种要求的努力。

改制前采购制度的弊端在于其强烈的行政任意性，造成了政府采购管理的难度，又不能很好地反映财政政策的变化和发展。从法律制度而言，这样的政府采购决定了必然是在行政法架构下追求内部控权，而平等的合同关系则依赖私法体系，这是一种“纵横分离”的调整模式。而市场经济下，需要对政府采购实行“纵横统一”的管理和法律调整，由此决定了市场经济下的政府采购制度应当属于经济法的范畴 。

具体而言，我们认为，其弊端主要表现在：

第一，在政府采购制度中，国家作为经济管理者、行政管理者和民事主体的身份被割裂开来，导致政府采购制度割裂为财政控制和具体采购两个部分，忽视了市场对政府行为的制约，同样忽视了政府行为对市场的影响力。在法律制度上，形成行政法—民法割裂调整的局面。

第二，缺乏规范的采购法律制度，完全由行政任意调控。

第三，预算资金使用效率不高，财政无法行使监督职能，盲目、重复、随意购置现象严重。

第四，存在不公平交易和地方性垄断。受地方、部门利益的驱动，政府常常强制本地区、本部门的支出单位购买某种特定产品和服务，在价格和质量上缺乏比较和竞争。

第五，分散采购和单纯、任意性行政约束的采购模式滋生了腐败。

（三）制度转轨的必要性和现实性

自 1995 年开始，深圳市、上海市、武汉市等先后引进政府采购制度，制定了相应的地方性法规或政府规章。到 1998 年底，全国共有 29 个省、市、自治区和计划单列市都不同程度地开展了政府采购改革的试点[①]。1999 年，财政

---

① 参见张弘力：《关于建立中国政府采购制度的若干问题》，《预算管理与会计》，1999 年第 7 期。

部颁布了《政府采购管理暂行办法》，全国开始初步推行这一制度。

政府采购制度的试点，主要局限在部分地方政府、部分政府部门和某些采购标的。比如改革较早的上海市，在卫生、科委、教育等部门实行了统一采购；河北省自1997年开始逐步推行公开招标确定定点接待、办公，统一购车、保险、修车、购油①。从目前的情况看，这些改革在不同程度上起到了节约资金、提高效率的作用②。

上述经验和成绩，对政府采购制度改革的必要性作了很好的说明，证明了全面实行并确立我国的政府采购制度不仅是可行的，而且是必要的。其理由如下：

第一，改革既有的政府采购制度，由行政性财政向公共财政转轨，构成了我国公共财政改革的重要部分。

第二，走向透明、公开的政府采购，有助于提高采购资金的利用效率，促进公共资源优化配置。按分工和专业化要求设立采购人员和采购机关，引进市场竞争机制，可以有效地降低供应商与采购部门、采购人员之间的合谋与利益链。

第三，市场化取向的政府采购制度改革，有助于政府经济管理模式的变革。通过采购制度，政府可以利用其作为最大消费者的地位，对企业、个人和社会的经济行为加以更有效的间接引导，而不再习惯于采用简单化的行政命令和行政指挥的手段③。

政府采购制度的改革，必然采取引进竞争的方式来防止官员腐败并获取最佳性能价格比的商品和服务，可以避免原有分散采购的种种弊端，比如重复建设、人员和设施的闲置浪费、增大财政供养人口、商品和服务的质量差等。

第四，政府采购制度的变革，意味着采购管理模式从行政约束走向法治约束。因为政府机构遵循法定的条件和程序采购，这是政府行政及其采购行为法治化的基本要求和重要内容。

第五，政府采购制度的改革，也是我国解脱现实政治和经济压力的要求。

---

① 参见楼继伟主编：《政府采购》，经济科学出版社1998年版，第130页。

② 比如，重庆市公开采购成交65辆车辆，比原财政预算安排资金节约350万元；据河北省统计，省直机关事业单位每年可以节约资金1 500万元以上，全省机关事业单位可以节约资金1亿元以上。参见楼继伟主编：《政府采购》，第139页以下。据统计，1998年中国在各地政府采购试点工作中，签订采购合同近2 000份，采购规模约31.06亿元，共节约资金4.16亿元，平均节约率为13.38%。参见张弘力：《关于建立中国政府采购制度的若干问题》。

③ 例如，对于国家储备粮制度，可以采用政府公开的市场采购操作方式，通过收购价格、收购品种、标准等明确的信息，引导农民行为。参见张弘力：《关于建立中国政府采购制度的若干问题》。

1996年，中国政府向亚太经济合作组织提交的单边行动计划中，明确允诺最迟于2020年与各亚太经济合作组织成员对等开放政府采购市场；同样，加入世界贸易组织也必须签署《政府采购协议》，这是国际的压力。对不断滋生的腐败“动真格”，将反腐败制度化的要求以及实施积极财政政策之事提上议事日程，则构成了加快确立并完善政府采购制度的内在压力。

二、政府采购的目标、特性和原则

（一）政府采购的政策目标

任何一项制度，其规范构成都应符合“合目的性”，因此确定政府采购的目标是十分必要的。我国既有法律制度中，关于政府采购制度目标并无明确和统一的说明。如《政府采购法》第九条仅规定了“应当有助于实现国家的经济和社会发展政策目标，包括保护环境，扶持不发达地区和少数民族地区，促进中小企业发展等”目标。规范性和一定的刚性固然是任何制度尤其是法律制度的特性之一，然而由于管理和交易中存在的种种不确定性，必须赋予政府采购机关和采购人员以相当的自由裁量权，这样就凸显出确定政府采购制度目标的重要性，以便此种不确定下的政府采购行为具有基本的限制框架和评价标准。

借鉴美国的政府采购法①，其联邦政府采购的主要目标如下：

（1）联邦采购系统的任务是在及时的基础上，为使用者提供最好价值的货物或服务，以实现公共利益和公共政策目标……

（2）联邦采购系统应当：

①依照成本、质量条件满足使用者的要求，并适时地交付货物或提供服务，比如：

其一，所购产品和服务能够物尽其用；

其二，与过去具有一贯良好表现的合同相对方或表现出完成合同的现时的优秀能力的相对方缔结合同；

其三，促进竞争。

②最小化行政操作成本。

③引导诚信、公平和公开的商业行为。

④实现公共政策目标。

联合国的《贸易法委员会货物、工程和服务采购示范法》中也在序言中确

① *Federal Acquisiton Regulations System*，1.102，Available at http：//www.arnet.gov/ietf/dtd.html.

定了采购制度的目标：

鉴于……［政府］［国会］认为宜对货物、工程和服务的采购加以管制，以促进下列目标：

（1）使采购尽量节省开销和增加效率。

（2）促进和鼓励供应商和承包商参与采购过程，尤其是在适当情况下促进和鼓励不论任何国籍的供应商和承包商的参与，从而促进国际贸易。

（3）促进供应商和承包商为供应拟采购的货物、工程或服务进行竞争。

（4）规定给予所有供应商和承包商以公平和平等的待遇。

（5）促使采购过程诚实、公平，提供公众对采购过程的信任。

（6）使有关采购的程序具有透明度①。

综合可见，政府采购的目标主要有：

（1）选购并提供性能价格比最大化的商品、服务或工程。

（2）采购制度的效率与成本之比最大化。

（3）引导诚实信用的商业行为，促进政府行为的公开、透明、公正和廉洁。

（4）保证政府政策目标的实现②。

以上四个目标，前两个属于显性的，侧重于效率；后两个则是隐性的，侧重于公平，可以归入制度产生的外部正效益一类。评价政府采购和政府采购制度的标准，正是在于衡量其对这些目标的实现程度，本文的分析研究也是如此。

就实现政府政策目标而言，包含了诸多因素。包括：

（1）保护民族工业。

（2）促进就业。

（3）实现一定的产业政策和竞争政策。

（4）保护环境。

（5）促进落后地区的发展。

事实上，政府采购制度存在多元目标，不同的目标在特定情况下还会发生冲突。由于各国往往将政策制定机构和具体采购部门分立，政策制定机构可以

---

① 《联合国贸易法委员会货物、工程和服务采购示范法》。

② 我们注意到，目前对政府采购的研究集中于财政部门的官员之中，比如楼继伟提出政府采购的目标有以下几个方面：一、加强支出管理，提高资金使用效率；二、宏观调控手段；三、保护民族产业；四、保护环境；五、稳定物价；六、促进就业；七、促进国际贸易；八、加强对国有资产的管理。参见楼继伟主编：《政府采购》，第7页。我们认为这种列举许多可以合并，同时这种分类仅仅是站在行政管理或财政管理的角度上而言，忽略了作为制度本身所具有的成本以及所产生的外部性效应。

通过行政指令灵活地将政策目标贯彻到具体操作中去①。

（二）政府采购的制度特性

一个政府采购合同涉及三方主体和三种关系。三方主体是：代表政府签订合同的采购部门，所采购商品、服务或工程的政府使用单位，合同相对方（承包商或供应商）。三种关系是：政府与合同签订机关及其人员之间的委托代理关系，政府代理机关与合同相对方之间的合同关系，政府使用单位与签约机关之间的委托代理关系。为有效地节约交易费用，政府采购制度首先必须界定其中的权利界限。

显然，在三种关系中，前两种最容易发生权利侵蚀。政府采购代理人凭借其与政府之间的信息不对称，可能为其自身或小集团牟利，或者疏于职守，不能为国家谋取利益，侵蚀国家的权利。在第二种关系即合同关系中，则存在着典型的交易关系中的信息不对称，同时，基于政府采购合同的实质不平等性或政府主导性，也可能出现政府采购代理人侵犯合同相对方权利的现象。

更为重要的是，这些关系是紧密联系的。如果政府不能有效地激励和约束其下属代理机关的行为，则在合同关系中就容易出现腐败、合谋、寻租等机会主义行为，并可能导致侵犯合同相对方的权利；另外，如果政府仅仅依赖内部的行政性指令和约束，通过内部监督来实现对代理机关的控制，由于存在天然的内部层级组织的信息不对称、内部人控制，则不可能消除或降低代理机关对国家权力的侵蚀②。只有依赖市场和竞争，方可消除信息不足和合谋，使政府得以有效地对代理机关施加控制，而行政机关运作的公开和救济制度的完善，

---

① 以美国政府采购制度为例，其美国法典政府合同中明确规定："合众国政府的政策通过下列途径增进联邦政府行政机关采办财产或服务时的节约、效率和有效性：一、促进全面和公开的竞争；二、建立在必要时间内以最低合理费用为政府提供具有必需质量的财产或服务的政策、程序和惯例；三、促进简化的统一采办程序的制定；四、促进有关小企业的参与；五、支持胜利的专业化的劳动力不断发展；六、消除采办过程中的舞弊和浪费；七、取消对承包商和联邦政府采办官员不必要的行政要求；八、促进与私营经济的公平交易和平等关系；九、保证及时付款和价符其值；十、要求在切实可行的范围内使用商品性产品来满足政府的需要；十一、要求人员服务要依据可使用的人事程序而不能通过合同获得；十二、保证制定能够适应紧急状态战争时期以及和平时期的要求的采办政策；十三、促进（不论何时，只要切实可行）用尚待实施要求的功能来描述需要的说明书的使用。"由此可以看出政府采购政策目标的广泛性和复杂性。参见《美国法典·商业贸易法海关法卷》，第417页。

② 可以明显地发现，这两种情况在现实中国以行政运作的政府采购中广泛地存在。其直接原因，是不能通过市场竞争来实现对政府官员的约束，又不能通过制度来实现对政府本身的约束。简言之，就是不能以纵制横和以横制纵。改革开放以来，许多法学家认识不到复杂多变的社会关系的互动性，片面强调各法律部门的分野和自治，这是政府经济管理中的行政约束和市场及竞争的约束相脱节的主观方面之一。

则可以保证合同中双方的权利。

塑造良好的政府采购制度，必须将政府管理与促进市场竞争相结合，体现在法律手段上，在政府采购合同的调整中，必须将公法规范与私法规范相结合，将组织管理性的规范与财产性规范相结合。

（三）政府采购法律制度的原则

法律原则是体现制度目标的具体纲领①，是“法律的根本真理或准则，构成其他法律规则或准则的总括性原理或者准则”②。法律通过原则性规范弥补在其自身逻辑演绎中经常发生的法律适用脱离法之最初目标的弊端；在法律适用中，执法者可以不时援引法律原则，以适应法律因时因地调整之需。法律原则也可以用于纠正行政机关的错误指令。所有这些，对于政府采购制度而言，都具有重要意义。

政府采购法律制度的原则，应当是体现政府采购目标的法律规范，我们认为，我国的政府采购制度应当确立以下原则：

第一，物有所值（value for money）原则，或曰价符其值。这是法治国家的政府采购制度通行的原则之一③。

对这一原则中的“价”，不同的人存在不同的理解。有政府官员解释，它应当是指投入（成本）与产出（收益）之比。投入不是指采购物品的现价，而是指物品的生命周期成本，即所采购物品在有效使用期内发生的一切费用再减去残值④。欧共体的每个采购指令中几乎都规定了计算价值的标准，基本方法首先是包括所有的价额，不仅包括合同价款，而且包括预期的费用，如保险、融资等发生的费用。对不同的合同，还需要作不同的计算，比如租赁、雇佣合同，需要考虑 12 月以内的费用；超过 12 月的，需要考虑预期到时候合同标的的价值等等⑤。一般而言，发达国家对物有所值的判断比较严格，发展中国家则认为应当赋予执行机构较大的自由裁量权，如考虑资金的使用效率、为国内产业发展提供的机会、促进技术转让等⑥。

---

① 参见史际春、邓峰：《经济法总论》，法律出版社 1998 年版，第 159 页。

② *Black's Law Dictionary*, Fifth Edition, West Publishing Co. , 1074（1979）.

③ 比如美国法，参见《美国法典·商业贸易法海关法卷》，第 417 页；以及欧盟法，See John Temple Lang. Subsidiarity and Public Purchasing: Who Should Apply Competition Law to Collusive Tendering and How Should They Do It? *European Public Law*, Volume 4, Issue 1.

④ 参见楼继伟主编：《政府采购》，第 10 页。

⑤ See Conor. *Quigley*, *European Community Contract Law*, Volume 1, pp. 337 – 339.

⑥ 参见楼继伟主编：《政府采购》，第 10 页。

部分学者提出，将价限定得过严，对政府反而不利。“且由于采用最低标价的关系，竞标厂商皆需在相同立足点上以价格一决胜负，故对于合约条款几乎不容许厂商置喙。在此情形下，往往发生劣币驱逐良币的情况。吾人认为在规格方面容许弹性后，在合约商业条款上亦应容许弹性，彻底废除僵化之最低标价决标方式，而由采购机关依资格、规格、商业条款、价格等多方面因素综合评量加以决标。”① 有学者还指出了“虚假报价”问题。在美国的实践中，存在部分公司为了争取最初的合同而报出低价，谋求合同订立之后再提高价格的情况，为此部分美国城市在采购中采取了“负责任的最低标价”概念，以便将后续发生的或可能产生的费用考虑在内②。

对“价”的理解，我们认为应当考虑适当限制执行官员的自由裁量权。自由裁量权过大，会导致其他配套程序形同虚设；过小则不便于操作，难以应对复杂情况反而导致低效和腐败。因此，借鉴欧盟的做法，区分不同合同类型，通过政策制定机关的行政指令来界定这一概念的做法，是值得借鉴的。在法律中可以作出较为严格的限制，同时允许政策制定机关来进行修正的做法是可行的。

第二，公开、公平、公正的原则。这也是各国均有规定的通行原则。现代行政体制应当是“阳光下透明的体制”，这一要求在众多法律规范中均有所体现。对政府采购而言，这是保证廉政和效率的根本途径之一。

公开，是指保证政府采购制度的透明性，保证任何潜在的或特定范围的供应商或承包商能够同等获得相同的采购信息，保证政府确定合同相对方的决策过程的透明性。公开也包含着对合同相对方的要求。政府有权要求供应商或承包商公开其基于采购合同的财务费用、核算成本、项目进度、质量等各种信息。对于后者，国内学者往往不予重视，这是片面的。各国的政府采购中，在规定政府的主导性权利（包括监督管理权、财务审查权等）的同时，均规定合同相对方有义务提供一切必要的信息。

公平，是指应当给予潜在的供应商或承包商以同等的机会和权利，不得有任何歧视性的行为；同时意味着在政府采购合同中，应当保证合同相对方权利的实现。

公正，在于政府一方平等地对待各个可能的交易对手，严格地依照法定的条件和程序作出决定。据此，未获得合同的竞争者和公众有权要求政府对其决定公开作出说明。保证这一原则的具体制度包括回避制度、推广格式合同、标

---

① 李宗德：《由经济层面考量政府采购立法之基本架构——从中山高速公路拓宽工程第十八标案谈起》，载《中国比较法学会论文集》，台北中国比较法学会 1993 年版。

② 参见［美］戴维·奥斯本、特德·盖布勒：《改革政府——企业精神如何改革着公营部门》，上海译文出版社 1996 年版，第 66 页。

准化制度、听证制度等。

英语国家对公平和公正采用同一个词来表达①，而鉴于我国法律已经确认了上述原则②，并就公平和公正的不同含义形成了广泛的共识，本文亦将其并列使用。

第三，促进竞争原则。有效的竞争是防止腐败、打破垄断和地区封锁以及其他超经济干预的根本途径。促进竞争原则与公开、公平、公正原则和物有所值原则互为依托，共同保证政府采购目标的实现。“促进”一词，表达了政府代理机关的主动性和对它的积极要求：凡是可以鼓励和促进竞争的采购行为，都应尽可能达到这样的效果。

美国是最为注重竞争的国家，这不仅体现在它是最早制定反垄断法并执行得最为坚决的国家，在其政府采购的法令中，也随处可见对具体机关执行竞争政策的要求。其中最具代表性的，是要求每个行政机关设立一名竞争代言人，为其提供必需的工作人员（诸如那些在工程设计、技术操作、合同管理、财务管理、供应管理和利用小的和处于不利地位的有关企业等方面有专长的人们）或者帮助。竞争代言人负有以下职责：①在行政机关采办财产和服务中负责排除各种障碍并促进全面和公开的竞争；②检查行政机关的采办活动；③查明以下情况，包括行政机关在采办活动中为实现全面和公开竞争所采取的行动，以及行政机关在采办活动中采取的任何不必要的限制竞争的行为；④对以下情况作出年度报告并将其提交高级采办行政官员：该代言人进行的活动、为加强竞争所必需的新办法、现存的对于全面和公开的竞争的各种障碍③。

促进竞争原则体现在几乎所有的采购规则中，例如要求对非竞争性程序的限制、要求竞争性程序必须存在三个以上的备选供应商或承包商等。

第四，诚信原则。诚实信用本是民法的“帝王条款”，其内涵在于“一切法律关系，应各就其具体的情形，依正义衡平之理念，加以调整，而求其具体的社会妥当”④。而合同作为一种最古老的法律关系，早已从交易的法律形式泛化为任何不同当事人之间相互承诺接受约束的法律形式，蔓延到社会生活的各个领域。政府采购合同作为合同的一种，当然也遵守合同的最基本的机理，应当衡平双方当事人的权利义务，基于双方的合作和彼此信赖而签订和履行。此外，引导诚实信用的商业行为也是政府采购制度的目标之一。

---

① 比如美国，See *Federal Acquisition Regulations System*，USA，Available at http：//www. arnet. gov/left/dtd. html.

② 参见《中华人民共和国证券法》。

③ 参见《美国法典·商业贸易法海关法卷》，第 481 条，第 424 页。

④ （台）史尚宽：《民法总论》，台北：1980 年版，第 33 页。

这一原则要求政府采购合同中的双方当事人，无论是政府还是供应商或承包商，都应当诚实守信，坦白无欺，遵守社会普遍的道德规范和惯例。政府不得利用优势地位和行政权力侵犯合同相对方的利益，合同相对方不得通过不正当利益影响具体执行人员而获得私利，不得利用其专业知识欺诈政府，不得作出虚假的陈述或报价，或者形成合谋、进行围标等。

第五，复审原则。鉴于政府采购法律制度是融程序法和实体法于一体的规范，实体的公正和效率要由程序的合理和公正来保障。复审制度是有效地约束政府和充分地为相对方提供救济的必要途径。

复审原则体现在众多方面。对采购决策的合理性、科学性，采购程序的合法性、适当性，采购标的的价值和适用性，合同履行的完整性、严格性，异议和检举的充分性、真实性等等，都需要不同的部门进行审查。审查分别是由不同的主体来完成的，包括独立的第三方审计机构。由此确定采购行为的合理性，防止腐败和官僚主义滋生蔓延。

还有一些学者提出了“支持政府的其他政策”、“防腐倡廉”等其他原则。我们认为，类似的原则或者是基于行政机关行为的特性，或者是基于公法优先的普遍规则等产生的，它们不属于政府采购所特有或必备的原则，因此无须专门强调。

世界贸易组织的《政府采购协议》确定了非歧视原则和国民待遇原则，鉴于我国参加世贸组织后也难以很快开放政府采购市场，在相当一段时间内将不会参加这项协议，因此本文未涉及这两项原则。

三、政府采购制度的构成分析

（一）采购模式

政府采购集中程度、政府分权程度、政府机构职能机关之间的分工，以致不同的政权组织方式，都会对政府采购模式产生相应的影响①。采用纯粹的集中采购或者分散采购模式的国家非常之少，大部分国家采取的是混合采购政策。例如，英国负责集中采购的机构主要是两个：计算机通信局负责统一购买电脑，中央采购处负责采购急救、消防和家具等设施及物品的集中采购。新加

① 威尔逊在对官僚制度进行批判时就指出，美国采购制度分别受制于白宫和国会，国会通过立法、拨款、指令、听证制度等对行政机关产生重大影响，由此导致行政效率的低下和不断程序化，产生了大量的程序性指令，导致联邦采购法已经成为将近6 000页的综合性文件。参见［美］詹姆斯·Q. 威尔逊：《美国官僚政治——政府机构的行为及其动因》，中国社会科学出版社1995年版，第150页。

坡财政部对部分批量产品如计算机、纸张等实行集中采购，其他采取分散采购[①]。在我国原有的政府采购制度中，各单位自己使用的货物、服务包括工程均采取自行采购的方式，而公共工程则由有关部门专门负责，实际上也不完全是分散采购。

在实行政府采购改革的试点过程中，各试点单位对集中采购的认识基本上是一致的，由各个单位自行采购的属于分散采购，由集中采购机构进行的采购属于集中采购。原政府采购制度的转轨包含两层内容：一方面是从分散采购走向集中采购为主，另一方面是采购的法治化。

由于大多数国家均采取集中和分散相结合的采购模式，采购制度中的集中程度如何就成为一个值得关注和需要考察的问题。从世界范围来看，政府采购经历了从集中到分散的发展过程。政府采购制度发展初期，基于民主要求而强调形式化和程序化，由此导致了采购的集中化；而随着对效率的重视和实质正义的追求，许多国家发现集中采购的制度成本与收益之比不够合理，引起采购权力的分散。比如新加坡在 1995 年以前一直实行集中采购，由财政部中央采购处统一购买政府各部门所需要的物品和服务，1995 年却关闭中央采购处，除了少数物品采取集中采购以外，其他由各部门自行采购[②]。我国在政府采购改革前则一直仅从行政的简易和方便性考虑，基本上采取了分散性的行政约束型采购模式。

集中采购的程度，涉及政府采购的效率和民主、公正目标的衡平。不可否认，1998 年的洪水暴露出来的公共工程质量和腐败问题，促使立法机关和行政机关加快了采购立法和改革的过程；集中采购的试行，是与积极财政政策的实施和行政机关本身对效率的追求相关的。但是，从根本上说，集中采购程度的确定必须要考虑效率目标的实现。集中采购在民主、公平目标的实现方面，不一定优于分散采购。如果约束不足，集中采购也容易导致采购机关滋生腐败。民主、公平目标似乎更取决于制度建设的严格性，集中抑或分散模式本身都无法保证这一目标的实现。因此，如何保证以效率为核心的政府采购目标的实现，应为确定采用什么样的采购模式的根本标准所在。

考虑到制度成本和制度收益，就采购的集中化程度而言，应当分别采购标的的不同性质和类型而作出区分。区分的标准在于采购所需要的时间、采购物品的效用评价是否清楚、采购量的大小、标的的公共性程度等。如果系数较

①② 参见楼继伟《政府采购》，第 16 页。

大，则应当采取集中采购，相反则采用分散采购较为合理①。

考虑到制度转轨的成本和速度，目前的政府集中采购主要集中于计算机、轿车、大量需求的办公用品、定点会议服务以及公共工程等方面。基本上，这些采购是有其他国家的先例可循的。对于中国的制度转轨而言，其发展方向在于从分散采购向集中化发展，在这一过程中可望获得明显的制度收益，并且，随着电子货币的采用，通信手段日益先进，政府行政趋于透明化，信息传递成本和监督成本将会下降，集中采购的可行性会不断增加，从而导致集中采购范围的扩大②。

（二）主管机关

财政采购制度中的主管机关，主要是指在政府机构中负责政府采购政策与管理、协调的部门。许多国家一般将此机构设在财政部门。例如，新加坡由财政部预算署设采购和支出政策处，该处主要负责制定采购法规政策，统一采购部分物品，审查供应商资格，处理上诉和仲裁；英国财政部设立采购局，负责采购政策的制定，执行情况的监督和检查，采购人员的培训和管理。

具有特色的是美国的政府采购制度。受分权体系的影响，该国政府采购的主管机关由复杂的、不同层次的网络构成。它在联邦一级设联邦采购委员会，美国政府采购的基本法律文件——联邦采购条例（Federal Acquisition Regulation）就是由该委员会负责修订，其下分设文职机构采购委员会（Civilian Agency Acquisition Council）和国防采购规则委员会（Defense Acquisition Regulation Council）。这两个委员会向联邦采购委员会秘书长负责，分别由代表各自机构的全职官员组成。其中，文职机构采购委员会成员包括联邦综合服务局长的代表，还有来自于农业部、商业部、能源部、卫生健康署（或译作健康福利部）、内政部、劳工部、国务院、交通部、财政部、环境保护署、社会保险署、小企业局和退伍军人事务局的委员。国防采购规则委员会的主席由国防部长的代表担任，其他成员有各军种、国防后勤局以及国家航空航天管理局（NASA）的代表③。具体负责民用采购政策的是联邦采购政策办公室，其职责是对行政机关采办系统的发展提供政策指导和领导，制定规章、程序和格式，与其他行

---

① 此处没有对运输成本、信息收集的成本（比如确定采购标的标准、传递成本）以及支付成本进行分析。而事实上，由于我国幅员辽阔，中央集权的特征较为明显，在中央与地方、地方政府内部不同层级之间都存在这些问题。在考虑中是否将某种标的纳入集中采购的时候，显然需要考虑运输成本以及标准的易确定性。但运输成本可以明确地计入成本并体现为价格，政府的层级制度本文将另作分析。

② 部分学者指出了这一趋势。参见楼继伟：《政府采购》，第16页。

③ See *Federal Acquisition Regulation*, USA, Available at http://www.arnet.gov/far/current/html.

政机关进行协调、协商等①；具体负责军用采购的是国防部后勤管理局。能够对联邦采购法律和政策产生影响的机构，还有主管信息官员委员会、主管财政官员委员会、总统管理委员会、电子程序创制委员会、采购执行委员会等。②

纵观世界各国，均在政府采购制度中对政策性主管机关和集中采购机关实行分立。我国当前的政府采购实践也基本采纳了这一做法③。从各地设置政府采购主管机关和采购中心的情况看，在具体实施上，仍然存在着主管机关和采购中心也就是主管政策的机关和具体采购机关重合的情况。只有上海市的政府采购机关设置比较合理，其他地区的主管机关和采购中心由于同属于财政部门，两者在操作中几乎不存在界限。我们认为，二者应当在实际上分立，才能产生有效的约束和监督。主管机关不仅要考虑效率目标和政府的社会经济政策目标，还应考虑合同相对方的利益。各地在政府采购试点中，对财政部门缺乏监督和制衡也是突出的问题。这些问题，表现了政府的行为惯性及其对旧体制的某种依赖。

就追求效率的政府采购制度而言，不应当建立美国式的复杂的、控权的和分权的集中采购模式。但单一约束的政府主管部门的设立，同样会产生监督不力的效果。在未来中国的制度转轨趋向中，我们认为应当在机构设立上充分考虑到单一约束和多元约束之间的平衡问题。因此，上海市的试点办法是较为可行的，即由多家政府部门委派人员组成一个集权的委员会，由其承担主管部门的职责。

考虑到政府采购目标的多元性，我们认为至少应当有以下部门参与该委员会：财政部（涉及采购的具体执行和财政支付）、经贸委（涉及公共政策目标）、发展计划委员会（涉及公共工程和长期政府经济目标）、对外贸易经济合作部（涉及对外政策和对外采购）、建设部（涉及公共工程）、审计署（涉及

---

① 部分财政部官员认为，其他国家的政府采购由几个部门来负责，而不完全是财政部门，比如英联邦国家是由财政部、国库部、收入部负责，美国由财政部和总统行政预算办公室来负责。参见楼继伟：《政府采购》，第14页。我们认为，尽管这种分析存在一定的合理性，但造成这种情况的原因在于这些国家更加重视分权和相互制衡。

② See *Committees and Councils*, USA, Available at http://www.arnet.gov/CommCouncil/.

③ 比如上海市，分别设立了上海市政府采购委员会，在采购委员会下设立了政府采购管理办公室，该办公室设立在市财政局，负责政府采购的日常管理工作。深圳特区对主管机关的规定是：市区人民政府财政部门是政府采购的主管部门（以下简称采购主管部门），负责管理和监督政府采购活动。市区人民政府其他有关部门依其职责对政府采购进行管理和监督；而采购机关则是深圳市政府物料供应中心，该中心同时负责收集信息、编制采购目录和制定具体执行办法（参见深圳市政府物料供应中心：《关于政府采购条例实施情况的汇报》，1999年6月，内部资料）。北京市则由财政局负责政府采购工作的管理、监督和指导，由财政局所属的政府采购办公室负责政府采购的日常事务性工作。

监督）、工商行政管理局（涉及供应商资格、合同监督、反欺诈等）、国有资产管理部门（涉及国有资产管理和监督）、物价和税务部门，以及反垄断执法部门（涉及竞争政策）等。委员会在组织结构上应当具有以下两个特征：第一，能够体现各个部门的独立意见，各委员要能体现不同部门的自主权，保持与其派出单位之间的委托代理关系，委员会又能形成必要的统一意见；第二，要有一定的实权，不能是单纯的议事机构，以防被具体采购部门架空。

我们建议，在委员会的组成上，委员的级别应当统一，他们在原部门中至少是能够参与该部门决策的官员；在委员任职期间，不得基于其在委员会的表现而被调任。

这些具体措施的意图是想让该委员会能够产生“争议”，保证各个部门对政府采购的影响力；希望将分权产生的多个委托人现象局限在主管机关之内，下级采购机关只需要接受上级采购机关、审计机关等监督机关以及权力机关的制约，以保证效率目标的实现。

（三）法律渊源

相关法律调整的完善，是实现政府采购制度有效转轨的保证。目前试点中的章程或规范的法律渊源级别太低，难以适应改革和发展的迫切需要。

现有的与政府采购制度相关的全国人大及其常委会制定的法律中，最重要的是1999年第九届全国人大常委会第十一次会议通过的《中华人民共和国招标投标法》（简称《招标投标法》）。政府采购的招投标必须适用该法①。还有2002年6月29日第九届全国人民代表大会常务委员会第二十八次会议通过的《中华人民共和国政府采购法》（简称《政府采购法》）。

完善的政府采购法律体系至少应当包括以下内容：供应商或承包商准入制度、社会中介组织业务资格及其监督制度、政府采购官员和从业人员监督制度、联合投标制度、集中采购的目录及其编制、政府采购信息的发布、政府采购合同及其投标过程中的担保制度、政府采购合同救济制度，以及与合同相关的权利制度、支付制度、特殊企业政策的实施、政府服务合同中的劳动监督和保护、电子交易的管理、小额采购制度、大型工程采购和本国产品采购的特殊规定等。

在政府采购法的建设中，需要考虑的重要因素是法律的稳定性与灵活性之间的矛盾。这里涉及主管机关的权限问题。我们认为，可以在立法中将政府指令限制在以下几个方面：

---

① 《中华人民共和国招标投标法》第二条。

第一，采购标的的标准；

第二，采购程序的附加程序；

第三，采购合同的格式；

第四，采购系统的管理；

第五，公布不受欢迎或不合格的供应商或承包商名单；

第六，采购技术的改进。

“官本位”和行政主导是中国的一项传统特色，30年来的改革也明显属于强制性制度变迁，和诱致性制度变迁相比，市民社会的孱弱和国家权力的膨胀是其重要特点或相当程度上的弊端之所在。因此，此处提出的约束主管机关的权限可能只是一种构想。

（四）采购系统

采购系统[①]的组成是多样的，包括集中采购机构、各个分散采购机构、代理政府进行采购活动的中介机构以及监督机构、审核机构、使用机构等各个与采购相关的机构。

在对采购系统的制约方面，我们发现不同国家的出入较大。美国以专门法律对政府采购系统作出明确规定，一方面体现了分权理论，一方面看重对采购系统的约束。而欧共体的采购指令以及公约、联合国贸易法委员会的采购法指南、世界银行的采购指令等均未对采购系统作详细的规定，而偏重于程序的设定。我们认为，造成这种差异的原因，一方面在于后者多属国际性规范，难以或无须对实体问题作更多的规定；另一方面在于对政府采购特性的理解，大陆法系局限于形式主义的思路，忽略了政府采购系统应当是通过对合同双方尤其是政府机关一方的权力（利）设置和限定来实现其目的的。

关于采购系统的设置，在制度收益上，应当考虑实现公正目标和效率目标之间的平衡；在制度成本上，应当考虑转轨成本、制度约束成本和行为可考查性之间的平衡。采购系统至少应当由以下机构组成：

（1）集中采购机关；

（2）各分散采购机关；

（3）财政支付机关；

（4）供应商或承包商资格认定、审查、监督机构；

---

① 在英语中有两个词用来指代这一概念，即 procurement system 和 contracts authorities，前者直译为采购系统，后者直译为合同官方，均指政府采购机构。但前者偏重于整体，并主要指集中采购系统，后者的范围更为宽泛。

（5）信息管理机构，包括采购法令的公开、采购信息的公开、异议和复议的公开以及信息的收集；

（6）中介商的资格认定、审查、监督机构；

（7）使用机构；

（8）评估机构，包括竞争性采购程序中的标的评估、接受复议机关的委托所进行的评估；

（9）审查机构；

（10）复议机构；

（11）司法机构。

为此，我们认为更好的采购系统应当包括：

第一，设立独立的集中采购机关。目前的思路是采购主管机关和集中采购机关都隶属于财政部门，地方各级财政机关已着手照此实施。不过，中央政府的采购目前由国务院机关事务管理局负责，国务院办公厅转发了国务院机关事务管理局关于在国务院各部门机关实行政府采购的意见，要求将汽车、锅炉、电梯、计算机及辅助设备、复印机、空调机、办公家具等物资；投资额在50万元以上的非生产性修缮工程；大型会议接待、车辆保险和维修等服务项目进行集中采购。我们认为，合理的做法是将集中采购机关独立设立，否则，监督者（主管机关）与被监督者（采购机关）属于同一部门，难以实现真正的制约和监督，只有将主管机关和集中采购机关分设才能发挥财政部门监督和负责支付的作用。

集中采购机关应当承担采购系统之第（1）、第（3）和第（5）项角色和职能，赋予其相应的权限。

第二，对分散的采购机关，通过采购法令、采购指令、审计和监察加以约束。政府采购属于转移性支出，受到财政制度、会计制度的约束。在我国现行的财政和会计制度下，行政、事业单位的会计管理和具体操作，是根据政府机构的设置、运行机制和经费领报制度设立的，在采购方面对使用机关不能形成硬性约束；同时，各机关会去寻求其他制度以外的收入来实现机构的局部利益①。资金直接从各个分散采购机构支付给合同相对方，加之对此的约束不足，预算金额与市场价格脱节，导致了官僚主义和腐败行为的滋长。不仅如此，一些机构利用政府采购合同的不规范，利用推迟支付等手段非显性地造成对合同相对方的权利侵蚀。

---

① 有学者对此作了分析。参见贾康、白景明：《中国政府收入来源及完善对策研究》，载于《经济研究》1998年第6期。

显然，预算和会计制度的变革是政府采购制度变革的重要方面。但是各个单位的使用资金仍然必须存在，否则会形成层层报批的低效率运行。就政府采购制度而言，我们认为应当逐步发展到由统一的结算中心负责采购的结算。

考虑到对分散采购机关监督的困难，我们建议，我国可由法律规定各单位的会计主管人员承担对分散采购进行“第一线”监督。如果这样的话，政府会计系统必须相对独立，以改变目前会计人员的工作和升迁过分仰赖本单位以及会计主管与本单位负责人通谋舞弊的情形难以避免和控制的状况。

第三，以工商行政管理部门、建筑主管部门为核心建立供应商和承包商的资格认定、审查和监督机构。可以由政府采购委员会会同工商行政管理局、建设部组成一个机构，将其设于政府采购委员会下。采取这种思路的理由在于其能够体现采购行为和合同的特殊性，并基于和利用这两个部门已有的职能和经验。

第四，关于使用单位与采购单位的关系，应当明确以下原则：

（1）根据对信息表达、衡量指标、采购标的的专用性或专业化程度、重要性、复杂性以及体现的公共政策目标的复合性程度来确定使用单位抑或采购单位在采购标准确定中的主导性地位；

（2）使用单位就采购标的的适用性和采购程序的适用性有权对采购机构提出异议；

（3）使用单位在涉及专用性强的采购项目时，有权派员参与标底评估和标的评估委员会。

第五，评估及其机构设置。评估是政府采购制度的重要环节或方面。评估包括事先评估和事后评估。事前评估是在采购过程中对采购标的或要约的评估；事后评估是在采购发生后由监督管理部门进行的评估，又包括依正常程序的评估和特殊程序的评估。依特殊程序的评估包括一般程序中作为事后监督的评估、在异议提出以后进行的评估、接受监督机关或司法机关的特别委托进行的评估等。

关于评估的机构，事前评估应由集中采购机构负责，由专业人员包括贸易、市场分析、法律、采购、技术等各方面的专家进行评估。我们建议，政府集中采购机关中应当建立一个类似专家委员会或者评估委员会的组织，从各高等教育机构、研究机构以及专业协会中选拔专家组成人才库，类似于中国国际经济贸易仲裁委员会的仲裁委员组成模式。例如，在安徽省的政府采购试点中，采购中心建立了专家学者资料库，在评标时，随机抽选该项目的专家学者进行评估①。

事后评估对于责任的追究、监督的实施有着重要的意义，因此不能由被监督者——集中采购机关负责事后监督。我们认为，可以通过两种方式进行事后监督：其一是建立隶属于政府采购委员会的评估委员会，由其邀请专家组成，评估委员会不采取松散型结构，而是由具有任期的专家人员组成；其二，促进民间评估的发展，在需要时可以委托民间机构进行评估。

评估应当适用回避原则。评估官员或评估专家不得参加一个以上的机构，存在应当回避事由的人员也不得参与相关的评估或采购行为，以保证评估的客观性。

第六，由审计署负责对采购中心的审计和监督。

第七，异议、复议、质疑和申诉机构，由政府采购委员会负责。对此以下还会讨论。

（五）采购官员

采购官员代表政府进行采购，对其资格和义务表现有积极的和消极的两方面的要求。积极要求有以下几个方面：

第一，培训、注册和专业要求。各国对采购官员的要求比较严格，他们应该谙熟有关法律制度、政策规章、采购程序等，并具备多方面的专业知识和技能，比如谈判、市场采购、询价等方面的知识和能力。因此，应当建立采购官员的培训和注册制度。

第二，接受采购指导。发达国家大都印发指导性手册对采购官员的行为加以引导，手册中更多的是引导性的（不具有强制力的）准则。

第三，研究和交流要求。调查中发现，我国各地政府官员对政府采购制度的了解远远不足，学术研究也仍处于起步阶段。各地官员的信息渠道比较单一，主要是从内部刊物上得到一定的指导。因此，知识和经验的交流对于降低政府采购制度建设的成本是至关重要的。

消极要求有以下几个方面：

第一，注意义务。采购官员对其职务行为应当尽到合理的注意，否则属于失职。判断采购官员是否适当履行了注意义务，很难有统一、恒定的标准，必须根据具体情况进行判断。考虑到不同职务的采购官员及其知识经验的不同，我们可以借鉴英国普通法上对公司董事注意义务的三个判断标准，即对不具有

---

① 参见《大胆实践创新路——政府采购中心一周年回眸》，1999 年 9 月 3 日，Available at http：//159. 226. 53. 245/shopping/shopping49. html.

专业资格和经验的非专业采购官员，采用主观性标准；对具有所涉事务方面的专业资格或经验或具有一定职位的采购官员，适用客观性标准；对负有决策职能和较高职位的采购官员采用严格的推定知悉原则①。

第二，忠实义务。政府采购官员不得出于个人的既得利益或者期待利益进行采购或参与采购相关的行为。其中的利益是广泛的，主体不限于采购官员，也包括其配偶、子女等近亲属，利益的内容可能是具体的财物，也可能是某种机会、资格等。发达国家的政府采购法对此都有具体规定，值得我国借鉴。②

第三，保密义务。这也是各国法律上的普遍规定。采购官员有义务对与采办相关的商业、技术和政府信息保密。

这三种消极义务是与政府采购紧密相关的，而对政府采购官员和接受政府委托的中介机构，还应当适用对公务员的一般要求，比如反腐败、财产申报、责任制、任期审计等。

（六）合同管理

采购合同的管理，包括采购合同的起草、谈判、拟定、签订、履行、归档、解除、中止、终止、追索求偿、异议、诉讼等各个环节。政府采购制度是围绕着采购合同构成的，无论是政府内部的管理层级分权还是严格的程序，从根本上都是要保证采购合同的合理、正常的订立和履行。

我们认为，作为政府一方的合同管理应当分别由采购机关、审计机关负责。前者负责合同的日常管理和对供应商或承包商的合同监督管理，后者负责政府内部的管理监督③。政府集中采购中心应当分别根据合同的不同管理职能设立合同管理中心、纠纷处理中心和信息中心，由合同管理中心负责合同的日常管理、签订，合同条款的拟定、履行以及对合同相对方的监督等；由纠纷处理中心负责违约的追索和求偿等；由信息中心负责合同的归档和保存等。审计机关对合同的监督属于事后监督，负责对合同条款、合同履行、求偿索赔等进行复审。

---

① 关于英国法上的董事义务问题，参见梅慎实：《现代公司机关权力构造论——公司治理结构的法律学分析》，中国政法大学出版社 1996 年版，第 211 页。

② 参见《美国法典·商业贸易法海关法卷》，第 431 ~433 页。

③ 审计机关不仅应负有监督内部合同管理方面的问题，也应有权对合同相对方进行监督。一方面，基于政府采购合同的公共性，需要对合同相对方进行监管；另一方面，对政府内部合同管理的监督也有赖于对合谋等行为的制约和监督。

（七）采购信息管理

采购信息的管理主要包括采购信息的发布和管理两个方面。发布包括对具体采购项目要求的发布（包括招标、要约）、采购法令的发布、采购程序的公布和指导、异议或裁定的发布、违约供应商或承包商的名单和行为的公布等；管理则包括采购程序中信息的记录、市场价格的变动追踪、上级采购机关对下级机关的指令等。

在信息发布上，各国均采用特定的刊物发布和一般性收费刊物发布相结合的途径。前者是主要的，比如采用政府采购公报、INTERNET 站点的形式。目前，国家计委已经建立了相关的网站①，但和发达国家相比在信息量和透明度上差别甚远，有待于进一步完善。如美国的 www. arnet. gov 的政府网站上，可以寻求对法律的解释和解答，查阅法律规定、目前进行的招标、对招标异议的裁定和解释、相关网址等信息，甚至可以从网上投标，进行网上采购培训等。不仅如此，所有高于 2. 5 万美元的采购都刊登在《商业日报》上，也可以到特设的网址 cbdnet. gpo. gov 查询。此外还有众多的相关网址，如 www. gpo. net 等。

在信息管理方面，美国建立了联邦采购数据中心，收集各类信息。如前所述，安徽省建立了供应商资料库、专家学者资料库和商品信息资料库，其中商品信息资料来源于物价部门掌握的商品信息、有关的报纸、杂志和 INTERNET。我们认为这些都是值得借鉴的。

（八）救济制度：异议和索赔

救济先于权利，无救济则无权利。由于政府天然地具有经济、政治上的优势，如何给合同相对方提供良好的救济，是制度公正性的保证和产权保护的重要内容；救济对于政府同样重要，由于所有者缺位和求租行为泛滥，使得政府的权利容易被非法和恶意的供应商和承包商侵蚀。两者的救济均不可少。

救济制度中的异议主要是针对合同相对方而言的，索赔则对合同双方均有必要。

（九）中央政府与地方政府的关系

我国是一个大国，从行政体系来考虑，不同的需求，管理、运输、支付等方面的成本，应当采取分权式的政府采购体制，无须统一政府采购制度。关于地方采购法规与中央采购法规之间的关系，依照法律的一般原则，下级法律不

---

① 该网址为 http：//www. . chinabidding. gov. cn。我们也注意到安徽省建立了相关的网页 http：//159. 226. 53. 245。

得违反上级法律，这对政府采购也应当是适用的。

（十）预算和拨款制度

目前我国在财政支出的管理中，基本上采用财政支出资金管理的模式，在财政监督上难以衡量资金使用效率和效益。财政部门对政府机关使用资金，只能监督其是否改变了既定的用途（专款专用），是否存在挪用或者留占行为，因而这种监督是薄弱的。与此同时，各个单位基于其本身利益，在信息不对称的情况下，总是倾向于获得更多的可支配资金①，而确定预算的部门无法判断各部门的真实需求，只能通过一套复杂的标准体系来确定各个部门可以支配的财政资金，比如该部门的级别、人员数量、地位，甚至包括该部门领导人的权力来源等②。这样就不能按照各个部门的具体需求和具体任务来分配财政资金。

从分散的政府采购制度走向集中与分散相结合的采购制度，从资金管理走向实物管理，不可能消除这种信息不对称所带来的低效率。问题的核心在于分配，而不在于采购。不过，我们认为，集中采购在某种程度上可以提高资金的利用效率，降低政府面对合同相对方时的信息不对称程度。

目前的预算资金使用制度导致效率低下和资金浪费，易于产生虚报预算和挪用资金的弊端。实行集中采购，实现由财政部门将预算经费限额划拨给采购机关，采购机关根据经过批准的使用单位的需求进行采购，规模效益和专业化分工将导致财政资金利用率的提高。问题的核心在于如何判断使用单位的真实需求，尽管存在信息不对称的情况，但由于这种实物使用方式的限制，加上长期博弈的存在，核准部门可以比较实事求是地衡量使用单位的需求。根据目前的试点经验，集中采购的节约效果是良好的③。

几乎所有的国家都是以财政年度作为预算的时间依据，然而，对大型或长期工程项目而言，由于行政机关决策的变动性以及经济波动、物价波动的影响，会导致重要采购项目的预算不能保证到位及其连续性出现问题。对此，美国法上进行了一系列的改革。1987 年，里根签署了 1988 和 1989 年国防授权

---

① 这是一种事先的信息不对称现象，属于逆向选择的范畴。参见张维迎：《詹姆斯·莫里斯教授与信息经济学》，载汤敏、茅于轼主编：《现代经济学前沿专题》，商务印书馆 1999 年版，第 51 页。

② 有关行政机关部门领导人权力来源的分析，参见［美］詹姆斯·Q. 威尔逊：《美国官僚政治——政府机构的行为及其动因》，第 244 页。在该书中，威尔逊还分析了部门之间相互争夺的除了可以支配的资源外，更为重要的是自主权。

③ 如内蒙古赤峰市就现代化办公设施、水利建设物资、新闻摄影器材和汽车燃油等 10 多个项目实行集中采购，节约资金 107.69 万元，平均节约率为 14.57%。参见《赤峰——堵住政府采购的“黑洞”》，《光明日报》1999 年 6 月 15 日。

法，对重要国防项目实行双年预算，目的在于提高国防项目的稳定性，改进项目质量以及减少拨款过程中的循环迟延①。我们认为，引进双年预算或长期预算是可行的，但是应当加以限制，对此可以由国家长期发展委员会作出判断。

四、政府采购合同制度的法律分析

（一）政府采购的不同方式

根据是否存在公开竞争，可以将政府采购方式分为竞争性采购和非竞争性采购，前者包括招标采购和竞争性谈判采购两种，后者包括询价采购、单一来源采购以及自营工程等。WTO 的《政府采购协议》中规定了公开招标程序、选择性招标程序和限制性招标程序三种②。而联合国贸易法委员会的示范文件中，规定了招标、两阶段招标、邀请建议书、竞争性谈判、限制性招标、邀请报价、单一来源采购等方式，其中两阶段招标是由供应商或承包商就采购机关发布的标的提出相应的规格、报价等，由采购机关依据提出的报价和合同标准再进行招标的采购方式，其实质在于技术招标和价格招标分开。

我国目前规定了公开招标、邀请招标、竞争性谈判、询价、单一来源等五种采购方式。地方政府的规定可能存在一些细微的差异，比如深圳市规定了招标、竞争性谈判、邀请报价、采购卡、单一来源采购或者其他方式③。其中，采购卡的规定混淆了采购方式和支付方式。上海市的规定是比较科学的："集中采购以竞争性招标采购、有限竞争性招标采购和竞争性谈判采购为主，询价采购、定向采购和单一来源采购等其他方式为辅。"④ 北京市确定了公开招标、两阶段招标、邀请招标、单一来源采购、竞争性谈判方式和询价方式（必须 3 家以上供应商），采用其他方式则需要主管部门批准⑤。我们注意到，以上规定仅限于集中采购，而未能规范非集中采购，这是不完善的。

应当认识到，任何一种采购方式都是互有利弊的，关键在于衡量其成本收

---

① See Major Robert L. Ackley, Major Jose Aguirre, Major Raymond C. McCann, Major Earle D. Munns, Jr. and Lieutenant Colonel W. Eric Pedersen. Recent Development in Contract Law - 1988 in Review, *Army Lawyer*, February, 1988.

② 参见世界贸易组织：《政府采购协议》，第七条。

③ 《深圳经济特区政府采购条例》，第九条。

④ 《上海市政府采购管理办法》，第十二条。

⑤ 《北京市政府采购办法》（已失效），第七至十二条。

益。即使是被称为有着最先进的采购系统的美国，照样会出现种种采购“丑闻”①。竞争性采购会导致效率下降，非竞争性采购更容易出现弊端，关键在于采购机关能否克服官僚主义，改进管理。对能够由使用单位准确表达其真实需求、可以明确其采购指标或标准的标的，应当采用竞争性采购。

为实现政府采购目标，改进效率，促进公正，我们认为应当促进要约的多元化。这种多元化一方面体现在要约人之间的竞争上，同时也体现为要约引诱回合的增多。应当保证采购机关在合同签订之前的主导性地位，包括挑选要约人、要约引诱的改进等，同时要保证要约人（供应商或承包商）的异议权，这是保持公正和效率的平衡、寻求公共资金价值最大化的有效途径。

（二）选择采购方式的标准

欧盟的采购指令中按照是否进行事先公告进行划分，在 12 种情况下，可以采用不进行公告的采购程序。除此之外，应当在欧盟官方期刊（Official Journal of the European Communities）以及投标电子日报数据库（Tenders Electronic Daily Data Bank）上进行公布②。各国一般均对各种招标方式的确定作出了限制。

从根本上而言，确定政府采购的方式的目的在于：节约采购成本，降低政府管理费用，防止政府官员腐败现象和供应商的机会主义行为。由此，我们认为以下几个因素是确定标准的关键：

（1）时间。是否属于急需的物品或采购项目，以及采购所需要的时间长短是否影响需求。

（2）价值。低价值会降低发生腐败和机会主义行为的可能性和风险。

（3）信息成本。获得信息的可能性和成本。

（4）采购标的市场的公开性或竞争性。竞争有利于信息的获得和价格的透明。

（5）采购标的的专业化程度，资产的专用性会导致对供应商的依赖。

为了保证效率和公平目标的实现，还需要其他制度规则对采购机关的选择

---

① 例如，奥斯本和盖布勒指出，按照采购手册行事的国防部，会出现一个价值 100 美元的普通蒸汽阀门需要等 1 年来更换的情况，而蒸汽损失已达 3 000 美元（参见［美］戴维·奥斯本、特德·盖布勒：《改革政府——企业精神如何改革着公营部门》，第 11 页）。威尔逊也指出，尽管联邦采购法有 6 000 页的详尽规定，但仍然会被新闻界揭发出类似花 435 美元买一把锤子和 700 美元买一只马桶圈的故事（参见［美］詹姆斯·Q. 威尔逊：《美国官僚政治——政府机构的行为及其动因》，第 154 页。

② See Conor. *Quigley*, *European Community Contract Law*, Volume 1, Kluwer Law International, pp. 343 –344 & 351.

权和供应商的行为加以限制。如果单以价格为标准衡量会导致采购机关分割或者合并采购标的，标的的专用性和复杂性决定的信息不对称会引起对采购标的价值的高估或者低估，以及在时间上可能出现隐蔽性拖延等，这些都需要通过相应的规定加以限制或者激励。我们认为，可以考虑的方法有：

第一，赋予采购部门对剩余或节约的采购资金的部分支配权①，这是解决突击花钱、腐败和机会主义行为的途径之一。

第二，建立良好的信息库，应当考虑将物价、工商、外贸、内贸等部门的信息数据库共享，从而保证能够获得充足的信息。

第三，委托专业的中介机构以克服标的的专用性和复杂性引起的困难。

第四，提供充分的异议和检举途径②，比如热线电话、电子邮件等。

第五，严格的书面记录和呈报制度，采购人员必须以书面说明其决策理由和作出决策的考虑因素等，甚至可以将此公开，这是制约采购人员机会主义行为的重要措施。

第六，除非出现特殊情况，同一采购应以较长时间内的总额进行考量，比如以季度或年度来推断是否存在分割合同的情况；而合并标的有时会限制某一或某类厂商，可以通过异议程序加以限制。

第七，对采购时间作出限制③。

为保证采购方式的有效性，还应明确一般竞争性要求，例如美国法专门规定了如何促进竞争的规则④。同时，需要对供应商和承包商的价格组成和计算规则作出规定，要求其提供财务报表，这是对单一来源采购和竞争性谈判方式而言的。

（三）政府在政府采购合同中的主导地位

如何认识政府在政府采购合同中的主导性地位，不同的部门法对之采取了不同的态度。民法的思路是限制其主导性权利，将其作为一个类似私人的缔约

---

① 相关的实践例子，如美国维塞利亚市允许雇员将第一年通过革新省下来的钱的15%归其个人。参见［美］戴维·奥斯本、特德·盖布勒：《改革政府——企业精神如何改革着公营部门》，第5页。一些学者在分析政府与商业机构的区别时，也指出了这一重要特性。参见［美］詹姆斯·Q. 威尔逊：《美国官僚政治——政府机构的行为及其动因》，第142～148页。

② 美国法上甚至专门规定了对揭露大公司内幕的告密者（whistleblower）的保护规则，See *Federal Acquisition Regulation*, Article 3. 9.

③ 比如欧盟采购指令中规定，招标必须在52天或36天内完成，限制性或谈判性程序必须在37天内完成。See Council Directive 93/36/EEC, Article 10 (1), 12 (2), 11 (1); Council Directive 93/37/EEC, Article 12 (1), 18 (2), 13 (1); Council Directive 92/50/EEC, Article 18 (1), 26 (2), 19 (1).

④ See *Federal Acquisition Regulation*, Article 6. 1, 6. 2.

者来对待。这种思路的背后，仍然是传统法律的习惯性思维，即追求单纯的公权或私权，对公私交融的法律关系作人为的分割。

美国法在这方面旗帜鲜明、思路清晰，其《联邦采购规则》中随处可见采购机关在合同中的主导性权利，并以严格的合同和人事管理制度对采购机关进行指导和控权。我们认为，这是解决政府采购的目标多元化的根本出路。

保证政府主导性权利的主要制度有：

第一，对供应商或承包商的资格预审制度。它分为一般性资格预审和项目资格预审。

一般性资格预审的主要目的是保证供应商或承包商的主体合法性和良好的诚实信用纪录①。项目资格预审的内容则较为复杂。基于不同的采购项目的特性存在不同的要求。欧盟的采购指令中，确定了不同级别的资格体系，由采购系统按照客观标准和规则建立。我国有关官员提出，应当分行业制定资格预审的规则和标准，对复杂，先进行业的资格预审规则可以由该行业制订②。部分省市业已制定了相关规定③。

第二，格式合同的使用。在政府采购合同中，采用格式合同则可以更好地促进采购的标准化和程序化。美国在政府采购中注重推广格式合同，其国防部就根据缔约方的数目、不同的采购项目等分别制定了多种格式合同。

依据民事合同规则，如果对格式合同条款存在不同理解，应当作出对制定合同的一方不利的解释④。基于政府采购的公共性以及与政府缔约一方具有专业性等特点，这种规定无疑是有片面性的。因此，应当由有权机关或法院依据法律和社会公共利益来对格式合同作适当的解释。

第三，促进竞争制度。促进并维护公平竞争的市场及经济秩序，应当体现在政府政策及其活动的各个方面。美国《联邦采购规则》的第六部分明确规定了竞争要求，体现了其促进和维护公平竞争的立法思想，值得我国借鉴。与之相比，其他国家的立法大都是在对各种采购方式的限定中隐含性地体现竞争要求。

---

① See Council Directive 93/36/EEC, Article 22 (1) (2); Council Directive93/36/EEC, Article 24; Council Directive 97/37/EEC, Article26 (1) (2); Council Directive92/50/EEC, Article31 (1) (2), CEI v. Association Intercommunale pour les Autoroutes des Ardennes [1987] ECR 3347, Para 10.

② 参见张弘力：《关于建立中国政府采购制度的若干问题》。

③ 如安徽省制定了《安徽省省级政府采购供应商资格审查登记办法》，明确规定审查供应商的内容、列入中心档案管理的潜在供应商享有的权利、供应商资格审查等。参见《省级政府采购供应商资格审查登记办法出台》，Available at http：//159. 226. 53. 245/shopping/shopping47. htm.

④ 参见《合同法》第四十一条。

第四，评标方法。无论是竞争性采购程序还是非竞争性采购程序，均涉及对采购标的的评价方法，也就是采购机关作出承诺的依据和标准。目前我国对评标方法的规定较为简略，除了北京市的规定较为合理外，其他如《招标投标法》和一些地方性规定都过分突出价格标准，而忽视了价格以外的其他因素①。

对评标方法的规定，欧盟法中确定了最低价格和经济最为有利的两个标准②。经济最为有利的标准包括价格、运送、时间和履约期限、运行成本、成本效益性、收益率、质量、美学和功能特征、技术价值、售后服务和技术支持、供应商的担保等。同时，欧盟对过低价格的要约并不完全禁止，而是要求供应商或承包商提出合理的解释③。

第五，合同价款的确定方式。如果采购项目属于垄断性产品或市场竞争不充分，在价格方面会存在供应商、服务商或承包商定价过高的现象。即便是在竞争性的情形下，由于默契的集体行为和“行业自律”或“内部规矩”的存在，也会存在类似共谋的抬高价格的情况。为此各国往往规定了政府采购机关确定合同合理价款的权利。

欧盟和美国在这方面的规定颇为具体、复杂，如美国的规定包括选择合同方式的条件、固定价格合同、成本补偿合同、激励合同、不确定交货合同、时间—材料、工时和许可证合同等④。

我国目前的采购规章和法规中，还未见有此类规定⑤。这样不利于避免共谋、围标和不正当竞争行为，以及具有垄断性的供应商或承包商的过高要价。我们认为，应当由财政部门颁布合理的计算方法，来对合同的价格作出限制，由采购机关审查是否存在供应商的暴利现象。

第六，合同履行监督权。这主要是指采购机关的权利，供应商或承包商享有的合同的请求权和异议权等。

讨论政府在采购合同中的主导性和监督权，和民法上的债合同相比，有些制度的适用是值得探讨的。比如，政府一方变更和解除是基于合同本身还是基于政府管理的公法目的？政府是天然的公权力主体，可以通过行政规定、指令等公法行为来避开私法规范的限制，甚至可以援引政策变化而请求解除合同，

---

① 参见《招标投标法》，第四十一条；《北京市政府采购办法》，第二十四条。

② See Council Directive 93/36/EEC, Article 26 (1); Council Directive 93/37/EEC, Article 30 (1); Council Directive 92/50/EEC, Article 36 (1); Council Directive 93/38/EEC, Article 34 (1).

③ See Conor. *Quigley*, *European Community Contract Law*, Volume 1, Kluwer Law International, p. 340.

④ See *Federal Acquisition Regulation*, Part 16 - Types of Contracts, Article 16.1 - 16.6.

⑤ 我们注意到部分地方政府认识到了采购合同的时间性，如深圳市规定，长期供货合同和服务采购合同的合同履行期限最长不得超过18个月。参见《深圳经济特区政府采购管理条例》，第三十三条。

在这些情况下，如何保证合同相对方的权利不被侵犯？解决这一问题，不能仅仅从抽象行政行为和具体行政行为的思路来考虑，而应将对政府权力的限制与对合同的司法审查有机地结合起来。譬如要求采购机关公开说明政府单方面变更或解除合同的理由，并给予合同相对方相应的补偿或赔偿；允许相对方提起合同纠纷的民事诉讼，由法院基于合同和公共利益作出独立而公正的裁判。

在履行中，涉及的另一个问题是如何看待不安抗辩权和同时履行抗辩权。这两种抗辩权的产生，在于对合同相对方缺乏信任。显然，政府是不应存在履约能力问题的，而在履行合同的意愿上，可能存在部门利益的问题。我们认为，对政府一方的履约意愿问题，可以通过合同相对方的诉权加以保障，并限制合同相对方的不安抗辩权和同时履行权，规定先由供应商或承包商履行合同。

第七，事实性权利（基于政府特性而产生的权利）。

作为对违约或违法的供应商或承包商的制裁，基于政府的不同身份会产生三种性质的制裁：基于合同的制裁、基于政府事实性权利的制裁和基于政府管理行为的制裁。

对基于政府事实性权利而产生的对相对方的制裁，我们认为应当加以严格区分。如果这种权利是基于政府的组织结构、合同地位等产生的权利，则是合理的；如果是基于政府的管理行为而产生的制裁，则应当予以限制。

由于政府本身具有执法权力，因此，在合同相对方出现违约的情况下，政府会基于合同和基于政府自身所享有的事实性权利作出两种性质的制裁，并且两者难以划分。这表明了现代法律发展的方向，按照传统理念划分法律部门、法律关系和法律规范显然难以对其作出合理的解释。

（四）政府违约责任及其限制

这一问题的实质，在于是否考虑政府在采购合同中的特殊身份或性质。20世纪30年代，美国法院在 Lynch v. United States 和 Perry v. United States 中确立了政府基于主权的豁免，理由是政府不具有过错能力以及它的采购属于主权行为。这一原则到20世纪90年代，在 United States v. Winstar Corp 一案中被推翻，联邦法院确立了“政府在合同中应当如同私人当事人”的原则，因此后续的公法行为不能成为政府违约的正当理由①。尽管如此，法律仍然规定了政府

① See Jerry Stouck & David R. Lipson, United States v. Winstar Corp: Affirming the Application of Private Contract Law Principles to the Federal Government, *Federal Circuit Bar Journal*, Winter, 1996, The Federal Circuit Bar Association.

的赔偿范围和限额。美国联邦采购法令还强制性地要求在合同中加入遵守政府和国会制定的法律、法令的条款，可见，合同行为对抗公法规则的效力的企图是难以突破法理和事实性权利限制的。

我们认为，在这个问题上，合理可行的解决办法是区分公法规则对合同效力的影响哪些是合理的，哪些是不合理的。

我们认为，判断是否对政府采购合同造成障碍的抽象行政行为的标准，在于视该行为对于合同而言是否属于恶意，进一步应当区分作出该抽象行政行为的机关是否与采购机关属于同一机关或者是它的直属上级，以及判断该抽象行政行为是否存在普遍适用的对象。比如，某市制定规范性文件对本市采购机关订立的合同构成阻碍或者变更，且该规范性文件适用的对象仅仅或主要局限于该采购合同，则可以断定该抽象行政行为具有恶意，不得适用。

对于中国而言，目前的法律制度中，还不存在对抽象行政行为的审查。法院无权判断行政机关颁布的一般性规范文件的有效性和合宪性。这对保护政府采购相对人的利益是不利的，亟待加以改革。

政府能否直接通过法规、规章自我限制违约责任，也是需要关注的问题。美国的做法是在法律中直接限制相对方基于合同的某些请求权，主要有：

（1）限制基于合同产生的费用，包括承包商的差旅费、食宿费和其他杂费，只有在限定的比率或金额之内方得请求支付。

（2）对欺诈性索赔的制裁。“如果承包商不能为他的任何部分提供证据并确定这种无能为力是由于承包商一方谎报事实或解释，他应该有责任赔偿政府相等于该索赔的未能提供证据部分的金额，加上用于审查他索赔的上述部分的所有政府费用。本条规定的责任应该在进行这种谎报事实或舞弊后 6 年内确定。”①

（3）对索赔范围的限制，主要是供应商或承包商支付的诉讼费用②。

对于政府自我限制责任或限制相对方索赔范围的合理性，不能单纯根据抽象的法理来推导。美国的实践依据的是“保护政府不受欺诈”的原则。因为政府作为公共团体，不像一般私人那样可以基于天然的利害而时刻关注及维护自身利益，而相对方则是专业且精明有加的私人主体，适当限制政府的责任方可在合同双方之间求得平衡。在我国由公有制企业作为合同相对方的情况下，更可能发生双方合同经办人通谋侵占或损害政府一方的情形，因此美国的做法是值得借鉴的。

---

① 参见《美国法典·商业贸易法海关法卷》，第 434 页。

② 参见《美国法典·商业贸易法海关法卷》，第 411、412 页

（五）第三人公益诉讼制度的建立

克服政府管理的低效率，防止腐败现象和机会主义行为，普遍性的监督和权利救济是不可或缺的。我们认为，第三人公益诉讼制度在政府采购制度中的应用，可以有效地起到监督和制约的效用。

第三人公益诉讼制度在各国的法律制度中出现的频率越来越高，在不同的法律部门中的应用也越来越广泛，例如我国已经在消费者权益保护制度中开始推行这一制度。尽管在实际过程中存在着诸多缺陷，甚至在法律规则上存在根本性的错误，如法律规则不能引导正确的道德行为，但是，毫无疑问，第三人公益诉讼制度的推广，对劣质产品的制造商和销售商都是一种有效的威慑制约。

由于在信息获得、证据取得以及诉讼地位上居于弱势，第三人在政府经济管理行为和政府采购行为中能够检举、揭发多少腐败行为，以及揭露的程度能有多大，是值得怀疑的。不仅如此，长期以来的种种制约监督制度，如主管会计对领导人的制约、普通消费者通过发票制度的监督等，均难以获得良好的效果。之所以这种制度难以实现预期的效果，在于对居于弱势的告发者或监督者的保护制度不力，提供的救济不足，并且在激励措施上缺乏相应措施。最近北京市推行的出租车发票兑奖制度是一个良好的尝试。

但是，不可否认，从美国的实践来看，第三人公益诉讼制度的制约作用是明显的。《联邦采购条例》中规定了众多相应制度来实施这一措施。比如，其中规定任何人均可以代表美利坚合众国对腐败和有损于美国公众利益的行为提起诉讼，在获胜之后，可以在诉讼收益中获得一个相应比例①。同时，还对告密者提供相应的法律保护。这些都是我国可以借鉴的。

我们认为，在政府采购制度中，除了鼓励正常的群众监督和检举行为外，引入第三人公益诉讼制度是合理和可能的。这一制度应当包括：

第一，任何第三人均有权对有损于国家、公共利益的行为提起诉讼；

第二，对提起诉讼的人提供无偿的法律援助；

第三，如果该第三人提起的诉讼获得胜诉，将视该第三人对诉讼进程的作用，提供1%～5%的诉讼收益作为奖励；

第四，对提起诉讼的人的安全、财产以及经济地位提供充分的保护；

第五，如果发生败诉，诉讼费用应当由国家负担；

---

① 参见韩志红、阮大强：《新型诉讼——经济公益诉讼的理论与实践》，法律出版社 1999 年版，第 242、243 页。

第六，如果第三人不愿提起诉讼，可以将其知晓的信息、资料或证据提交检察院反贪污贿赂局，由反贪局依法提起诉讼。

五、结语

如果政府能够如同一个商业机构那样运作和行为，政府采购法根本就是不需要的。正是基于政府身份的特殊性，才产生了一系列的冲突，以及由此产生了种种复杂的规则。

政府为什么不能像商业机构一样运作和作为？对此，社会上存在着不同的甚至针锋相对的观点。从表现上看，政府和企业是根本不同的两种机构和组织：企业的董事和经理要获取利润，而政府官员则试图连任；企业的收入来源于顾客，而政府的大部分收入来自纳税人；企业的动力来自竞争，政府则习惯于利用权力和行政垄断。企业管理与政府管理相比，更具有进取性，政府官员往往希望避免错误，而不是追求更大业绩，甚至有种种更多的比较，比如政府是民主的和开放的，而董事们可以关起门来作决定；政府的使命是“办好事”，而不是挣钱，政府必须为每个人平等地服务；政府不能合法地保留其收入并将其转化为官员的个人利益，等等①。

学者们也分析了政府行为和企业行为在合同领域的不同之处，两者的区别在于：①政府选择合同相对方和管理合同的方式不同；②政府资金规则的影响；③社会经济政策与项目的影响；④垄断的影响②。

从根本上而言，政府和商业机构的不同，在采购行为中是基于政府组织的特性和目标而产生的。政府采购法律制度的建立必须考虑到这一不同，通过竞争维护商业机构运作的效率，并由此促进政府在效率的基础上履行其公共职能。

---

① 参见特德·盖布勒：《改革政府——企业精神如何改革着公营部门》，第 21 ~ 23 页。

② See James C. Roan, Jr. Brigadier General, USAF, Faculty, Streamlining Government Acquisition, *Army Lawyer*, May, 1995.

城镇化进程中的户籍制度改革研究

◇王海光

[提要] 我国现行的户籍制度是20世纪50年代在国家工业化进程曲折发展的情况下逐步建立和形成的。这一制度的功能特点主要表现为：①它是根据中国工业化赶超战略的需要而建立起来的行政体制，是计划经济体制在社会生活领域的一个核心制度，起着让农村支撑城市、农业为工业化提供积累的功能。②它的建立深刻地反映了工业化进程受制于城乡二元结构的深层次矛盾，是在短缺经济情况下的制度安排。它在户籍人口管理职能上附加了许多利益分配的功能，其结果是固化和加重了城乡二元社会结构。③它用行政手段把全体公民划分为城市人和农村人两个不平等的集团，城镇居民享有福利待遇和劳动就业机会，而农民则被束缚在土地上，形成了两种不同的身份等级制度。中国城市化与工业化过程被人为割离，城市功能萎缩，不断向农村、向土地转移人口压力。

现行的户籍制度虽然在历史上曾支持了中国工业化的最初起步，但付出的社会成本极大，既有失公平，也损失了效益。它虽然抑制了城市的人口膨胀，同时也窒息了社会发展的活力，使人口流动长期处于停滞状态，违背了现代化发展的一般规律和社会主义的平等原则。它虽然使我们这个“一穷二白”、人口众多的小农经济国家，通过重工业优先发展的战略，短期内完成了国家工业化的特殊历史进程，但同时也迟滞了城市化的进程，使城市功能全面萎缩，并在精神层面形成了社会的“户籍崇拜”心理，乃至造成人口素质下降、农业劳动率低下、农村人口贫困化、城乡差别拉大等一系列社会问题。

改革开放以来，社会经济的发展要求对现行户籍制度产生了强烈的冲击，农村大量的剩余劳动力浮出水面，国家相应在政策层面上对户籍制度进行了一些局部性改革。随着短缺经济的结束和社会主义市场经济体制的逐步建立，现行户籍制度已经不能适应中国社会全面发展的需要，其弊端愈发明显地表现出来，成为严重影响中国现代化发展的一个制度性障碍。21世纪，举国上下已经形成对户籍制度改革的共识，户籍制度成为社会各界关注的热点问题。当前的户籍改革，从小城镇的全面放开，到形成小、中、大城市的联动，是改革开放以来一次动作最大、最全面的户籍改革。当前的问题已不是改不改的问题，而是改什么、怎么改、改了以后又如何的问题。

一、关于当前户籍制度改革的背景分析和选题考虑

当前各类文章对现有户籍制度的弊端和诟病有透彻的分析。有论者甚至认为，户籍制度是计划经济在社会生活里的最集中表现，是计划经济的最后一座堡垒。这些议论对当前推动户籍制度改革具有良好的舆论动员作用但决不能简单地认为只要把户籍制度革掉了，就可以彻底拆除城乡藩篱。中国的基本国情是人口压力巨大而资源严重短缺，改革的整体推进具有渐进性的特点，即在公平与效率、稳定与发展中寻找平衡点。中国 30 年来各项具体改革政策的出台，首先取决于现实问题的压力，也就是效率优先、兼顾公平。也就是说，必须在国家主导推行的现代化发展战略中，考虑户籍改革的问题。

户籍制度的改革，涉及面非常广泛，影响深远，牵动千家万户，关切到每个人的利益。现在的改革，实际上是为过去的错误政策还账。我们认为，户籍制度改革的核心是实现公民的迁徙自由权利的问题。但因在户籍制度载体上附加的各种利益关系非常复杂，改革有很大的成本代价，只能是一个逐步剥离各种利益关系的渐进过程。因此，户籍制度的改革，在价值取向上要兼顾公民权益、经济发展和社会稳定三者的关系；在改革的时机、力度和步骤上，既受制于社会经济发展的程度，也与人们对城镇化的认识有关。1985 年，公安部曾有过户籍改革的设想，因受到各方面因素的制约而未能提起。这与当时经济发展程度和人们对城镇化认识不足不无关系。

当前的户籍制度改革，实际上是在工业化已有了相当发展，而城市化落后于工业化所产生的种种矛盾中启动的，其矛盾主要有以下方面：

（一）城市化滞后于工业化的矛盾

长期以来，中国城市化进程落后于工业化。改革开放后，中国重新启动城市化战略。目前，我国人均国内生产总值已超过 2 000 美元，但城市化水平只有 30% 左右，不仅低于 45% 的世界平均水平，而且低于一般发展中国家 40% 的水平，而发达国家已高达 80% ～90% 。由于城市化滞后，第三产业不发达，使我国产业结构严重缺乏吸纳农村剩余劳动力的能力，城乡居民的收入反差越

来越大，所以刚进入温饱的低水平小康阶段就出现内需不足的问题。进入21世纪，城市化滞后，“三农”问题严重，已成为中国现代化发展的瓶颈问题。当前，对城市化明显滞后于工业化、城市化水平明显滞后于经济发展水平的问题，政府和社会各界已有了比较一致的共识：不加快城镇化的步伐，中国的经济就难以长期保持稳定的发展。要把一亿多农民从土地上转移出去，首先必须拆除城乡壁垒，改革户籍制度，建立城乡一体的劳动力市场，促进第三产业的发展。近年来，各地为吸引人才和加快城市化进程，纷纷出台了户籍制度改革的各项政策措施。

（二）国家城镇化战略由计划型向市场型转变的矛盾

关于城镇化，学界解释不一。有的认为城镇化就是城市化，我们把城镇化界定为城市化中城镇体系建设的有关方面。在如何推进城市化问题上，一直有两种不同意见。一种是从规模效益出发，主张优先发展大城市；一种是从中国土地资源紧缺的情况出发，主张优先发展小城镇。国家在20世纪80年代初确定的城镇化战略是“严格控制大城市，适当发展中等城市，积极发展小城镇”。这里还有着浓厚的城市保护主义的色彩。国家在20世纪90年代后期提出“小城镇，大战略”，其政策的重心是要解决“三农”问题。“十五”城镇化发展重点专项规划提出的完善城镇体系的基本任务是：有重点地发展小城镇，积极发展中小城市，完善区域性中心城市功能，引导城镇密集区有序发展，走多样化的城镇化道路。这是更具市场机制要求的城市化发展方向。

中国的城镇化问题，说到底就是在人口压力大而资源严重短缺的基本国情的矛盾制约下，逐步调整产业结构、就业结构和城乡关系，转移大量剩余农村劳动力，力争合理地解决农业、农村、农民这个“三农问题”。同时，打破城乡分割体制，逐步建立市场经济体制下的新型城乡关系，改革城镇户籍制度，形成城乡人口有序流动的机制，引导农村富余劳动力在城乡、地区间的有序流动，创造自由流动的良好就业环境。

（三）户籍二元管理结构和劳动力市场配置的矛盾

20世纪80年代以来，随着市场经济的发展，中央政府多次对户籍管理进行了一些必要的调整和改革，各地方政府相继出台了地方性法规①，特别是全国范围粮油供应放开并与户籍脱钩，实际上人口已经处于自由流动的状态。目

① 关键性改革措施如公安部1985年7月出台的《关于城镇暂住人口管理暂行规定》，标志着中国公民在非户籍地长期居住的合法性。

前全国每年的流动人口达8 000万人，预计今后可达1.2亿人。但在现行户籍二元管理体制的制度下，以2‰的指标控制进城名额的计划经济模式，影响了公民的正常合法迁移，制约了人才流动，大量已经在城市中取得生存基础的人口无法落户，人户分离的情况达3 000万人，每年重演一次“民工潮”。这足以说明，现行户籍制度已是劳动力自由流动的障碍。另外，越来越多的农村剩余劳动力进城务工经商，从事非农产业，按城市人口和农业人口实行二元户口管理结构，已不能对现有人口进行有效管理。它不仅人为地制造了公民身份上的天然不公平和用工歧视，也不能真实反映我国人口的地区分布、劳动力的产业构成状况及城市化水平，造成人口信息失真、管理缺位等许多问题。

（四）建立全国统一市场和国民待遇不平等的矛盾

中国“入世”后已进入国际竞争环境，这使建立全国统一市场和国民待遇不平等的矛盾更加突出。要增强中国的国际竞争力，需要人口的自由流动，根据市场需要，自由、合理地配置劳动力资源。但在现行的户籍制度下，公民的国民待遇是不平等的，公民的自由迁徙权得不到法律的保证，农民是最大的弱势群体。各地普遍存在本地人排斥外地人、城市人排斥农村人的用工歧视现象，无法形成合理的劳动力平等竞争局面。各地所开的户口迁移政策口子，都是立足在吸引人才、技术、资金方面，是要人力不要人口，靠行政手段争夺人才。这实际上形成了户籍的货币化趋向。对国民待遇不平等的问题，社会反映强烈，舆论批评严厉。实现公民国民待遇的平等性，这是建立全国城乡统一劳动力市场的前提。从根本上讲，在法律能切实保证公民迁徙自由权利的情况下，中国潜在的人力优势才有可能发挥出来。

上述这些矛盾的概括或有不全，但足以说明户籍制度全面改革的必要性与紧迫性。户籍制度改革的明确目标是实现公民依法自由迁徙，这是随着城镇化进程，逐步剥离附着在户籍上的行政功能和福利分配功能，建立法制化、科学化的人口管理系统的渐进改革的过程。当前户籍改革的阶段性目标是，首先在城镇和小城市打破城乡户籍壁垒，逐步推进城乡劳动力市场一体化，实现在未来五年内转移农村劳动力4 000万人的要求。当前新一轮户籍管理体制改革的实施范围主要是在包括县级市市区在内的全部小城镇。国家有关权威人士对媒体发表谈话：“至少在‘十五’期间至2010年，户籍管理体制改革要充分利用小城市，特别是小城镇。”①

本课题组把户籍改革研究的重点放在县级城镇，具体考虑是：①县级城镇

① 李铁：《户籍制度改革势在必行》，《人民日报》2001年9月24日。

在城镇体系中是连接城乡两个市场的中心环节。县城（城关镇）基础设施是小城镇中比较好的，城市功能相对齐全，是小城镇建设的重点所在；②县级城镇化水平的提高，可以较快地带动农村第二、三产业的发展，直接吸纳大量的农村剩余劳动力，缓解农村人多地少的矛盾；③县级城镇居民附加在户籍上的各种利益剥离得较为彻底，在打破城乡分割体制中的制约因素较小，进入门槛较低，公民的居住迁徙权利可以在这里得到比较充分的实现；④县级城镇化水平的提高，可以减少人口流动的盲目性，降低农业劳动力向非农转化的代价，为人口向大中城市更大范围的流动提供一个基础性的平台。

在研究中，课题组成员与公安部治安局户籍部门的同志交流了对户籍改革的看法，与各地县委、市委书记交流了对城镇化和户籍改革的意见，并选择处在城镇化不同发展阶段上的浙江省宁波市宁海县、山东省淄博市昌乐县、安徽省亳州市等地进行了实地考察，力图从制度功能解构方面，对当前户籍改革的现状、存在的问题和对城镇化的推动作用，提出初步的分析意见。

二、对当前城镇户籍制度改革的基本评估和问题分析

（一）当前户籍制度的改革思路和实施

户籍管理是国家行政管理的重要组成部分。它通过对公民身份情况的登记来为政府实施行政管理服务，内容包括：①为国民经济和社会发展规划、劳动力资源配置、治安管理等提供人口数据及相关的基础性资料；②确认公民的民事权利能力和行为能力；③证明公民身份，便于公民参加各类社会活动。当前，户籍制度改革已由自下而上的局部性改革进入国家推导的全面改革。

实现在法制基础上的迁徙自由，是我国户籍制度改革的目标。实现这个目标则是一个逐步剥离户籍附加成分，还本归原的过程。从人口管理的角度讲，改革的总思路是：实行公民在居住地登记户口的原则，形成以户口登记、迁移为基础，由居民户口簿、公民身份证两种证件和常住、暂住两种户口组成的管理制度，建立起以《中华人民共和国户籍法》为基础的科学完备的户籍法规体系，逐步形成一套适应社会主义市场经济体制的城乡统一的户籍管理制度。[①]

近期，政府推进户籍管理制度改革的基本思路是：第一，尽快打破农业、非农业户口管理的二元结构，废除由此衍生的“农转非”计划指标管理政策以

---

① 公安部治安管理局负责人谈户籍改革目标：《走出“围城”——户籍制度改革系列报道之三》，《法制日报》2001年9月19日。

及蓝印户口等形式，按照在居住地登记户口的原则，建立全国城乡统一的户口登记管理制度。第二，逐步放宽户口迁移的限制，以具有合法固定的住所、稳定的职业或生活来源为基本落户条件，调整城市户口迁移政策，根据经济、社会发展的客观需要和社会的综合承受能力，最终实现户口自由迁徙。第三，逐步剥离各有关部门附加在户口管理上的诸多行政管理职能，弱化户籍背后的利益关系，恢复户口管理作为民事登记的基本社会职能，实现由户的管理向口的管理的转变。抓紧制定户籍法，完善户籍管理工作的法制化。

这一轮户籍管理体制改革的实施主要包括县级市市区在内的全部小城镇、各县政府所在地镇、各县区建制镇的户口迁移的全面放开。这次更加开放的户籍改革，打破了行政分割造成的相互封闭的城乡关系，为农村经济在更为广阔的空间内进行生产要素的重组提供了条件。同时，也对大中城市产生了积极的共鸣效应，一些省会城市也采取了相应的开放措施。例如，石家庄市进行的改革，全面放开市区户口准入，只要居住两年就可以，几乎是没有门槛了。像北京、上海这样历来控制很严的大都会城市也都放低了准入条件，社会性移民的口子基本放开了，对投资移民、技术移民的政策都有所放宽。当前已有十多个省、自治区取消了农村户口和城市户口，统称居民户口，以具有合法固定住所、稳定职业或生活来源为基本落户条件，建立城乡统一的户口登记制度，从而为建立统一的中华人民共和国居民户口迈进了一大步。

在这一轮户籍改革中，中央政府权威性地废止了一些不利于劳动力合理流动的政策规定。2001 年 5 月 1 日，国家明令取消“市镇居民粮食供应转移证明”，终结了延续近 40 年的“户粮挂钩”政策，为今后户口迁移制度的改革排除了一个重大制度性障碍。为促进劳动力在城乡之间、地区之间有序流动，各地相继清理和取消了在人事和用工制度方面的歧视性政策，取消了对社会从业人员的“身份”要求。许多城市在公务员招聘中，已打破了职业、户籍、地域的限制，在全国性范围公开招聘。这里所表达的信息是：“官”的职位都能够向社会开放，别的工作还有什么不可以的呢？

户籍制度改革实际上反映了中国城镇化发展到一定程度上对人口更广大范围自由流动的要求。由于打破了城乡身份限定的行政性藩篱，提供了城乡劳动力在同等条件下平等竞争的条件，为人口广泛流动创造了更大的自由度，促进了农村人口的合理流动。人们越来越意识到：学历、技术、资金是能够进入城市并在更广大范围自由流动的“通行证”。这对于广大农业剩余劳动力向第二、三产业的转化，是一个具有持续影响力的强大激励机制。

（二）当前户籍改革的改革策略和路径设计

这一轮户籍改革的改革策略是以准入条件代替指标管理，即以固定的住处和稳定的收入为基本条件，各地根据自己的情况设置进入门槛。门槛是一种事先批准的机制，它的内容包括：规定固定住房中对住房面积的要求，对住户居住年限的要求；规定稳定收入中对收入数额的要求以及对人们的学历、技术、投资资金、纳税金额等许多方面的要求。

门槛是这次户籍改革出台的一个制度创新。它是由行政管制过渡到经济限制的一个制度路径，以经济和技术的后天条件革除了强加于人身份上的先天不平等，在人口自由流动中设置了敲门而入的机制。也就是说，每个公民都有权利选择居住自由，而能否生活下去则是门槛。设置门槛的目的主要是保护城市，在人口自由流动和城市自我规划、自我管理的矛盾中起到一个平衡器的作用，让城市自己表达意愿，让能在城市生存下去的人们生存，在大量农村劳动力转移过程中降低了人口流动的风险。正如经济学家吴敬琏所说，表面上看是对农民的不平等，实际上是对农民的负责。

由于城市建设和管理成本的大小不一，各城市进入门槛高低不同，小城镇可以是放开的，大城市的进入就要预付一定的成本，以避免管理失衡。人才流动必然会带动资金、技术的流动，这是提高城市活力的决定性因素。所以，门槛在提高城市活力、保证生活质量和所付成本之间具有调节的弹性，在城镇化发展竞争的比较优势中会出现一种均衡，趋势是不断降低的，这就为以后放开城市和人口流动提供了双向选择性。

允许农民带“土”进城是这一户籍改革的又一个新特点。农民怕二轮承包失去土地，担心迁出容易迁回难，这是他们在城市门口徘徊犹豫的一个重要原因。各地根据中央政府《关于推进小城镇户籍制度改革的意见》精神，采取了允许带“土”的政策，在承包期内不要求进城农民退还承包地和自留地，以解除农民进城的后顾之忧。进城农民可依据自愿原则保留土地承包权，或依法有偿转让，实行土地流转。此举是对农民权益的保障。在政策上与国家向农民承诺“承包地三十年不变”的大政策接轨，既充分照顾到进城农民的社会保障需求心理，也为以后建立覆盖城乡的社会保障制度提供了基本的物质条件，同时也有利于促进土地流转机制的建立，在一定程度上为实现农业的适度规模经营、提高农业的竞争力提供了条件。

由于农民权益得到保证，使户籍的属地化管理得以顺利进行，城镇化中行政管理上交叉混乱的问题、各类户口不统一的问题一并得到解决。如“城中村”的问题，过去由于居民身份的限制，一地之中村委会和居委会并存，一直是城镇管理上的“老大难”，这次采取保证农民转户后仍享有土地收益的措施，得到了彻底解决。

户籍制度改革的问题远没有预想的严重。如议论纷纷的石家庄户籍改革，实行一年，落户十万，基本是平稳有序的。[①] 这说明，城市放开后，可以在市场调节的作用下，形成弹性的进出机制。现在已有河北、辽宁等 10 多个省、市、自治区相继出台了以取消“农业户口”和“非农业户口”性质划分、统一城乡户口登记制度为主要内容的改革措施。可以说，抹平“农”与“非农”的户籍身份差异，实现国民待遇的平等化，这个意义是怎么评价都不过分的。

（三）当前户籍制度改革的几个问题

这一轮的城镇户籍改革在全国范围内全面铺开，堪称新中国成立以来动作最大的户籍改革措施，但城镇的反映并没有预想中的强烈。各地的户籍改革可以说是波澜不惊，进展顺利。一个重要的原因是我国城镇化的动力机制在很大程度上已经发生转变。

原来的城镇化的动力机制是和计划经济模式相联系，靠行政力量来驱动的。在发展小城镇中，一些地方存在着随意性和盲目性的问题，追求数量型增长，热衷铺摊子，搞形象工程，缺乏规模效益。现在开始由“自上而下”模式向“自下而上”模式转变。实行人口属地化管理，是实现城乡融合、用城镇化促进城市化的需要，符合市场化配置资源和城镇根据自己的比较优势多元化发展的方向。由于社会经济发展现状的限制，农村与城市的生活水平落差太大，农村人口的基数太大，户籍改革必须结合综合性的社会全面改革进行。当前的户籍改革使一些过去的问题显性化了，也出现了一些新情况。

（1）城市资源的短缺问题首先反映在教育上。户籍改革不是单一的人口管理问题，所包含的社会性内容非常复杂。在城乡二元分割的行政壁垒拆除之后，这些社会性内容就凸现出来了。当前突出的问题首先表现在城镇教育资源的短缺。子女的教育问题一向为中国家庭的头等大事，是人口迁徙的主要理由。以石家庄为例，由于一下子放开的口子太大，石家庄的中小学马上人满为患，导致教育资源的紧张。据我们在浙江调查的情况看，对农民进城的首要限制因素已经不再是住房、就业，而是城镇的教育容量。县城所在地的学校，一般是全县教育质量最高的。农民进城居家的主要因素，就是要让孩子受到比本地更好的教育，这就必然要挤压城镇原居民的教育资源。这里还有一个高考地区分数差的问题。北京的高考录取分要比山东低 100 多分，也曾发生青岛落榜生状告教育部的事情。实际上，在山东，青岛比菏泽高考录取分又要低许多。

---

① 《石家庄户籍改革一年接纳外地人口十万》，《中国青年报》2002 年 8 月 22 日。

一些私企老板投资买房落户北京试点镇，目的就是为了孩子能上好大学。近年来，山东等地还出现了高考候鸟现象。一些外省区学校以本地考分低为诱饵，招揽考生把户口转到录取分数低的地区，异地而考，造成人口虚假移动。

（2）城镇化程度不同的地区对城镇户籍改革反映有差异。我们在对浙江宁波市宁海县、山东昌乐县、安徽亳州市的实地调查中了解到：由于小城镇的各项综合改革开展得较为彻底，双向选择的劳动就业制度已基本建立，医疗保健制度改革和住房制度改革大致完成，原来附着在小城镇户口上的福利待遇已经所剩无几，吸纳人口的能力在于各地城镇化的水平。宁海县的市场化和城镇化程度较高，居民和农民在享受福利待遇方面已无差别，原有的户籍管理功能弱化，公安局的户籍管理机构已经并入城市治安大队，对流动人口管理已有比较成熟的经验办法。在城镇范围内，本地想转户口的在以往的改革中大都已经转了。这次转的大都是外地来城镇谋生并已有稳定生存基础的一批人，可以说是对既成事实的一种认可。而安徽亳州市在户籍改革中则显得比较被动，担心出现人口管理失控的问题。

（3）城镇户籍改革为城镇化的发展提供了加速生产要素流动的制度前提。通过这一轮改革，迁徙自由可以在城镇得到实现。但人们真正想迁徙的地方是大城市和大都会城市。由于大城市和大都会城市的门槛高，所以有人说，从行政壁垒转为了金钱关卡，担心会形成农村、小城镇、小城市与大城市和大都会城市的新的二元分割结构。但真正影响流动的主要因素是个人的能力。城镇户籍改革是为更大范围的人口合理流动创造了一个平台。通过城镇这个平台，农民可以提高在市场经济条件下的生存技能，感受到现代城市生活的气息，为向大中城市的流动提供了一个阶梯。无论是小城镇户口，还是投资户口、人才户口，都只是户籍改革迈出的第一步。但这一步至关重要，它为今后户籍制度的全面改革奠定了基础。

（4）出现了新的不平等的问题。城镇居民随着住房制度、福利制度、医疗保险、劳动就业等体制改革，已丧失了原先享有的各种福利。农民则在宅基地审批、人口和计划生育政策等方面优于城市居民。由于在土地转让中，城区、城郊农民可以获得颇为丰厚的收益，一些原来转为城镇户口的居民希望再转回农村户口，政府不得不严把“非转农”的关口。按属地化管理之后，当前最主要的问题是：①土地流转问题。农民可以保留承包土地的权益，带“土”进城，享有城镇居民的同等待遇。②撤村建居后的土地利益分配问题。原来“城中村”的土地盖店铺、厂房出租，村民可以分红利。取消“城中村”后，村民成为居民，仍要享有这项福利。③如何统一城乡计生政策的问题。过去的计生政策是按农村居民和城镇居民不同身份制定的，农村人可以生二胎，城市人只能生一个。计生管理上，城市管得严，农村管得松，城乡结合部往往是空白点。户籍改革后，马上就带来了农村与城市计生政策如何统一的问题，当务之急是得有新的措施出台。

（5）城镇化中的区位差异因素更加突出。从改革的情况来看，进城对外地人有吸引力，本地人对进城的兴趣不大。这种情况带有普遍性，不仅发生在小城镇、小城市，也包括大城市的郊区镇。以北京的试点镇户籍为例，与外来投资移民的热情形成鲜明对比的是，北京郊区本土本乡农民对城镇户口兴趣并不大。在试点镇的当地乡镇企业经营者和村民并不愿意把户口转向城镇，“农转非”和“村转镇”已经没有多大吸引力。本地人进城缺乏热情，原因主要是比较成本问题。到城镇搞生产经营成本较高，居住的限制较多，缴纳税费项目多，造成人们“望城却步”。

（6）提高城镇管理水平成为非常紧迫的现实问题。城镇户籍制度改革后，流动人口加大，提高了城镇人口管理的复杂性。如计生管理难度加大，外来人口管理的难度加大，过去行政性管理的方式已难以奏效。在发展小城镇中，一些地方已经出现了重建轻管的问题，资源配置不合理，环境脏、乱、差，生产方式低水平重复。在人口更加自由流动的情况下，资金问题会成为小城镇建设的瓶颈。一些地方在城镇化建设中不能量力而行，负债重、效益低，如不及时提高管理水平，“农村病”出现的可能性会加大。

（7）给基层民主建设和政权建设带来新的课题。城镇户籍制度改革打破了城乡身份限定，农村人口的流动性增大，给村民自治领域带来一些新的课题。例如，何谓“本村村民”？选民资格如何界定，需要具备哪些条件？其属地条件是否仍然以“农业户籍”作为必备条件？然而，最迫切的问题还是农村政治资源越来越严重的流失问题。大批农村青壮劳力、具有组织能力的政治精英外出经商务工，使村民自治处于虚化状态。另外，在城镇的社区建设上，过去单位大院式的管理模式已不适应了。建设新型社区管理体系，缺乏合格管理人才和文化人才的问题突出。

（8）在建立城乡一体化的户籍管理方式后，各地区之间、城乡之间在就业、居住、社会保障等方面有巨大的政策性差异需要抹平。针对这些领域所存在的矛盾，应抓紧研究并出台能够促进平稳过渡、平滑衔接的办法。例如，职工养老和医疗保险制度，要留出能够让进城农民随时随地转入的接口，既不增加国家的额外负担，又使每个人得到公正待遇。

三、对当前深化城镇户籍制度改革的几点思考和建议

实行户籍制度改革是中国经济和社会发展的大势所趋、民心所归。实行这一变革有着多重价值取向，是一个由短期目标和长期目标交错构成的渐进改革过程。在道义和理念的层面上，是对人的基本权利——迁徙自由和择业自由的重新肯定，并予以法律的保障；在国家发展战略上，要为推进城镇化发展战略提供制度保证，让人们的迁移、移居自由取决于更市场化的城市管理制度；在人口管理的技术层面上，是要废除已滞后于社会发展的二元管理结构，建立科学化、高效率、城乡一体的户籍登记、迁徙、管理体系；在市场经济发展层面上，要有利于促进人口的合理流动，建立全国城乡统一的劳动力市场；在社会发展层面上，要为建立全面的社会保障系统和个人信用系统提供一个基本的制度模板。

由于旧户籍制度承载了太多的附加利益，户籍改革是牵一发而动全身的系统工程，要对户籍制度、就业制度、财税制度、社会保障制度、市政制度、政治体制等进行综合改革，政策的关联性强，复杂化程度高，不仅有许多现实的问题，还会并发一些新的问题，甚至会造成一些具有长期影响的问题。因此，户籍改革要以社会公平为改革原则，确立改革的道义力量；以促进经济发展为改革方向，推进城镇化战略的实现；以维护社会稳定为策略选择，稳妥又不失时机地推进下去。

在当前户籍制度改革取得初步进展的基础上，为继续深化改革，建议处理好以下问题：

（一）加强户籍立法建设，通过统一立法，规范户口管理，为建立在法制基础上的迁徙自由提供一个法律框架

应该用宪法的形式肯定公民有居住自由和迁徙自由的基本权利。户籍改革最根本的问题是公民迁徙和居住的自由。现在的宪法中还没有恢复“五四”宪法中公民有居住和迁徙自由权利的条款，应恢复这一条款，这对树立国家的道义形象、解除人们的精神枷锁、规范政府行为都是有利的。

（1）在宪法中恢复这一条款，与国际社会在人权标准上取得统一，有利于其他法律制度与国际接轨，促进中国更深入地融入国际主流社会。

（2）在宪法中恢复这一条款，具有道义的精神力量。能够以国家大法的权威性，消除人与人之间、城市与农村之间的隔离和歧视，从而为市场经济秩序

的建立和发展提供充足的人力资源和精神支持。

（3）把公民迁徙自由重新写入宪法，作为基本权利加以严格的保护，就有了规范的法律依据。在各地设置的准入门槛中，地方政府会有相当大的自主权。鉴于当前城市保护主义和地方保护主义还有很大市场，作为宪法规定的基本权利，当其受到其他法律侵犯时，可裁定该法律失效。通过对一些带有歧视性色彩的违宪政策法规的纠正，能更好地保护公民的迁徙自由，在最大限度上保证中国公民在中国境内都能享受同等待遇。

应加紧制定户籍法。随着经济发展和社会进步，特别是改革开放的深入和社会主义市场经济体制的逐步确立，户籍管理工作面临的新情况、新问题不断增多，1958 年出台的《中华人民共和国户口登记条例》（以下简称《条例》）已远不能适应，主要体现在:《条例》中的部分内容已与新的《刑法》、《刑事诉讼法》相抵触；现行的户口迁移政策和《暂住证申领办法》等部分规章早已突破了《条例》的有关内容；群众违反有关户口管理规定，如出生迟报和不报、死亡不销、户口项目随意变更等问题相当突出。对此，有关部门和社会各界呼声强烈，每年“两会”期间都有许多人大代表和政协委员就此提出建议和提案，要求加强户籍立法，确保这项工作有法可依，依法行政，严格户口登记制度。在改革探索中，各地出台各种试验性地方户口，有的就有地方保护主义色彩。所以，有必要通过国家立法，提高公民的人口登记意识，规范政府行政，使中国公民在中国境内都能享受同等待遇。

要通过法制宣传提高农民的公民意识。鉴于户籍法出台尚有时日，而改革的实践发展很快，消除城市保护主义的约束和规范地方政府各行其是的规定又需要更高的法律力量。可以考虑在户籍法起草、修改的过程中，在媒体上进行广泛讨论，造成全民参与的舆论氛围。这样，既有助于形成全民共识，同时也可以以舆论的压力规范改革的进程。

（二）大力宣扬户籍制度改革在全民族精神层面上的价值，通过舆论宣传提高全民的公民意识，在思想上解放农民，为城镇化的发展提供充足的内在动力

必须充分认识户籍制度改革不单是制度层面的改革，它还具有深刻的思想解放的意义。在长期二元分割的行政管理体制下，城市在心理上是排斥农村的，不但造成了农民精神上的桎梏，也造成了城市人妄自尊大的思想倾向，人与人之间缺乏相互尊重的人格观念和平等意识。在社会生活层面上，城里人往往指责外出务工农民不讲文明、不讲卫生、不懂规矩、不守秩序及具有犯罪倾向等，而农民对城市存有很深的心理隔膜，由畏惧乃至疏远，由疏远乃至敌视。在政策层面上，也带有深刻的城市中心主义的影响，如动辄清退农民工就

是其中一例。即便取消城乡分离的户籍制度后，这种在心理层面上造成的伤害也不是马上就能愈合的，人们在心理上还是有城里人和农村人的区分。从农民自身素质来讲，没有精神层面的提高，农民即使是进了城，致了富，也还是穿西装打领带的农民。

要实现农村1.5亿剩余劳动力的转化，仅仅开城门还是远远不够的。还得在政府的主导下，彻底清除城市中心主义的影响，培养农民独立人格的公民精神，提高他们的权利义务观念和法制意识，使农民这一中国最大的弱势群体得到全社会的关注，让他们能充分发挥自身的积极性和创造性，凭借自己的聪明才智，获得在城市中生存发展的条件。

中国的改革是从农民起步的，在推进城镇化的社会发展中，也得依靠农民发挥自身的创造力，可以说这是农民自己解放自己的革命。在这场革命中，首先是思想解放的革命，这需要政府的大力倡导，需要全社会的支持，以打破长期套在农民头上的精神桎梏。当前的户籍改革，社会各界的支持起到了良好的推动作用。进一步巩固改革成效，推动改革深化，也需要社会各界的支持。在支持农民的过程中，也会使全民族的人权意识、民主意识、平等意识得到整体升扬，增强民族凝聚力，从而使中国丰富的人力资源得以充分开发，形成现代化建设的强大动力。

（三）彻底打破城乡分割的二元户口管理结构，建立健全城乡统一的户口登记管理制度，废止阻碍公民迁徙就业的行政限制，培育城乡一体化的劳动力市场

现行户籍制度的缺陷主要在于其城乡分离的二元结构特征。当前，各地在推进户籍制度改革上已初见成效：取消了人为的、行政的户口“审报”制度，以准入条件取代计划管理，实行属地化管理和职业登记，城乡统一的户籍管理制度开始建立起来。在此基础上，要以省、自治区为单位渐次推开，按省、市、区行政区划建立城乡统一的居民户口。这是以后建立中华人民共和国的居民户口的必要条件。

户籍制度改革的价值要求是要促进全体公民发展机会的平等化。农民和城镇居民可以在同一个制度平台上凭能力参与市场的公平竞争，这会给城镇化的发展带来强劲的动力。城乡统一的户籍管理制度的建立，不仅要消解迁徙限制的行政干预因素，而且在精神上有着提升民族精神的重要价值。消除了户口歧视的制度性原因，意味着人们身份的变化，有了更平等的人格价值取向，有助于增强立于个人能力的价值观念，提高人们市场经济的竞争意识，对城镇化建设具有长远的制度效应。

当前的户籍制度改革，在行政改革方面进展顺利，但社会改革方面则要涉

及城镇经济、社会多方面的政策调整和管理体制的创新。城乡统一户籍管理制度的建立健全，必须完善政府其他有关部门相应的配套改革措施，继续弱化城市户口的附加利益，使劳动就业、粮食供应、子女入学、住房分配、保险政策、社会福利等与户口完全脱钩，实行自谋职业、自理口粮、自行解决住房、平等竞争升学的政策，逐步使户籍管理恢复到只承担民事登记的社会管理功能。

为此，建议城镇政府加强组织领导，在公安部门全面实行属地管理办法的同时，协调计划、劳动和社会保障、计划生育、土地、教育、民政、财政、统计、工商、税务等有关部门，清理歧视性的地方保护主义政策。由于城镇本身还有大量本地居民失业、待业的问题，政府面临下岗职工和农民进城的双重压力，为保障城市常住人口就业，有些地方采取了限制外来人口就业的政策。应该看到，这是不利于劳动力资源优化配置的地方保护主义政策，人为地阻碍了城乡一体的劳动力市场的形成，从长远看并不利于城市的健康发展。当前，最重要的是彻底取消用工歧视。在下岗职工再就业和农民进城的问题上，进一步放开平等竞争，培育城乡一体的劳动力市场。市场竞争会降低劳动力成本，提高效率，增强城镇的综合效益。城镇的综合效益增强了，自然会创造出更多的就业机会。

（四）建立以法制加市场的调节机制，处理好平等、效益、稳定三者关系，通过科学地设置门槛，促进人口的合理流动

通过户籍制度的改革，以准入条件代替指标控制，为实现公民迁徙自由提供依靠市场调节为主的制度前提。靠市场调节的迁徙自由，以具有合法固定住所、稳定职业或生活来源为基本落户条件，但这并不排除政府为保护社会治安、公共秩序、公共卫生、维护风化以及他人权利所做的法定限制。个人追求利益最大化的自由流动要求和城市自我规划的管理要求，构成了市场加法制的人口调节机制。门槛就是体现这一要求的准入制度。

1. 充分利用门槛机制，合理调节城镇化链条上的人口流动

城镇化的过程是农村人口流向城市，小城市人口流向大中城市的迁徙过程。面对1.5亿农村剩余劳动力需要转移的趋势和巨大压力，城市的有限资源是严重短缺的。我国城市化道路的现实选择是：适度控制大城市人口规模，积极发展中小城市，有重点地发展小城镇。

大城市是发展和稳定中的矛盾集中之地。从城市化的历史看，优先发展大城市是世界各国推进城市化过程中的普遍现象。只有规模较大的城市才有明显的聚集效应，才能创造较高的规模效益、较多的就业机会和较大的外部扩散效益。从人们的流动偏好来说，真正具有吸引力的还是大城市。多数流动人口都

是流向大城市。如果不加控制，很快就会在大城市角落出现大批贫民窟。因此，在特大和大城市需要实行迁移控制，采取优先解决当地发展所需人才和投资者的户口迁移政策，严格控制人口总量的扩张，同时保持人口的适度增长。

小城镇是解决“三农”问题、转化农业劳动力的要津之地。中国的城镇化道路，首要的问题是要转移庞大的剩余农业劳动力，不能为城市化而城市化。小城镇有很大的吸纳农业剩余劳动力的发展空间。新阶段农业的发展必须与小城镇发展结合起来，通过拓展和集聚第二、三产业发展空间，大规模转移农业剩余劳动力，减少农民数量。因此，在县级市市区、县以下小城镇范围内，户籍应全面放开，以充分吸纳农业剩余劳动力。

横列在大城市和小城镇之间的各类中小城市，需要积极发展，完善城市功能。所以，进入门槛也较低，一般都以具有合法固定住所、稳定职业或生活来源等为落户条件。

在平等、效益和稳定的三者关系中，如果把人口自由流动作为平等指标，把吸引人才流动作为效益指标，把人口控制作为稳定指标，可以看出，在小城镇的户籍改革中强调的是平等的导向，在中小城市的户籍改革中则突出了效益加平等的导向，在大城市和大都会城市的户籍改革中表现出的是稳定加效益。

忽视大城市和忽视小城镇，都要犯历史性的错误。在以准入条件的经济限制代替行政限制之后，如果大城市自设的门槛过高，与小城镇的发展脱节，会使城镇化发展的链条发生梗阻，不能根除二元分割体制的弊端，并有可能形成城镇、中小城市与大城市隔离的新的二元结构。这样，就会同时并发过度发展的“城市病”和发展不足的“农村病”。

2. 利用市场机制，合理调整区位差异造成的人才流动由西向东的偏移现象

受制于东西部经济发展水平的落差，放开户口会使西部人才更自由地向东部地区流动。据我们对浙江省宁海县的调查得知：宁海根据自己的区位优势，吸引人才的目标主要盯在西安等西部大中城市的大学毕业生上，有一套包括落户在内的完整的人才引入政策。必须承认这个已存在多年的现实：无论有没有户籍制度，都无法阻止中西部人才流向东部发达地区。

在区位优势上看，西部人才向东部中小城市流动的趋势还会加大。对这种情况，不必过多地担忧。多年的历史证明，靠行政力量限制人口流动，画地为牢，是人口资源的最大浪费。以市场机制配置资源，则可以期望出现一个更合理的人才地区结构。西部地区的发展落后，主要问题还是出在观念和体制上。而观念和体制的转变，除了引进市场机制，让人口流动起来外别无他路。只有人口流动起来，才能实现人力资源的优化配置，也才能最有效地提高人的素质。

另外，在考虑人才流动问题上，不能只限定在人才数量的流动上，更要看到活劳动的流动。人的价值追求是多样化的，只有市场机制才能为其提供更多实现的可能性。从自然禀赋和国家政策支持的条件讲，西部地区同样存有相当大的个人实现的发展机会。

在人才自由流动的市场调节机制下，活劳动可以得到更充分的发挥。西部必须在吸纳活劳动上面作大文章，以创造出更有利的发展条件。例如，青海省要在北京招募到最艰苦的可可西里自然保护区的志愿工作者，工作期两年，消息一传出，就有很多人踊跃报名，大大出乎政府的意料。这个例子说明，西部地区并非是没有吸引力的地方。通过人口充分流动的市场调节，会使城市自然禀赋等综合条件得到充分的发挥，创造出多样性的城市特色。

3. 科学地制定门槛标准，促进人口合理流动，增强城市的发展活力

由于各地经济水平、社会发展、自然禀赋等条件差异很大，中国必须走多样化的城镇化道路，发挥比较优势。例如，在东部经济发达地区，要把县（市）所在的中心镇作为发展重点，建立城乡一体化的劳动力市场。在西部不发达地区，地广人稀，要保护好生态环境，则可以把有限的资金集中起来，从集约化的规模效益出发，优先发展中心城市。

在特大中心城市、省会级大城市、功能齐全的中小城市、形形色色的中心城镇和小城镇的城市化链条上，每个等级差有不同标准的准入条件，在不同地域有不同标准的准入条件，以发挥各自的比较优势，形成多样性城市化发展的格局。各城市自设门槛的准入条件，是考虑到经济、社会发展水平和城市综合承受力。至于准入条件的合理与否，则要通过市场竞争来确定，不必有过多的行政干预。

从行政管理的角度来看，一般是城市越大，管理的复杂性越大，门槛应越高。从市场竞争的角度来看，门槛高到一定程度，积聚人气、财气的能力就要退减，城市发展就要受影响，就要降低门槛。从自由选择的角度来看，大、中、小城市都有自己的便利和不便利之处，不一定是城市越大越能自我实现。靠行政控制流动人口，未必都能奏效。在人口流动进入成本越高的地方，退出的比较成本就越大，往往会导致人们牺牲合适而选择适应，会造成只进不出的刚性。因此，只有通过市场竞争的博弈，城市才可能找到合理的定位，公民才可能根据能力和财力等条件选择适合自己意愿的居住地，从而走出一条具有中国特色的多样化的城镇化发展道路。

（五）建立由户口登记、身份证管理等制度构成的，以现代科技装备起来的科学的人口管理系统，实现静态管理向动态管理的转变

1. 加强和完善户口登记制度

户口登记是户籍管理制度的基础和重要组成部分，也是国家行政管理的一项基础性工作，主要功能是人口的调查统计。一个严密、完备的户口登记制度，对于全面准确地掌握人口信息、进行科学开发利用，对于提高社会管理质量和效率、促进经济和社会各项事业发展、维护国家安全和社会稳定、保障公民合法权益具有十分重要的意义。依法申报登记户口是公民应尽的义务。过去在城市保护主义下出台的一些申报户口的各种限制条件，都应在当前城乡统一户籍管理的改革中彻底取消，使户口登记能够如实反映公民的居住状况和城市化水平。

2. 把以户管理为重点转到以人管理为重点上来

公民身份证和居民户口簿都是证明居民的法定证件，但作用有所不同。当前，户籍改革的方向是使户口管理向人口管理过渡，人口管理向证件化过渡，以身份证制度作为建立社会信用体系的基本依据，实行一人终生一个代码制，实现开放、动态的户籍管理，使全国人口流动逐渐地有序化。建议有关部门利用更换第二代居民身份证的时机，利用电子信息和生物技术，储存完整的个人信息，确保身份证的“唯一性”，提高使用的有效性。这是公民自由迁徙权利的技术保证。

3. 由静态管理模式转变为动态管理模式，建立个人信用系统

由于中国的城乡差别很大，地域广阔，流动人口数量惊人，户籍管理成本高、难度大。当初实行城乡二元户口管理结构，也有着要降低管理难度的缘由。当前流动人口的犯罪、超生等问题，也都和管理难以到位直接关联。建立城乡一元的管理结构，用市场加法制的机制调节人口流动，是静态管理模式向动态管理模式的转变。对13亿人、1亿多流动人口进行动态管理，没有以现代信息技术为核心的高科技手段是难以进行的。

实现户籍管理的全国联网，建立公民身份证号码查询服务中心，是对人口进行动态管理的一项重要的基本建设。要积极运用人口信息计算机管理系统，逐步实现人口信息统计数据的共享，更准确及时地掌握人口变动的信息。这种人口信息共享性的实现，在为城市的建设规划提供可靠依据的同时，也为进城者提供选择流向的可靠依据。在此基础上形成的城市和人口的博弈，可以使人口流动更加自由，也更加有序。

把公民身份证制度和现代信息技术手段相结合，进行人口动态管理，核心

是建立起社会信用系统。市场经济是信用经济，建立个人信用系统，对维护市场秩序很有必要。但必须慎重地把握公民权利和公共管理的边际界限。鉴于此事关系重大，建议有关部门和专家学者细加研究，广泛征求意见。

（六）把户籍制度改革同劳动就业和社会保障制度等各项社会改革结合起来，推动土地制度的创新，逐步建立健全统一的社会保障新体系

全面进行户籍制度改革的风险性主要是有可能出现大量农村人口涌入大中城市的“城市病”，同时并发农村人才资源流失的“农村病”。情况当然不会像某些言论说得那么严重，却也是有着现实的根据，如年复一年的“民工潮”，流动人口犯罪率上升，农村大批精壮劳动力外出务工造成的“空壳村”现象等。这些情况，说明了城镇化的发展基础不稳定。在进行户籍制度的政策改革中，必须同时推动社会保障制度、劳动力就业制度、土地制度等社会改革。这个制度创新的效应首先要在城镇中得到充分体现。县城（中心镇）在城镇化链条上位于小城镇之首，在消除城乡二元分割结构中具有战略地位。在这里形成吸纳人口的聚合效益，可以有效地转化农业人口，以城镇化促进城市化，达到建立现代化国际性大都市的需要。主要措施有以下几方面：

1. 建立覆盖城乡的全社会保障体系

进行城乡户籍制度改革，消除人为的城乡分割的行政藩篱，关键在于取消城市户口背后各种复杂的附加利益，让农民享有与城镇居民同等的国民待遇，逐步取消城乡之间利益分配的差距，实现城乡融合。这里有政策改革和社会改革两个方面的内容：一方面，要认真清理与户籍相连的各种附带功能，清理在就业、教育、医疗等方面的歧视性政策。凡是直接影响经济发展而又对历史遗留补偿不产生大的影响的附加条件应立即废除。另一方面，要取消城市户口背后的利益，必须同健全社会保障制度联系起来，解决农民进入城镇后的基本保险。农村人口加快向城镇集中，将会使城镇的就业、养老、教育、医疗等社会问题突出。因此，与户籍管理制度改革相配套，必须建立起相应的失业保险、养老保险和医疗保障制度。户籍制度改革的最终完成，有待于覆盖城乡的全社会保障体系的建立和完善。

建立全社会的社会保障体系，既是对过去在中国工业化进程中长期损害农民利益的正当补偿，也是保护城市自己。农民得不到社会保障的照应，没有“同在一片蓝天下”的亲和力，城市也得不到保障。通过建立全社会保障机制，实现政策的城乡贯通，有助于促成真正的城乡一体化。降低农民进入城市的门槛，同时也疏通了城市人口流出渠道。农民可以到城镇打工、经商，城镇居民也可以到农村去租赁承包山林、土地、大棚，通过劳动力合理流动，实现效率的提高，解决城乡共同的就业不足。

覆盖城乡的全社会保障体制的建立，要根据各地的经济发展水平和城市化程度来确定。社会保障制度的建立，基础在县镇，可分三个层次：县市区域的范围，地市区域的范围，省市区域的范围，各层次承担不同的社会保障内容。像广东这样城市化程度比较高的地区，可以照顾到城乡差距悬殊的为数不多的贫困地区，在全省范围设立起最低贫困保障线。对更广大地区而言，这个建立过程需要更长的时间。鉴于现行的对干部政绩考量的指标化倾向，可以把最低贫困保障线的指数作为政绩的主要考量标准之一。这是比任何数字、形象工程都来得实在，得民心，反映当地经济发展实情的“指标”。

2. 积极推动土地流转机制的制度创新

要促进农业剩余劳动力和具备条件的农民能够更多、更快地转移到城镇去就业和定居，仅仅拆除横隔在城乡之间的户籍壁垒是远远不够的。经济因素是妨碍农民进城的真正门槛。农民之所以肯花钱办“农转非”，实际上是购买城市户口背后的福利附加值。随着这几年城市户口的福利功能的弱化，土地开发带来的利益增大，很多已转入城镇户口的人又千方百计地托关系花钱办起“非转农”来。现在要农民交出承包土地作为落户城镇的代价，他们是不会干的。外出打工、经商的农民，宁可把土地撂荒，粗耕薄收，用外出挣的钱交纳税款，也不愿放弃承包土地。这里有一个根深蒂固的心理：在城市没有工作，我还是个回家种地的农民；如果城里没有工作，乡里没有土地，我就什么都不是了。因此，出现了一个怪现象，本来土地资源就严重不足，666 个县的人均耕地低于联合国确定的 0.8 亩的警戒线，却大量地陷入半耕作的状态。实际上，由于土地效益递减，除城郊土地有较高的地租回报外，农民对土地已没有多少依恋。

对城市来讲，要形成规模效益，最大的问题是资金问题。要建立覆盖城乡的全社会保障体制，最大的问题还是资金问题。对农民来讲，进城的目的是为了谋生，谋生还得有本钱，这还是一个资金问题。经过户籍制度改革，城镇政府不能再靠买卖户口筹集建设资金，农民也不再期望转入城镇的福利保障，资金严重匮乏的问题更加突出。国家已经对农民作出土地经营权 60 年不变的神圣承诺，从而保证了土地使用的长期性，这是实际上形成的土地产权。在效益递减的土地和资金严重匮乏的情况面前，根本的出路在于进行土地市场化、资本化的制度创新，把土地变现，农村土地制度与城市土地制度并轨，以货币化的形式实现土地的自由流转。这样，土地可以通过流转得到规模化经营的倍增效益，农民可以通过抵押、交换、出让土地得到资金，进城经商、办厂，开发第三产业，城镇可以通过土地流转产生的级差地租的差价，获得城市开发资金，社会保障系统可以通过税收等方式，扩大筹措社会保障资金的财源，通过社会保障制度和税收方式，调节贫富差距，为贫困者提供最低生活保障，使贫者和富者的生活随着经济的发展都能水涨船高。土地流转机制的改革，可以说是继户籍制度改革之后必须积极推进的重大改革。没有这项改革，户籍制度的改革是没有实际意义的。

3. 转变管理城市的观念为经营城市的观念，培育城市生长机制

城市规模取决于经济规模和与之相连的吸纳人口能力。所有的城镇都必须提高自身的规划、建设和管理水平，以完善自我发展的功能，适应经济社会不断发展的需要，尤其在县城更为突出。这些年来，各地小城镇数量增长很快，但农业人口的比例并没有得到相应减少。为了吸引人口进城，各地相继出台了一些优惠政策，如农民可以带土地进城等，但应者寥寥。户籍制度改革放开了进入城镇的通道，但当地农民的反映并不甚积极。这种情况的出现正说明小城镇的人口、资本、资源、市场的聚集效应不足。农民进城是要吃饭的，这是靠成本巨大的“城市形象工程”解决不了的问题。

在许多地方，一谈到城镇化，就是放开城镇户口，撤并乡镇，变农民为居民。在户籍改革中，这种思维会导致盲目鼓励农民进城。事实上，没有产业发展作基础，农民即使进了城，也得狼狈出城，最后造成“空壳镇”。进不进城是农民自己的选择，政府的任务是培育城市的生长机制。现实的情况是，绝大部分小城镇政府没有进行公共设施建设的财力，不少地方甚至连正常人员的开支都很困难。必须改变在计划经济下形成的城镇发展和管理的体制，建立按市场规则经营城市的新体制，解决公共资源的开发利用。要广辟融资渠道，鼓励企业和城乡居民投资，在政府引导下主要通过发挥市场机制的作用来建设小城镇。以户籍改革为契机，一并解决“城中村”的问题，对用地制度、基础设施和公用事业建设体制等方面实行一系列的配套改革，使小城镇这个大战略真正得到落实。

当前小城镇发展，有乱占耕地、乡镇企业遍地开花、重复建设、环境污染严重等所谓“农村病”的出现。这不是发展小城镇必然出现的问题，而是治理和规划的问题，主要是政府行政的问题。城镇要靠自收自支来成长，公共设施的建设应取之于民，用之于民，要以谁投资谁受益的原则进行市场经营，这必然要求居民自治管理权力的提高，必须进行相应的政治改革，由政府管理过渡到管理政府，让政府更多地扮演一个地产商的角色。如果城镇居民都能参与公共事务的管理，他们才能意识到城市是真正属于他们自己的。在居民参与公共事务的管理中，形成人人负责的家园意识，城镇的治理成本就会大大降低。

4. 注意及时解决新的不平等问题

城镇户籍制度的改革，需要解决二元体制下旧的社会不平等问题，也会有新的社会不平等问题不断出现。当前突出的问题是对计划生育政策的影响。过去城乡二元分治的体制下，城市严格实行一胎制，农村实行二胎制或有限制的二胎制（头胎生女可以再生一个）。如延续这种方法，农村居民由于城镇的一胎制而不愿进城，城镇居民为了生两胎而宁愿到农村生活一段时间。农民的多生，除了养儿防老的传统观念外，还有一个根深蒂固的人多势力大的现实考虑。这是封闭环境的人口观。在自由迁徙的条件下，市场经济的法则会给广大农村带来优生、优育的实在性，一个文化素质高的人在市场竞争中要远胜于低素质的人，要以质量观念取代数量观念。从长远计，打破农民的户籍束缚有利于人口素质的提高。但现实问题是，中国的人口压力实在太大了，又正处于人口高峰期，能让市场机制调整的空间太小。建议采取人口税，按人课税，对生二胎以上课以重税。

其他问题还有：

（1）统一福利保障问题。农民可以带土地进城，城镇居民则没有土地，在共享城市公共资源中，对于福利体系已经弱化的城镇居民是不平等的。另外，农民进城后，在农村的房屋会闲置。建议在城乡统一的社会保障体制中，形成以土地换福利的交换机制。

（2）城市资源共享和合理配置问题。城市有远比农村优越的教育、卫生等条件，大批农民进城，会带来资源的争夺，造成城市资源短缺。据我们在浙江、山东、安徽调查的情况可知，希望子女得到更好的教育已成为农民进城的主要动机。县城重点学校已是人满为患，设备齐全的乡镇学校则招生不足。在地方限制农民进城的政策中，保证城镇的教育问题是一个很现实的考虑。医院的情况也和学校差不多。这种资源紧缺和闲置并存的情况在城镇化的过程中还会更加突出。这种问题的解决，是一个通过市场机制进行资源优化配置的过程。在当前的情况下，要在政府指导下，通过发展民办教育和民办医院，让现有资源得到有效利用，逐步实现市场的自由调节。

（3）农村资源的流失问题。当前农村人口资源流失的情况相当严重，已经造成政治、经济、社会的各种问题。浙江省宁海县的同志形容现在农村的情况是："青壮劳力走四方，老头老太守家乡，残兵败将搓麻将。"青壮年都出去经商、做"五匠"了，经商亏本的才回到村里，打牌度日，无所事事。有人说，就是村里失了火，都没有人救。这种情况造成了村民自治、社会文化经济发展方面的很多问题。村民自治往往没有合适人选。有的竞选上了村委会主任，也是常年在外，不在任上。要缓解这个问题，一方面需要通过发展小城镇，提供功能齐全、设施完备的居住环境和福利设施，吸引农民入城；另一方面要进行行政区划的合理调整，合镇并村，使农村现有资源相对地集中起来，便于集中管理。

（4）改革城镇机构的问题。当前城镇中，吃财政饭的人很多，现代管理人才不足，管理成本太高，导致税费繁杂，影响了农民进城的积极性。虽然老是强调减少政府冗员，降低财政负担，但问题得不到有效的解决。关键还是在于制度创新，探索实现居民自我管理的民主机制，在城市管理上培养中介组织。可以考虑以纳税人联盟的形式，决定城镇的财政开支、发展规划和其他重大事宜，通过民主决策机制，真正实现取之于民、用之于民。

县市所在地中心城镇的发展是城镇化发展链条的中间环节，是城镇金字塔体系结构的塔基。以中心城镇为重点的小城镇建设，目的是加强农业，解决“三农”问题，促进农业的现代化，不是为了开辟政府财源，这一点必须清楚。如果经过 5 到 10 年，每个县城能发展成为 10 万人口左右的小城市，全国就至少可以转移 1 亿以上农村人口，将对农村的发展和城镇体系的建设起到极大的带动作用。

总之，这一轮户籍制度的改革，清除了阻碍城乡劳动力市场形成的一个根本性的制度因素，在促进城镇化的发展方面已经显现出良好的效果。在行政性改革已有突破性进展的情况下，在社会性方面的改革还有许多复杂的综合性问题需要解决，必须继续深化改革，大力推进。对城镇化来说，不仅是可以让农民进城，更重要的是要创造使农民可以在城里生存的基础。

法院调解的现状、问题与对策研究

◇冉井富[①] 胡克敏[②] 李国栋[③] 黄娟[④]

[提要] 法院调解的现状包括法院调解的制度、法院调解的政策、法院调解的实际活动三方面的因素。当前法院调解存在的问题包括法院调解缺乏制度化、规范化，政策上对诉讼的社会功能定位错误，现行的一些制度和机制诱发强制调解，执行难度大导致调解中债权受损，调解与效率难以协调等方面。虽然最高人民法院《关于人民法院民事调解工作若干问题的规定》（法释［2004］12号）在适用调解案件类型划分、调解的程序、调解书的内容和效力等方面的规定具有一定的合理性和可行性，但是仍有相当的局限性，进一步的对策思考仍然十分必要。主要的对策措施大致包括：①尽快进行相应的立法，提高法院调解的制度化和规范化水平；②可以考虑利用五十多岁的离岗法官成立调解组织，同时弱化审判法官的调解职能；③可以考虑采取一些激励当事人接受调解的制度机制；④推进法院组织制度和执行难等深层次问题的逐步解决，为法院调解制度的合理化创造外部条件。

一、问题、任务和目标

在我国，民事诉讼中的调解也称法院调解，是指在法院审判人员的主持和协调下，各方当事人就所争议的民事权益进行协商的行为，或者经过协商达成协议的行为。

在我国当前，法院调解占有十分重要的地位。首先，每年都有大量的案件

---

① 中国社会科学院法学研究所副研究员，法学博士。

② 广东省汕头市龙湖区人民法院院长。

③ 山东省临沂市中级人民法院法官。

④ 中国人民大学法学院硕士研究生。

需要调解。其中一部分案件经过调解后达成调解协议直接以调解方式结案，2002 年这部分案件占所有民事经济诉讼案件的 31.9%[①]，绝对数字达到 1 331 512 件[②]。还有一部分案件通过调解达成和解后撤诉了。这一部分案件没有精确的数字统计，根据对部分法官的访谈了解到，这部分案件大约占撤诉案件的一半。以这个比例计算，这样的案件在 2002 年占所有民事经济诉讼案件的 10.4%，绝对数字达到 436 077 件。除这两部分外，其余的案件也都经过调解但没有因为调解而结案。其次，调解是一种职权活动，调解的过程和结果涉及公共权力的运用，不同的调解方式和调解结果对当事人的诉讼权利和实体权利可能造成重大的、实质性的影响，不同的调解政策导向直接关系到诉讼的公正和效率。这两方面的情况结合起来，法院调解就成了当前需要在理论上给予关注、实践上予以总结和创新的重大课题。正是基于这样的认识，我们进行了这个课题的研究。同样，对调解问题的上述认识，也明确了本课题的研究任务，就是调查法院调解的现状，分析存在的问题，探讨切实可行的解决办法。

对于法院调解的运作方式、存在问题和解决办法，长期以来为理论界和实践部门所广泛关注和讨论。总结这些关注和讨论，有助于确定我们的研究框架，增强研究的理论针对性和现实针对性。

根据法学界讨论，从理论上说，我国现行的法院调解制度还很不完善，存在着很多缺陷。首先，在民事诉讼法中，有关的规定不足十条，这些规定总体而言非常原则和笼统。例如，对于什么是“自愿”、什么是“合法”，没有规定明确可操作的标准；对于调解的方式和手段，调解过程中法官和当事人之间的角色关系等，也缺乏明确的规定。这种情况虽然有利于法官根据具体情况灵活地运用调解的方式和技巧，发挥主观能动性，但是也可能危害诉讼活动的规范性和统一性，可能造成公共权力的恣意和滥用。其次，根据现行法律的规定，调解由审判员或合议庭进行，主持调解的法官同时也是进行审判的法官，这可能造成角色冲突，使得调解的有效性和审判的公正性难以兼顾。

根据一些学者的研究和新闻媒体的报道，上述问题不仅仅是理论上的，而且在实际中也确实存在。归纳和总结起来，这类问题可概括为以下四个方面：

（1）在实际中，主持调解的法官和审判的法官常常是同一个人，就可能产生这样的问题：

①法官在调解时常常单独会见一方当事人，这经常被作为调解的一种技巧

---

① 本文提到民事经济诉讼案件时，均不包括适用特别程序的案件。

② 2002 年以后，我国法院的案件类型不再划分为民事案件和经济案件，而是统一称为民事案件。但是由于本文的研究涉及过去的司法统计，所以为了叙述方便，仍按过去的分类方法，将案件划分为民事案件和经济案件。

而被默许；但是如果调解失败，案件将进入审判阶段，法官单独会见当事人时所获得的信息没有经过对方质证，对法官“心证”的形成会造成一定影响，这在程序上显然是不公正的。

②法官在调解中通常是积极主动的，并且经常提出解决问题的方案，当事人疑心这就是将来法官的判决，从而给当事人之间的博弈传达不准确的信息。

③对于不接受法官意见的当事人，法官经常斥之为不通情达理、不合作、斤斤计较、“好讼”等，并给当事人施加道德压力。为了不给将来审判案件的法官留下不好的道德和人品印象，当事人常常不得不迁就法官的意见。

（2）调解的过程是一个博弈的过程，对于那些没有足够时间和金钱进行诉讼的人，或者缺乏法律知识的人，在交涉中常常处于劣势，致使调解的结果缺乏实质上的公正性。

（3）对于一个案件，法官进行调解可能基于多种动机，其中正当的动机是严格实现法律规定的目的，根据当事人自愿的原则进行调解，调解不成及时审判。但是在实际中，法官常常还基于下列动机进行调解：

①由于法院内部规定了调解结案的比例指标，并把这个比例的高低作为衡量法官办案水平的一个标准，于是法官为了完成这个指标，追求更高的调解结案比例而进行调解。

②由于调解结案以后，当事人不能再上诉，于是避免了案件上诉后被二审法院纠正或发回重审的可能性。而案件被二审法院纠正或发回重审意味着法官办了错案，会影响法官的声誉、奖金乃至升迁，所以法官一般希望避免这种可能性，于是调解结案作为减小这种可能性的手段而被采用。

③由于在现实中法院判决缺乏权威，没有强有力的执行手段，因而使得很多案件依法判决后很难执行，于是法官希望通过调解结案的方式以利于纠纷最终能得到解决。

④对于有些案件，国家的法律规定和地方的习俗、惯例差异很大，如果依法判决，判决将受到地方舆论的非议和当事人的抵制，有时会造成实质上的不公平；如果不依法判决，又和“有法必依”的执法原则冲突。在这种情况下，一些法官可能选择调解，借以规避国家的制定法。

⑤法律可能存在“漏洞”，法官可能面临“无法可依”的情形，而制度上又不允许“法官造法”，于是一些法官可能选择调解来摆脱困境。

当然，我们不能说上述动机就一定是不正当的，但是由于这些动机的存在，使得调解本身成为目的，自愿和合法的调解原则可能被违反，当事人的诉讼权可能被侵犯。

（4）为了使当事人达成调解协议，法官需要做一定的沟通、疏导和劝说工作，但是在实际中可能面临这样的问题：

①这种工作在什么限度内才是“自愿原则”所允许的？因为如果法官多次地、长时间地做调解工作，实际上就变成了拖延，这种拖延很可能成为变相的强制，这种现象在离婚案件中是比较普遍的。

②这种工作在什么限度之内才符合纠纷解决的效率要求？同样，这种拖延使得一个纠纷长期得不到解决，需要花费法院和当事人更多的人力和物力，从而成为一种没有效率的纠纷解决方式，特别是当纠纷最终不能调解结案时更是如此。

针对上述问题，本文的任务和目标进一步限定为：法院调解的现状如何？这些问题是否存在？以什么方式存在？为什么会存在？危害如何？如何克服？存在哪些可以利用的资源？国外的哪些经验教训可资借鉴？可行的制度改革方案是什么？

二、法院调解的制度与政策

全面、准确地描述当前法院调解的制度与实践，对于本文的研究任务来说，具有十分重要的意义。首先，这种描述本身，有助于增进我们对于法院调解的认识，这种认识是我们从事有关政策制定、制度完善和理论研究所需要的，因此，提升和改善这种认识的状况，也是本文的一个任务。其次，这种描述还是本文另外两项任务的基础。换言之，只有立足于这种描述，我们才能发现真正的问题所在，只有充分联系这种描述所展现的现实基础，才能保证对策的可行性。

但是，在我国当前的情况下，这种描述有相当的困难。因为一方面，当前的调解状况包含了多方面的因素，包括民事诉讼法及其司法解释所提供的制度框架，通过文件、会议、媒体实现的政策引导，以及各地法院在这种制度和政策框架中的各种改革和创新，等等；另一方面，多年来我们在政策考量和价值取向上的犹豫和反复，使得调解的制度和实践具有极大的不安定性和不确定性。这两方面的情形和我国幅员辽阔、社会转型等因素结合起来，加剧了调解状况的复杂性、多样性和弥散性，因此使任何经验的准确界定和描述变得十分困难。还有一个重要的因素是，尽管调解问题受到广泛的关注和讨论，但是迄今为止还没有一项研究运用严格的实证方法对调解状况进行描述。这种研究上积累的缺乏，使得本文的描述很难得到其他研究的对照和佐证，这在一定程度上削弱了本文描述的可信度。

由于调解现状存在这些特点，因此全面的描述不能局限于单纯的法条解读或者个案分析，而应该在两个方面予以拓展：一是要涵涉各种因素，包括法律、司法解释、政策以及各地法院的改革创新等；二是在考察这些因素时要注意它们的代表性，要注意从特殊推向一般时的特定条件。这一任务本文用两节来完成。在本节，首先讨论法院调解的制度与政策；在下一节，讨论法院调解的实际运作及其效果。

（一）法院调解制度

我们首先要说明的是有关法院调解的全国性的制度性规定，正是这些规定构成了我国形式上的法院调解制度，构成了所谓的“书本上的法（law in book）”。对这些规定的具体内容这里作一个简要的说明。结合有关的法律、司法解释来看，当前的法院调解主要包括以下八个方面的内容：

1. 调解的基本原则

《中华人民共和国民事诉讼法》（以下简称《民事诉讼法》）第九条规定：“人民法院审理民事案件，应当根据自愿和合法的原则进行调解；调解不成的，应当及时判决。”根据该规定，一般认为，调解的基本原则就是自愿和合法。所谓自愿，就是调解达成协议必须双方自愿，不得强迫；所谓合法，是指调解协议的内容不得违反法律规定。但是，对于什么样的方式算是强迫，什么样的内容算是不合法，《民事诉讼法》没有作出具体的规定。此外，我们以为，“调解不成的，应当及时判决”也可以解读为效率的原则。但是同样的，对于什么是“调解不成”，法律和司法解释也没有提供可以利用的衡量标准。《民事诉讼法》第八十五条规定：“人民法院审理民事案件，根据当事人自愿的原则，在事实清楚的基础上，分清是非，进行调解。”有的学者据此提出“查明事实、分清是非”也是法院调解的一项基本原则。①

2. 调解的案件范围

对于哪些案件需要进行调解，或者需要以特别方式和程序进行调解，《民事诉讼法》没有作出直接的规定。间接的规定是第九条：“人民法院审理民事案件，应当根据自愿和合法的原则进行调解；调解不成的，应当及时判决。”但是对该规定如何解释是一个问题。如果“应当”修饰“调解”，则表明所有的案件都必须进行调解；如果“应当”修饰“自愿和合法的原则”，则不包含任何案件必须进行调解的意思。如果结合下面两个规定来看，这里的“应当”应该作后一种解释，因为只有在这种情况下，下面两个规定才有意义。

---

① 参见柴发邦主编：《民事诉讼法学新编》，法律出版社 1992 年第 1 版，第 253 页。

这两个规定一个是《中华人民共和国婚姻法》第三十二条第二款："人民法院审理离婚案件，应当进行调解；如感情确已破裂，调解无效，应准予离婚。"另一个是《最高人民法院关于适用简易程序审理民事案件的若干规定》第十四条规定："下列民事案件，人民法院在开庭审理时应当先行调解：（一）婚姻家庭纠纷和继承纠纷；（二）劳务合同纠纷；（三）交通事故和工伤事故引起的权利义务关系较为明确的损害赔偿纠纷；（四）宅基地和相邻关系纠纷；（五）合伙协议纠纷；（六）诉讼标的额较小的纠纷。但是根据案件的性质和当事人的实际情况不能调解或者显然没有调解必要的除外。"① 这两个规定表明：在普通程序中，除了离婚案件外，调解不是必经程序；在简易程序中，《最高人民法院关于适用简易程序审理民事案件的若干规定》实施之后，部分案件的调解是必经程序。

3. 调解的主体

《民事诉讼法》第八十六条规定："人民法院进行调解，可以由审判员一人主持，也可以由合议庭主持，并尽可能就地进行。"该规定说明调解主体上的三个特点：一是调解的主体是审判员，不是其他人员，比如说，书记员或者如美国法院附设的调解组织；二是由于当时并没有推行立审分立的审判方式改革，所以主持调解的审判员就是具体承办案件的审判员；三是调解的主体可以是独任审判员、合议庭中的某个审判员或者合议庭。

4. 调解的阶段

《民事诉讼法》没有规定在诉讼的哪一阶段进行调解，根据教科书的解读，这意味着审判员在宣判前的任何时候都可以进行调解，调解可以是一次，也可以是多次。最高人民法院《关于民事经济审判方式改革问题的若干规定》第十九条、二十条分别规定，法庭辩论终结，审判长或者独任审判员征得各方当事人同意后，可以依法进行调解，调解不成的，应当及时判决；适用简易程序审理的案件，当事人同时到庭的，可以直接开庭进行调解。根据前面提到的《最高人民法院关于适用简易程序审理民事案件的若干规定》第十四条规定，在简易程序中，对于婚姻家庭纠纷和继承纠纷、劳务合同纠纷、交通事故和工伤事故引起的权利义务关系较为明确的损害赔偿纠纷、宅基地和相邻关系纠纷、合伙协议纠纷和诉讼标的额较小的纠纷，人民法院在开庭审理时应当先行调解。这个规定表明这样一种倾向：普通程序最好在法庭辩论终结后进行调解，因为这种案情是非比较清楚；而对于适用简易程序审理的案件，则可以相机行事。

---

① 对于该规定，有两点需要说明：一是该规定只适用于简易程序；二是该规定自 2003 年 12 月 1 日起施行，所以是相当晚的事，其实施效果还没有充分展现。

如果要进一步讨论这个问题，需要明确一个前提，就是诉讼的阶段如何划分，然而这一点的确定在我国当前情况下存在一定的困难。如果就1991年开始实施的《民事诉讼法》来说，一审普通程序大体上可以划分为起诉与受理、审理前的准备和开庭审理三个阶段，而其中的开庭审理又可以划分为开庭审理前的准备、法庭调查、法庭辩论、合议庭评议和宣判这样一些阶段。但是在该法确定的诉讼制度中，法官受理案件后需要通过阅卷、调查等手段了解案情，考虑解决方案，正式开庭往往是案情彻底查清而调解又没有奏效的情况下才走一遍的“过场”，所以这种阶段划分并无实质意义。① 20世纪90年代中期以后，全国法院逐步推广了立审分立制度，使得实质性的审前准备程序逐步得以分化，开庭审理阶段也不再仅仅是一个“过场”。在这个意义上，对于彻底实行立审分立的法院，不同阶段的调解意味着调解的主体、调解人员对案情的掌握程度以及对诉讼资源的利用等方面都存在差异。

5. 调解的程序和方法

《民事诉讼法》仅仅规定了调解应当符合自愿和合法的原则，但是对于在调解中哪些方法可用、哪些不可用以及如何才算是自愿和合法没有作具体规定。

6. 调解书及其效力

根据《民事诉讼法》第八十九条至九十一条规定，调解达成协议，除了调解和好的离婚案件、调解维持收养关系的案件、能够即时履行的案件以及其他不需要制作调解书的案件外，人民法院应当制作调解书。调解书应当写明诉讼请求、案件的事实和调解结果。调解书由审判人员、书记员署名，加盖人民法院印章，送达双方当事人。调解书经双方当事人签收后，即具有法律效力。对不需要制作调解书的协议，应当记入笔录，由双方当事人、审判人员、书记员署名或者盖章后，即具有法律效力。

7. 二审程序中的调解

第二审人民法院审理上诉案件，可以进行调解，并且基本上适用一审程序的有关规定，唯一不同的是，调解书送达后，一审人民法院的判决即视为撤销。

8. 调解的监督

根据《民事诉讼法》第一百八十条和《最高人民法院关于适用〈中华人民共和国民事诉讼法〉若干问题的意见》第二百零四条规定，当事人对已经发生法律效力的调解书，提出证据证明调解违反自愿原则或者调解协议的内容违反

---

① 王亚新：《社会变革中的民事诉讼》，中国法制出版社2001年第1版，第114页。

法律的，可以申请再审；经人民法院审查属实的，应当再审，但是应在该调解书发生法律效力后两年内提出。但是和普通的审判程序相比，调解缺少以下的监督：①调解的程序和方法没有具体的规定，调解活动具有很大的任意性；②接受调解书后不可以上诉，不存在二审监督。

（二）法院调解的政策

在我国的司法实践中，法院或法官的调解活动的指引和依据除了正式的调解制度外，还有有关调解的司法政策。从广义上讲，调解政策也是调解制度的组成部分，但是考虑到政策因素的模糊性、流变性和权宜性，我们把它作为制度以外的因素单列。在我国，当前之所以广泛运用政策因素来调整调解活动，既有它的必要性，也有它的可行性。首先，政策调整的必要性在于：一方面，法院调解的制度规定过于简略，存在大量的法律空白；另一方面，我们自身对包括调解在内的许多诉讼问题在认识上不断发生变化，具有不断探索的性质，而政策调整的特点正好适合这一现实特点。与此同时，当前法院的组织制度又为这种政策调整提供了必要的制度保证。这种保障源于两个方面：一是存在着一定的机制，使得法院（院长）具有回应国家的政治或者政策需求的激励或者压力，这些机制包括法院领导干部的选举任命，人代会对法院工作报告的审议，法院对于地方财政和上级财政的依赖，等等。正是通过这些机制，国家的、地方的政策得以转化为各个法院的工作目标和努力方向。二是在法院内部，可以通过一系列的管理制度和激励措施，把法院根据政策确定的工作目标转化为调解人员对于调解的具体态度和看法。正是由于存在着这样的必要性和可行性，政策机制被广泛采用，并对实际的调解活动产生了一定的影响，所以我们考查调解状况时不可忽视这一因素。

然而，和法律渊源不同，政策可以通过多种形式表达出来，如文件、会议、社论、领导人讲话、对新闻事件的选择报道等。此外，从内容上看，政策的系统性、明确性和稳定性也较法律弱。因此就存在这样的问题：我们如何确定调解政策的具体内容？解决的办法是多种多样的，我们采取的办法是：分析《人民法院报》近一年半来的文章和报道，从中总结出关于调解的政策倾向性。这种方法的有效性基于这样的三个假定：①就全国性的政策而言，最高人民法院的政策对法院具有直接的影响，而其他部门的政策可以说没有影响，或者影响很小，很间接；②《人民法院报》的文章和报道是有政策倾向性的；③这里的政策倾向和最高人民法院有关的文件、会议之中的政策内容是一致的。这三个假定是可以证明的，但是由于要花去大量篇幅，所以我们在这里就省去了。

为了和后面的政策变化形成对照，我们先在这里简要说明一下 20 世纪 90

年代中后期的调解政策。在这一期间，全国轰轰烈烈地推行审判方式改革，其内容主要是“三个分立”，即立审分立、审执分立和审监分立，核心内容是强调审判的正规化和技术化，目的在于提高法院的审判功能和庭审质量，确保审判的公正性和效率。而最高人民法院发布的各种政策，主要就在于指导和推进这种审判方式的完成。审判方式改革对调解的实际运作的影响是十分显著的，用王亚新教授的提法，就是这使得民事诉讼从“判决型”审判模式向着“调解型”审判模式转化。支持这种转化的意识形态表现为：推崇提审和判决，强调法官的中立性和消极性，把公正和效率作为审判质量和审判业绩的评价标准。对调解的影响的直接结果是因此否定了以往把调解率作为评价（考核）法官行为和业绩的主要标准并与其奖励、升迁直接挂钩的做法，从而降低了调解活动的正当性，减少了诱发强制调解的动机。①

然而，2002 年以后，司法政策出现了明显的变化，标志性事件是2002 年9 月27 日，最高人民法院和司法部联合召开人民调解工作会议，会后颁布了有关人民调解的一个司法解释和一个规章。会议和法律文件虽然是针对人民调解的，但是这意味着司法政策的重大转向。对于转变后的司法政策的具体内容，我们可以运用刚才讨论的方法，根据《人民法院报》中有关文章和报道进行分析。

利用网络检索，2002 年2 月20 日至2004 年2 月19 日共计两年的《人民法院报》中，标题中含有“调解”的各类文章共有213 篇，扣除其中不直接讨论法院民事调解（如人民调解、公安调解等）的文章后，还剩下148 篇。限于篇幅，我们不能也没必要对这213 篇文章全部进行分析，而是考虑通过科学的抽样，选取部分文章作为样本进行考查。考虑样本数量的有效性，我们以3 为间距，进行等距概率抽样，得到文章49 篇。接下来我们就以这49 篇文章为样本，分析当前关于法院调解的政策与意识形态。

对这49 篇文章的类型、发表时间、内容和观点进行整理，我们得出表1。对表1 进行进一步归纳，可以发现这些文章具有这样的比例构成：7 篇介绍人民法庭调解状况；1 篇介绍海事法庭调解状况；22 篇介绍基层法院的调解状况；1 篇介绍基层法院刑事附带民事案件调解状况；4 篇介绍中级法院或者基层和中级两级法院的调解状况；2 篇介绍全省法院调解状况；1 篇总结全国法院年度的调解状况；5 篇属于调解案例报道；2 篇属于法官调解事迹报道；2 篇属于评论员文章；2 篇属于学术文章。

这些文章提供的政策信息是非常丰富的，这里我们仅关注三个问题：一是

① 范愉：《调解的重构——以法院调解的改革为重点》，2003 年11 月“国家、市场、社会：当代中国的法律与发展”国际学术会议（上海法律与经济研究所举办）论文。

政策上对法院调解的评价；二是政策上对调解的具体程序、方法和措施的态度；三是政策上推进法院调解的机制和方式。

1. 政策上对法院调解的评价

政策上对法院调解的评价是相对于判决和正规化来说的。从表1来看，在这49篇文章中，仅有2篇是学术文章，看不出作者的态度；有5篇文章在行文中体现了对调解的推崇，但是作者没有明言推崇的理由，所以不作分析；剩下来的42篇都对调解作出了相应的评价。这些评价具有这样三个特点：

（1）除了第32篇《十堰中院严防违规调解》以外，其余的41篇都无一例外地认为调解具有优越性。即使是《十堰中院严防违规调解》，也认为调解有助于化解社会矛盾，并且认为为促进调解，可以将调解结案列入目标量化百分考核之中，并制定相关的奖励措施；该文章同时认为违规调解可能产生某些危害，因此应当予以规范化。

（2）概括起来，这些文章认为调解所具有的优点集中体现在两个方面：一是调解比审判能够产生更好的社会效果。当然，对这种更好的社会效果有不同的表达，比如：有利于化解矛盾，进行思想教育，做到“案了事了”（第2篇）。方便、快捷、灵活、成本低廉和对抗性弱，服判息诉率高，上诉率低（第4篇）。体现司法为民（第14篇）。实现人民群众自我管理、自我教育；促进民族团结，实现“两个文明”（第6篇）。“防激化、促团结、保稳定”（第25篇）。在这42篇文章中，有39篇表达了这种看法。二是有一部分文章，大约9篇，认为调解有助于提高诉讼效率。当然，效率不是自动实现的，只有对不同的案件区别对待，或者加强管理，才可能提高诉讼效率。对比起来看，显然对社会效果的强调远远大于对诉讼效率的强调，可以说，社会效果好是这些文章推崇调解的主要原因。

（3）这种评价存在过分简单化的嫌疑，尽管我们不能期望这些篇幅短小的新闻报道能作出周密的论证，但是对指导这些文章的编辑发表的政策却是应该深入考量的。这种简单化体现为：一方面，只看到调解的优点，却看不到调解的缺陷；另一方面，也是最为重要的一点，这些文章几乎都不同程度地混淆了调解与法院调解这两个概念，将调解的优点直接等同于法院调解的优点。单就调解而言，这些文章中关于良好的社会效果的提法或许都是成立的，但是对于法院调解而言，问题没有这么单纯。首先，法院调解中的调解者是法官，是特定的、具体的，法官的各种特征包括权力、知识、权威等，必然会对调解产生巨大的影响，影响的结果好坏姑且不论，但应当作具体分析。其次，任何选择都是存在机会成本的，法官在调解和判决之间的选择也必然如此，因为我们的司法资源的数量是相对稳定的、稀缺的，如果法官侧重于调解，且不说必然存在角色上的矛盾，至少用于判决的资源将减少，一增一减，使得法院调解的优点必须在正确考量了另一方面的损失之后才能确定。我们这里的分析，对于诉讼理论来说，应该是常识了，但是政策鼓动者竟视而不见，或许只能解释为这是因为考虑到矫枉过正或者“取法乎上，得乎其中”。

2. 政策上对法院调解的具体程序、方法和措施的态度

从表1来看，当前法院调解的具体措施种类繁多、名称多样。比如说，在调解阶段上，就有立案调解、庭前调解、庭中调解、庭后调解、庭外和解（第2篇），“送达调”、“答辩调”、“听证调”、“开庭调”、“庭后调”、“执行调”（第26篇）等；在调解主体上，有所谓“集体调解”（第3篇）、送达调解组（第33篇）、速裁庭（第23篇）等，有的地方实行调解人员与审判法官相分离的做法（第33篇）；在调解方法上，更是花样翻新、不胜枚举。

此外，表1还提供了这样一个信息，就是有许多调解措施，在审判方式改革过程中曾被严厉批判的，也是我们在开篇提到的理论上被广为批评的问题，现在却被广为宣传。比如，下达调解结案率指标的做法，曾经是人们所批评的，但是在表1中就有5篇文章（第18、19、21、23、32篇）表示将调解率作为一项重要的指标来激励调解和考评审判工作；“背靠背”调解曾经被视为影响诉讼公正的行为而在审判方式改革中被要求禁止使用，但是在表1中有3篇文章（第20、30、42篇）表示在使用这种方法。

对于上述特点所表现出来的政策倾向，或许可以作两点解释：一是司法为民、社会稳定等意识形态一时突起，占据了主流地位，以至超过了曾经同样十分盛行的公正、中立、自治等现代话语，“政治正确”的衡量压缩了司法的自治空间；二是允许各级各地法院进行大胆的尝试和创新，为建立更为合理的诉讼制度提供经验和知识积累。从后来的司法改革的进程来看，这两方面的因素都是存在的，不过在我们看来，前一种解释也许更为可靠，这一点通过表1中的49篇文章的行文用语就可以充分地体会到。

3. 政策上推进法院调解的机制和方式

司法政策还有一个特点，就是强调通过一定的组织技术和宣传机制来动员法院和法官的积极性，希望通过这种积极性来推动法院调解。这一点在表1中没有直接反映出来，但是通读这49篇文章能够明显地感受到这一点。一方面，这49篇文章本身就是推进法院调解的一种宣传、一种调解动员令。另一方面，这些文章还间接提到，最高人民法院和上级人民法院经常通过立功、先进集体、“人民满意的法院”等各种荣誉称号的方式激励下级法院，同级党委可通过组织上、人事上的地位优势对法院的调解活动提出要求；人大通过审议工作报告、选举法院院长、错案追究等方式影响法院的调解活动等。同样，法院的

行政领导人又可以制定各种激励机制来影响法官的调解活动，以此来回应最高人民法院，上级人民法院，地方的党委、人大、政府和纪检部门提出的要求。这样的激励机制主要有错案追究、调解结案率指标、上诉率指标、申诉率指标、发回重审和改判的追究等。

表 1 《人民法院报》中有关法院调解文章的内容和观点的抽样分析

编号	题目	文章类型、发表时间	对调解的评价	调解的主体、阶段、原则、方法和措施等
1	黑龙江调解带来民事审判新面貌——一审调解撤诉结案率逾六成	全省法院调解状况；2004－02－19	社会效果好，对于小额案件、简单案件可以提高效率	克服“重判决、轻调解”的症结；明确全省调解工作应遵循三条原则：对有调解可能的案件，要尽力调解；对容易激化的案件，要全力调解；对调解不成的案件，要说服疏导
2	寿宁法院民商事案件调解结案近七成	全县法院调解状况；2004－02－16	有利于化解矛盾，进行思想教育，做到“案了事了”	立案调解、庭前调解、庭中调解、庭后调解、庭外和解；以调代审、多调少判；“圆桌调解”、“电话调解”；“缓和法”、“互换法”、“协商法”、“说理法”
3	全国法院艺术运用调解职能	总结 2002 年全国调解情况；2004－02－13	有助于定纷止争、化解矛盾，有利于服判息诉	全国各级人民法院认真学习并推广“枫桥经验”；山东省东营走出了一条“调解多、判决少、申诉少、质量高”的良性循环路子；上海法院尝试“集体调解”方法
4	注重诉讼调解，维护稳定和谐	评论员文章；2004－02－10	方便、快捷、灵活、成本低廉和对抗性弱；服判息诉率高，上诉率低	强化并规范诉讼调解
5	立足调解结案，创新庭审机制——郑州中院的民事格局构筑“审判脊梁”	介绍郑州中院调解状况；2004－01－31	及时调处民事纠纷，化解社会矛盾	增加人员；调解过程、证据事实、调解结果“三公开”；30 分钟立案法、电话调解等；改进了法律文书制作，提高当庭宣判率和审判活动透明度；“小额法庭”，推行“一周结案法”，成立了“假日法庭”、“社区巡回法庭”

（续上表）

编号	题目	文章类型、发表时间	对调解的评价	调解的主体、阶段、原则、方法和措施等
6	龙胜瓢里法庭让人民调解唱主角	人民法庭调解状况；2004－01－11	实现人民群众自我管理\自我教育；促进民族团结，实现“两个文明”	从调解结案的原则出发，将庭前调解和庭后调解、庭上调解和庭下调解相结合来解决各种纠纷。站好位、把好脉、方法活、能吃苦
7	6次开庭21次调解，兰州“大青山”案一审槌音落定	省高院个案分析；2004－01－01	—	6次开庭，21次调解，在当事各方未能达成一致意见的情况下，及时作出判决
8	调解的功效	两级法院调解状况介绍；2003－12－22	化解民间纠纷，维护社会稳定；防止“民转刑”	从双人板凳、人人调解、调解网络到良性互动
9	宜兴狠抓结案周期和调解结案	市法院调解状况；2003－12－15	实现审判效果与社会效果的统一	把调解工作作为考核内容；把调解工作渗透到立、审、执、监的各个环节；通过当事人的亲属和当地基层组织疏导
10	调解反悔现象有增长趋势	学术文章；2003－12－11	—	—
11	调解纠纷实现双赢	调解个案分析；2003－12－08	有效地促进了企业双方的正常生产和发展，得到双方当事人的好评	千里迢迢送达法律文书；在查明事实的基础上对双方当事人做了大量积极有效的工作，寻找出了一条双方都可以接受的解决途径，促成原、被告通过调解达成一致协议

（续上表）

编号	题目	文章类型、发表时间	对调解的评价	调解的主体、阶段、原则、方法和措施等
12	倾注热情排解纠纷——大庆卧里屯法庭调解率达九成以上	人民法庭调解状况介绍；2003－11－27	取信于民，收到了很好的社会效果	用百分之百的热情去解决群众百分之一的纷争的司法理念，扎扎实实地工作
13	七百节假日调解结案三千八	假日法庭调解状况介绍；2003－11－08	方便、高效、快捷；及时有效地化解了纠纷，保障了社会稳定	“快”字当头，方便、高效、快捷
14	浙江宁波调解体现司法为民	海事法庭调解状况；2003－11－04	司法为民	积极寻求便民、为民的工作方法
15	蚌埠郊区法院刑附民案件调解率高	刑事附带民事诉讼调解状况；2003－10－29	促使被告人认罪服判，安心改造	采取庭前、庭上和庭后调解相结合，法院主持调解与当事人自行和解相结合；调解态度作为有悔罪表现的酌定从轻处罚情节
16	浚县调解——人身损害赔偿案	个案分析；2003－10－21	使得原告早日获赔，及早进行治疗	没有一判了事，而是对被告方多次做工作，晓之以理、明之以法
17	保护困难群众，调解各类纷争，百分之百答复信访——和平法院司法为民三招	基层法院调解状况；2003－10－14	体现司法为民，社会效果好，当事人满意	各种司法便民措施
18	胶南诉讼调解规范化	基层法院调解状况；2003－10－10	—	制定有关规定；成立了院调解工作领导小组；每季度评选出两名调解工作先进个人，年终进行综合考评，并与法官工作业绩挂钩

（续上表）

编号	题目	文章类型、发表时间	对调解的评价	调解的主体、阶段、原则、方法和措施等
19	注重创新，强化职能——青州法院多种渠道抓调解	基层法院调解状况；2003－10－09	司法为民，提高民事审判质量	制定调解规定；建立起庭前、庭上、庭下“三结合”的调解机制；把调解率作为一项重要的指标记入年度审判质量档案，把调解工作作为评判审判质量、考核法官业绩和能力的一项重要内容，对调解率、息诉率进行综合考核，实行调解排行榜通报制度；采用心态透视、情理共融、案例疏导、法制教育、沟通解怨、亲友旁助、良知启迪、反向借力等10种调解方法
20	济阳法院70%民事案件调解结案	基层法院调解状况；2003－09－29	司法为民，化解矛盾纠纷	制定有关调解的规定：“依法、重视、用心、诚挚”；区别情况采取庭前调解、庭外调解、“背靠背”调解、调解员依法参与调解等措施
21	宁让法官多辛苦，不让当事人受诉累——寒亭法院让调解唱主角	基层法院调解状况；2003－09－14	无上访、无发回重审，维护了稳定；立足于从根本上化解矛盾，解决纠纷，维护稳定	把调解贯穿于民事审判全过程，广泛实行了庭前调解、当庭调解和庭后调解；实行面对面调解、“背靠背”调解、不同时间地点分别调解、到矛盾发生地调解及邀请单位领导、当事人亲属等相关人员参加调解等；以多种形式提高审判人员的调解能力，把调解率作为考核基层法庭的重要指标；宁让法官多磨嘴，不让当事人受纠纷之累
22	应重视假借调解规避债务	学术文章；2003－09－04	—	分析假借调解规避债务的现象，指出有些法院过于偏重调解，调解中存在以劝压调、以拖压调、以判压调、以诱促调等强制调解的现象，使某些当事人有机可乘

（续上表）

编号	题目	文章类型、发表时间	对调解的评价	调解的主体、阶段、原则、方法和措施等
23	调解是高水平的审判——新浦法院案件服判息诉率高	基层法院调解状况；2003－08－24	化解矛盾和息诉止争；上诉少、发改少、服判息诉率高	强化“调解是高水平审判”意识，成立速裁庭；调解规范化；完善了考核机制；实行庭前调、庭上调、庭后调的“链式”调解法；在婚姻家庭案件中，采取模拟“亲情”调解法等
24	将矛盾尽量化解在萌芽状态——谷城法院发挥调解职能效果好	基层法院调解状况；2003－08－19	化解社会纠纷，群众满意	调解规范化；明确5类案件为必调案件；运用“唤起旧情法”、“心理透视法”、“拉家常法”、“多方疏导法”等调解方法；成立法庭调解指导中心，培训和指导法庭调解人员
25	泉山民事调解摸索“六好法”——案件调解率达60%以上	基层法院调解状况；2003－08－07	“防激化、促团结、保稳定”	“六好法”：“站好位”；“把好脉”；“掌好度”；“开好方”；“用好法”；“借好力”
26	珠山法庭创建调解六法	人民法庭调解状况；2003－07－25	化解矛盾，当事人满意	“六调”：“送达调”；“答辩调”；“听证调”；“开庭调”；“庭后调”；“执行调”
27	福建高院15天调解一起涉台亿元借款纠纷案	个案分析；2003－07－16	有利于妥善处理涉台、涉港因素	开庭审理前对案件进行调解，并多次与案件代理人联系，交换调解方案
28	湖北三年调解结案21万余件	省法院调解工作会议报道；2003－07－06	节约司法资源，维护社会稳定	要求依法规范法院调解，注意防止当事人恶意调解或利用调解规避法律
29	胶州法院强化庭前调解	基层法院调解状况；2003－06－28	服判息诉	注重庭前释法，强化庭前调解

（续上表）

编号	题目	文章类型、发表时间	对调解的评价	调解的主体、阶段、原则、方法和措施等
30	桂东法院“四个结合”规范诉讼调解	基层法院调解状况；2003－06－16	良好的社会效果与法律效果	推行以“四个结合”为主要内容的调解方法：坚持庭前调解与庭审调解相结合；坚持“背靠背”调解与面对面调解相结合；坚持审判人员调解与人民调解员调解相结合；在调解过程中将法制建设与道德建设有机结合起来，德法并重
31	内蒙古包头市九原区法院注重加强民商类案件调解工作	基层法院调解状况；2003－06－12	—	十分注重加强民商类案件调解工作
32	十堰中院严防违规调解	全市基层法院调解状况；2003－06－09	调解有助于化解社会矛盾，但是违规调解，比如透露将来可能作出的判决内容，以拖促调等则有危害	为促进调解，将调解结案列入目标量化百分考核之中，并制定了相关的奖励措施。为防止违规调解，从严作出规定：一是严禁法官在主持调解过程中透露或暗示法院将来可能作出的实质性处理意见；二是严禁法官在调解过程中就双方争议的焦点作结论性判断；三是由立案庭统一排期开庭，实行审限跟踪，严处超审限责任人；四是对违法违规调解者，一旦发现，从严查处
33	引导双方和解，妥善解决纠纷——东港区三庄法庭注重庭前调解	人民法庭调解状况；2003－05－13	提高办案效率，增强办案效果	把庭前调解作为开庭审理前的一个相对独立程序，成立专门的送达调解组，专门负责送达和庭前调解工作，调解不成及时移交审理法官开庭审理；送达调解组的法官不负责案件的审判，避免影响公正。把庭前调解与当事人和解、撤诉有机结合，积极引导

（续上表）

编号	题目	文章类型、发表时间	对调解的评价	调解的主体、阶段、原则、方法和措施等
34	福建省漳平市法院积极构建新型的庭前调解模式，提高司法效率	基层法院调解状况，图片新闻；2003－04－23	提高司法效率	庭前调解，立案庭法官前往当事人家中调解赡养纠纷
35	黎里法庭三成案件庭前调解	人民法庭调解状况；2003－04－16	审判效率大大提高	确定两名经验丰富的审判员为调解法官，负责案件的送达，在送达时征求当事人意见。如果表示愿意调解，可当即安排时间，组织双方进行调解，必要时可与主审法官进行沟通。调解中可适当提出法律建议，但不对案件中涉及的具体事实问题和法律问题表态，充分尊重当事人意思自治。如双方能达成一致意见，形成调解协议，由主审法官审定签发调解书；如调解不成，则不影响开庭审理
36	调解僵持不下，看我“四法”如何——水头法庭“四法”调解效果显著	基层法院调解状况；2003－04－11	当事人反悔、申诉、上访率为零	调解“四法”显威力：一是宣传法律政策法；二是分清是非责任法；三是运用情感沟通法；四是发挥系统效应法
37	提高办事效率，方便当事人——虎丘法院当庭送达民事调解书	基层法院调解状况；2003－03－17	大大提高了办案效率，尤其受到外地当事人的欢迎	设计了一份民事调解书的样式，一旦达成调解协议，承办法官只要打开电脑，在预先设定的调解书样式中分门别类填上内容打印出来，一份调解书就能立即送到当事人手中，从庭审结束到签收调解书一般只需10分钟左右

（续上表）

编号	题目	文章类型、发表时间	对调解的评价	调解的主体、阶段、原则、方法和措施等
38	历尽艰辛为调解——记福清市法院东张法庭助审员陈祖洪	法官调解事迹报道；2003－03－10	有利于减少对抗，化解矛盾	只要有百分之一的调解可能，就要付出百分之百的努力。深入家庭、田间，长途跋涉，垫付各种费用，作细致深入的思想工作，等等
39	提高调解水平化解社会矛盾——十一论认真学习贯彻第十八次全国法院工作会议精神	评论员文章；2003－02－10	定纷止争，化解矛盾，消除各种不安定因素，维护社会稳定	全国各级法院尤其是基层法院的法官充分利用法律赋予的调解职能，耐心细致地开展工作，灵活办案，巧妙执行，以最少的审判资源，最大限度上维护当事人的诉讼利益，实现了审判工作法律效果与社会效果的有机统一
40	止纷息争，化解矛盾——汕尾城区法院民事审判注重调解	基层法院调解状况；2003－01－19	是止纷息争，维护社会稳定，实现司法公正与效率的最佳途径	法官根据案件事实，有针对性地进行调解，把说服双方当事人互谅互让作为调解工作的重要内容，反复做双方当事人的思想疏导工作，力促纠纷解决
41	建立五级调解网络，定期排查，重视疏导——才溪法庭创新调解工作机制	基层法院调解状况；2002－12－31	适合农村工作特点的审判路子	一是建立“五级调解网”；二是推举义务调解员；三是倡导建立相邻村联合调解委员会；四是建议推行治安管理四级承包责任制

（续上表）

编号	题目	文章类型、发表时间	对调解的评价	调解的主体、阶段、原则、方法和措施等
42	流程管理、方法讲究，违规监督——武进民事调解规范化	基层法院调解状况；2002－12－26	化解民事纠纷	通过“三到位”实现调解工作的规范化和制度化：一是做到流程管理，把民事调解纳入审判流程，在庭前、庭中和庭后三个阶段进行调解；二是方法讲究，针对不同素养和不同职业特点的对象进行有针对性的调解，把说服双方当事人互谅互让作为调解工作的重要内容，对有过错的一方当事人进行充分、恰当的批评教育，在“背靠背”调解中，要求有两名以上审判人员在场，禁止法官单独与一方当事人接触，禁止在调解中向一方或双方当事人泄露判决意见，以判决意见强迫当事人接受法官调解意见；三是违规监督，审监庭抽调专门人员每月随机抽调各庭调解结案的案卷，分类进行对照检查，逐项打分，发现违法调解的案件，按审判监督程序处理
43	山东省兖州市法院讲究调解艺术，注重调解实效	基层法院调解状况，图片新闻；2002－12－17	—	讲究调解艺术，注重调解实效
44	“兄妹”讼争上法庭　法官热心再“牵手”——南通中院成功调解一起台资企业纠纷	调解个案分析；2002－12－10	“兄妹”企业化干戈为玉帛，双方达成更好的合作关系	多次组织听证，做大量的工作，作息时间上为当事人提供便利，等等

（续上表）

编号	题目	文章类型、发表时间	对调解的评价	调解的主体、阶段、原则、方法和措施等
45	镜湖法庭调解案件超70%	人民法庭调解状况；2002－11－13	有效维护辖区的社会稳定	“五个一”：对待当事人一张笑脸相迎，一把椅子让座，一杯开水相敬，一句热情问候，给一个客观公正的答复；“六优先”：对影响大局的案件、外地当事人诉讼的案件、下岗职工的案件、重点企业的案件、矛盾容易激化的案件等优先审理；注意运用社会合力开展调解工作
46	古田法院成立审前调解庭	基层法院调解状况；2002－10－26	提高办案效率	成立审前专职调解法庭，专门负责审前调解离婚、赡养、扶养、债务、继承等简易民事案件，由一名审判人员主持调解
47	宫里法庭积极探索庭前调解方式	人民法庭调解状况；2002－10－25	提高诉讼效率，减轻当事人讼累，节约司法成本，减轻审判工作压力，做到案结事了	该庭采用庭前调解方式，庭前调解人员由具备法官资格而非审判长、独任审判员的同志与书记员组成准备庭；对有调解意向的当事人在开庭前进行面对面调解或者单独调解，时间、地点以方便当事人为原则确定，多选择法庭以外的场所进行调解，从而减轻了当事人的心理压力和敌对情绪
48	高邮调解结案率过半——各法庭达到70%以上	基层法院调解状况；2002－10－20	—	在婚姻案件调解中，实行“庭前十分钟法制宣传教育”制度，“先开会后开庭”，聘请妇联的一名同志担任婚姻家庭案件的人民陪审员
49	刘永平：善用调解化纠纷	法官调解事迹报道；2002－10－09	通过调解化解各种纠纷，维护社会稳定	深入调查案件背后的各种社会原因，找出症结所在；加强思想教育

三、法院调解的实际状况

前面讨论了法院调解的制度与政策，但是这二者都是“书本上的法”，司法实际中的调解状况并不能根据它们从逻辑上推导出来，而需要运用经验材料予以描述。① 在接下来的这一部分我们将尝试完成这一任务。

为了了解法院调解的实际状况，我们对山东临沂地区和广东汕头地区进行了实地调研，调研方式包括查阅统计资料、法官访谈和当事人调查等。在汕头地区，我们重点调查了汕头中院和两个基层法院，即龙湖法院和澄海法院；在临沂地区，我们重点调查了临沂中院和两个基层法院，即兰山法院和莒县法院。在这四个基层法院所辖地区中，龙湖和兰山是经济文化较发达的市区，而澄海和莒南是农业人口比例较大、经济文化相对比较落后的郊县。

（一）全国的调解结案率变化

法院调解的实际状况，可以从调解结案率的变化部分地反映出来。表 2 反映了全国民事经济案件一审调解结案率的变化。根据表 2，我们可以得出调解结案率变化的两个结论：一是无论是民事案件还是经济案件，自 1989 年以来调解结案率逐年下降；二是自 1997 年以来，经济案件的调解结案率要低于民事案件。为什么会出现这些变化呢？在无法掌握全国法院调解的经验材料的情况下，我们可以通过解释被调查地区的调解结案率的变化来间接地解释这种全国性的现象。

表 2　全国民事经济案件一审调解结案比例②

年份	结案总数			调解结案数			调解结案率（%）		
	民事	经济	合计	民事	经济	合计	民事	经济	合计
1989	1 808 538	674 226	2 482 764	1 253 895	545 823	1 799 718	69.3	81.0	72.5
1990	1 849 728	598 317	2 448 045	1 194 350	414 580	1 608 930	64.6	69.3	65.7

① 前面提到的 49 篇文章中所报道的信息也不能作为全国法院调解状况的真实反映，尽管我们不能否定这些报道的真实性，但是它们至少是经过选择和加工的，“上有所好，下必趋之”，所以更应解读为一种政策导向。

② 表中各年的结案总数和调解结案数源于《中国统计年鉴》和《中国法律年鉴》，调解结案率则是由调解结案数除以结案总数所得。需要补充说明两点：一是 2002 年后诉讼案件不再作民事和经济的划分；二是 2002 年的结案总数和调解结案数中扣除了特别程序的案件数，因为特别程序基本上不适用调解，而且在往年的统计中绝大部分特别程序，比如支付令、公示催告等是单独统计的，这里扣除特别程序也是为在统计口径上前后一致。

（续上表）

年份	结案总数			调解结案数			调解结案率（%）		
	民事	经济	合计	民事	经济	合计	民事	经济	合计
1991	1 910 013	583 771	2 493 784	1 128 465	358 558	1 487 023	59.1	61.4	59.6
1992	1 948 949	648 018	2 596 967	1 136 970	397 404	1 534 374	58.3	61.3	59.1
1993	2 091 651	883 681	2 975 332	1 224 060	555 585	1 779 645	58.5	62.9	59.8
1994	2 382 174	1 045 440	3 427 614	1 392 114	625 078	2 017 192	58.4	59.8	58.9
1995	2 714 665	1 271 434	3 986 099	1 544 258	729 343	2 273 601	56.9	57.4	57.0
1996	3 084 464	1 504 494	4 588 958	1 672 892	804 492	2 477 384	54.2	53.5	54.0
1997	3 242 202	1 478 139	4 720 341	1 651 996	732 753	2 384 749	51.0	49.6	50.5
1998	3 360 028	1 456 247	4 816 275	1 540 368	626 741	2 167 109	45.8	43.0	45.0
1999	3 517 324	1 543 287	5 060 611	1 500 269	631 892	2 132 161	42.7	40.9	42.1
2000	3 418 481	1 315 405	4 733 886	1 336 002	449 558	1 785 560	39.1	34.2	37.7
2001	3 457 770	1 158 702	4 616 472	1 270 556	351 776	1 622 332	36.7	30.4	35.1
2002	1 277 516	2 901 094	4 178 610	550 466	781 046	1 331 512	43.1	25.1	31.9

（二）部分地区的调解结案率变化及其解释

从表3、表4来看，临沂地区和汕头地区法院一审调解结案率的变化和全国的变化是一致的，在这两个地区，调解结案率呈逐年下降的趋势。同时，最近几年来，经济案件的调解结案率要低于民事案件的调解结案率。由于变化是一致的，而且又都处在相同的制度、政策和文化大背景之中，所以我们可以通过解释这两个地区的变化来间接说明全国的变化。

表3　汕头市民事经济案件一审调解结案比例①

年份	结案总数			调解结案数			调解结案率（%）		
	民事	经济	合计	民事	经济	合计	民事	经济	合计
1992	4 051	2 830	6 881	2 732	1 785	4 517	67.4	63.1	65.6
1993	1 700	1 164	2 864	1 027	698	1 725	60.4	60.0	60.2

① 表中各年的结案总数和调解结案数数据是在实地调研过程中所收集到的，调解结案率则是由调解结案数除以结案总数所得。需要补充说明两点：一是2002年后诉讼案件不再作民事和经济的划分；二是2002年的结案总数和调解结案数中扣除了特别程序的案件数，因为特别程序基本上不适用调解。

（续上表）

年份	结案总数			调解结案数			调解结案率（%）		
	民事	经济	合计	民事	经济	合计	民事	经济	合计
1994	1 950	1 189	3 139	1 111	634	1 745	57.0	53.3	55.6
1995	2 169	1 375	3 544	1 155	629	1 784	53.3	45.7	50.3
1996	2 821	1 960	4 781	1 325	732	2 057	47.0	37.3	43.0
1997	3 272	2 563	5 835	1 531	895	2 426	46.8	34.9	41.6
1998	3 371	3 128	6 499	1 408	857	2 265	41.8	27.4	34.9
1999	3 407	3 973	7 380	1 407	1 037	2 444	41.3	26.1	33.1
2000	3 489	3 051	6 540	1 330	703	2 033	38.1	23.0	31.1
2001	3 791	4 754	8 545	1 293	869	2 162	34.1	18.3	25.3
年份	婚姻家庭继承	合同和其他案件	合计	婚姻家庭继承	合同和其他案件	合计	婚姻家庭继承	合同和其他案件	合计
2002	1 346	6 949	8 295	661	1 049	1 710	49.1	15.1	20.6

表 4　临沂市民事经济案件一审调解结案比例①

年份	结案总数			调解结案			调解结案率（%）		
	民事	经济	合计	民事	经济	合计	民事	经济	合计
1992	22 378	5 060	27 438	15 487	3 895	19 382	69.2	77.0	70.6
1993	27 108	11 772	38 880	19 777	9 56	28 833	73.0	76.9	74.2
1994	27 883	9 868	37 751	19 742	6 892	26 634	70.8	69.8	70.6
1995	28 519	9 273	37 792	18 453	5 847	24 300	64.7	63.1	64.3
1996	34 875	13 523	48 398	22 085	7 930	30 015	63.3	58.6	62.0
1997	38 408	12 875	51 283	23 838	7 395	31 233	62.1	57.4	60.9
1998	40 145	14 059	54 204	22 922	7 766	30 688	57.1	55.2	56.6
1999	40 667	18 374	59 041	20 226	9 889	30 115	49.7	53.8	51.0
2000	33 570	15 520	49 090	15 391	6 371	21 762	45.8	41.1	44.3
2001	26 012	18 783	44 795	11 234	6 670	17 904	43.2	35.5	40.0

① 表中各年的结案总数和调解结案数是在实地调研过程中所收集到的，调解结案率则是由调解结案数除以结案总数所得。需要补充说明两点：一是 2002 年后诉讼案件不再作民事和经济的划分；二是 2002 年的结案总数和调解结案数中扣除了特别程序的案件数，因为特别程序基本上不适用调解。

（续上表）

年份	结案总数			调解结案数			调解结案率（%）		
	民事	经济	合计	民事	经济	合计	民事	经济	合计
2002	7 098	26 237	33 335	2 937	9 702	12 639	41.4	37.0	37.9

表 5 不同地区民事经济案件调解结案率比较

年份	全国（%）	汕头（%）			临沂（%）		
		全市	龙湖法院	澄海法院	全市	兰山法院	莒南法院
1995	57.0	50.3			64.3		
1996	54.0	43.0			62.0		
1997	50.5	41.6			60.9		
1998	45.0	34.9			56.6		
1999	42.1	33.1			51.0		
2000	37.7	31.1			44.3		
2001	35.1	25.3			40.0		
2002	31.9	20.6	9.9	37.8	37.9	30.9	48.2

为了解释这种变化，我们先来看看调解结案率是如何形成的。在结案总数一定的情况下，调解结案率是由调解结案的数量来确定的。而一个案件能否调解结案，从理论上讲，有这样三个影响因素。首先是案件调解是否可能。在实际中，有些案件是不可能调解的。这主要包括这样一些案件：一是被告方缺席的案件，这种案件在借款合同案件中大量存在；二是诉讼代理人没有接受调解的授权；三是法定代表人没有接受调解的权限，或者调解书没有核销账目的效力。其中后两类在法人单位诉讼中经常出现。对于这三类案件，是不可能进行调解的，如果这样的案件比例增加，调解结案率就会下降。其次是案件是否容易调解。一个案件是否容易调解取决于很多因素，如当事人的法律意识如何、是否有律师代理、被告方的信用能力怎样、案情是否清楚明确、当事人双方的关系如何等。再次是法官的调解能力和努力程度怎样。其中法官的调解能力取决于很多因素，如法官的威望、法官的年龄和经验、制度允许的调解方式与手段等。法官的努力程度则取决于法官的工作量、法官对调解的认识和态度、对调解进行激励或抑制的政策和组织手段等。现在我们就根据调查所收集到的材料来考察这三方面的因素及其影响。

对于调解结案率为什么逐年下降，在访谈中法官将原因归结为三个方面。

首先，是因为案件工作量太大，法官没有那么多的精力反复做调解工作。法官们普遍认为，调解比判决要多花时间。但是由于调解书写起来比判决书容易，而且不用写报告，所以综合起来看，在调解和判决哪个更省事的问题上，存在不同看法。对于那些年轻的、学历水平较高的法官来说，判决书写起来容易，因此认为判决省事；反过来，那些45岁以上的或者学历水平较低的法官，则认为判决书要求高，很难写，因此认为调解省事。由于法官越来越年轻化、专业化，所以越来越多的法官认为判决更省事。案件数量的增长，使得更多的法官选择了更省事的判决。这一点我们可以通过地区对比来说明。在汕头市龙湖法院经济庭，一个法官一年要办两百多件案子，这使得法官根本没有时间来反复做调解工作，而且该院接受访谈的三名法官均认为判决更省事，因此，该院2002年民事经济案件的调解结案率只有9.9%（见表5）。而在该市澄海法院，经济庭每人每年审理五六十件案件，民庭的法官则说工作量不重，因此调解结案率达到了37.8%（见表5）。同样，在临沂兰山法院，法官每人每年要办一百多件案件，因此2002年调解结案率为30.9%，低于全市37.8%的平均水平。而在该市莒南法院，各个法庭还争案子办，所以该院2002调解结案率为48.2%，高于该市平均水平。另外还有一个有趣的对比是，汕头市两个基层法院接受访谈的法官几乎都认为调解费事，而临沂市两个基层法院接受访谈的法官几乎都认为判决费事或者费劲，这种不同的看法是导致汕头市和临沂市调解结案率具有较大差异的一个重要原因（见表5）。

其次，汕头市接受访谈的法官提到两个原因，但是这两个原因在临沂市并不突出。一个原因是大量的案件因被告人缺席使调解结案率下降。汕头市一位接受访谈的法官说："调解要求双方当事人到场，但是现在超过70%，我说80%都不过分，但是客观地说至少70%的案件不能保证双方到场。"另一个原因是被告方信用很差，调解成为一种拖延时间的策略，因此调解很难成功。在龙湖法院，法官们反映，原告通过权利让步换来的调解协议并不能得到被告的自觉履行，而很多调解书由于是分期付款，申请执行反而不如判决书便利。

再次，法官还提到一些影响因素，这些因素相比前面提到的而言，或者不太普遍，或者很难证实。一个因素是认为当事人法律意识提高了，很难调解。但是，为什么法律意识提高了就更难调解这一点似乎不甚明了。另一个因素是认为律师代理使得案件调解更困难了，但是也有不少法官认为这不能一概而论。还有法官认为，立审分立使得业务庭的法官调解很不方便，制约了调解工作的开展。但是这一因素影响的程度，目前还不好确定。

法官们还提到一些促进调解结案率增长的因素。例如，法院内部规定了各种指标，将调解结案率、上诉率、发回重审、改判等情况和法官或者法庭的奖金、评优等联系起来，以此来激励法官加强调解。应当说这些激励是十分有效的。例如，在临沂地区，基层法院几乎都有这样的激励政策；而在汕头地区的基层法院，虽然发回重审和错案对法官不利，但是没有规定调解结案率、上诉率这样的指标要求。反映在调解结案率上，临沂市比汕头市要高出近一倍。但是我们看到，即使在临沂地区，这些因素仍然没有能够阻挡住调解结案率的下降趋势。这是因为两方面的因素：一是前面提到的导致调解结案率下降的几方面因素发挥着更大的作用，二是人们用别的方法部分地抵消了上述激励措施对法官的作用。这些因素包括将疑难案件提交审委会讨论，到二审法院汇报请示，等等。而且，由于法官专业化的不断加强，法官们遇到疑难案子的比例也越来越小了。

接下来，我们解释一下第二个现象，就是为什么近年来经济案件的调解结案率要低于民事案件。

首先，在过去的案件类型划分中，经济案件主要是指集体之间、集体和个人之间的有关经济活动的案件，其中绝大部分是经济合同案件。前面提到，借款案件中有很大比例的被告缺席，这个因素也是经济案件调解结案率低的原因，因为借款案件大部分是经济合同案件，而这种案件在经济案件中又占有很大的比例。在汕头市，2001 年借款合同案件结案数为 3 046 件，占经济案件结案总数的 64.1%，调解结案率是 16.5%，低于经济案件的一般水平，由此可以说明借款合同案件调解结案率低是导致汕头市经济案件调解结案率低的重要因素。但是借款合同案件的这种影响在临沂地区却不存在。在 2001 年，临沂市借款合同案件的调解结案率达到 38.5%，甚至超过经济案件调解结案率的一般水平。

其次，前面已经提到，对于当事人是单位的案件，有些是法定代表人没有接受调解的权限，有些是只有判决书才能核销单位的账目，这两个特点使这类案件成为不能调解的案件。在汕头地区的银行贷款案件中，这种情况非常普遍。这种情况在临沂地区也存在，但是不如汕头普遍。

再次，一些法官还分析到，民事案件的特点决定了民事案件更适合调解。民事案件大部分是涉及自然人之间的关系，常常涉及个人的人格和身份关系，包含着较多情绪性因素。这种案件之所以更适合调解，是因为其具有四个特点：一是这种案件中强烈的情绪对立需要反复调解来平息，如果直接依法判决，则并没有真正解决社会矛盾，既不利于判决的执行，也给社会安定留下了隐患。同时，情绪是易变的，这给调解工作留下了发挥作用的空间。二是民事案件的当事人之间很多是亲戚关系、夫妻关系、家庭关系或者邻里关系等，这种关系使得当事人之间有着复杂的、多方面的微妙联系，这使得案件涉及的问题的是与非既不容易查清楚，也不是很重要，于是调解就变得既必要又可能。三是对法官来说，民事案件“说理容易说法难”，判决书很难写，判决相对来说更费劲。一些民庭的法官认为，案件越小越难办，小案件证据庞杂琐碎，上诉率高。而经济案件则不一样，通常手续齐全，法律关系单纯，事实容易查清，因此判决很容易。

上述因素综合起来，导致了经济案件调解结案率低于民事案件。

（三）调解的时间与阶段

在我们调查的两个地区的 6 个法院（2 个中院、4 个基层法院）中，在调解的时间和阶段方面存在着不同的做法。6 个法院基本上都实行了立审分离，实行这种制度后，负责审判案件的法官在业务庭，业务庭的法官只有在开庭以后才能见到当事人，这一点是各个法院共有的。主要区别有以下方面：

第一，立案庭法官要不要实行庭前调解？在 6 个法院中，莒南法院在立案的时候，如果双方当事人都来的话，立案庭可以进行调解，如果当时就能调解好的话，那么当时就可以结案，甚至对于简单、双方都到场、数额不太大的案件，立案庭调解不成的话也可以直接判决。临沂中院立案庭只做少量的调解工作。在其余的 4 个法院中，立案庭都不作调解工作。

第二，开庭以后何时进行调解？业务庭要开庭时才能见到当事人。莒南法院的做法是开庭完了以后才开始调解。所谓开庭完了，是指法庭审理的证据调查、法庭辩论、法庭陈述结束以后。对于为什么这样操作，莒南法院的法官解释说：“一是为了调解时事实清楚；二是怕书记员走了，因为书记员不在业务庭；三是调解不成还可以当庭宣判。”兰山法院的做法是在开庭之前花 20 分钟时间简短地调解一下，看看双方有没有调解的愿望。如果都同意调解，差异不大的话，就调解；如果调解不成，就开庭审理。开庭完了以后，对案情有了一定了解，这个时候再调解一次，调解一般不超过半个小时。其他法院的做法类似于兰山法院的做法，但是更随意，主要由法官根据经验来把握：如果有调解的契机，就休庭调解；反之，就开庭审理直至判决。

立审分立后，派出法庭有各种做法。一种是派出法庭不实行立审分立，还按传统的办法实行立审合一，在这种情况下，法庭调解的时间和阶段与传统做法就没有什么区别，对如何调解和何时调解法官有很大的裁量权。目前四个被访谈的地区中，汕头市的法庭实行这种办法。兰山区和莒南县实行的是另一种做法，就是派出法庭也实行立审分立，法官立案前见不到当事人。当事人统一到县法院立案排号，在开庭审理时法官才能见到当事人。在这种做法中，法官只有在开庭以后才能相机做调解工作。

（四）调解方式与方法

在这次访谈中，我们重点就五个问题询问法官，这五个问题是：是否采用“背靠背”的调解方法？是否采用批评教育的调解方法？是否以透露将来判决内容的方法来做说服工作？是否为当事人提出调解协议方案？调解不成后在调解中获得的信息是否作为判决的参考？这五个问题长期以来是人们讨论法院调解问题时所诟病的地方。

首先，所谓“背靠背”的调解方法，是指法官分别单独与一方当事人交谈从中斡旋以促成调解协议的方法。在接受访谈的20名法官中，除了极个别以外，几乎一致回答这种方法是被普遍、频繁采用的。法官们认为，这是调解的基本方法，如果没有这种方法，调解几乎无法进行。在20名法官中，有五人认为这种方法和司法公正的要求不符。

其次，所谓批评教育，是指借助道德力量来促成当事人达成调解协议的方法。在访谈中，除了汕头市中院和龙湖法院的法官外，其余4个法院的法官都普遍采用这种方法，其中民庭的法官运用此法尤其频繁。

再次，对是否以透露将来判决内容的方法来做说服工作，兰山、莒南法院的法官都说有，但很少，对于法律和事实容易确定的就敢说，不好确定的则不敢说。临沂中院法官介绍说，这种透露通常是在“背靠背”交谈时，通常对于比较清楚的案件才透露；但是有些胆子大的法官，拿不准的大案子也敢说。

最后，对于是否为当事人提出调解协议方案，临沂和澄海的法官都认为，在当事人双方差距比较小的情况下，法官通常会综合两方面的意见提出一个照顾双方的方案来征求双方意见。但是，龙湖法院和汕头市中院的法官却强烈反对法官提出调解方案。

（五）不同角色对法院调解的态度

1. 立法目的与政策导向

法律和政策通常会基于公共利益的需要表达一定的规范性要求。我国法律对法院调解的规范性要求在现行《民事诉讼法》颁布以前，曾表述为“着重调解”。现行《民事诉讼法》对这种要求作了修正，新的表述为：“应当根据自愿和合法的原则进行调解；调解不成的，应当及时判决。”这种表述的倾向性是十分明显的，但是由于“自愿”和“应当”的标准没有明确，这给政策的发挥留下了很大的空间。在20世纪90年代中后期，我国在政策导向上一度轻视调解，强调审判活动的正规化建设。在这种意识形态的背景中，人们更多的是批评法院调解的弊端。这种政策导向导致了法院内部激励机制的改变，促成了法院调解结案率的下降。2000 年以来，尤其是 2002 年 9 月份以来，政策上对法院调解态度发生了变化，调解作为有效解决社会矛盾纠纷的解决方法又重新被强调和重视。对当前的这种强调和重视，我们从《人民法院报》的新闻标题中就能感觉出来。例如，《观城法庭：积极调解化纠纷》（2003 年 10 月 15 日）、《青州法院多种渠道抓调解》（2003 年 10 月 9 日）、《新罗区法院进一步提高民事案件的调解率》（2003 年 8 月 27 日）等，这些标题鲜明地表达了当时的政策倾向。

2. 法院（院长）

法院（院长）的利益在于在法律和制度设置的框架内完成其解决纠纷和适用法律的社会功能，有时还包括自身的一定效益和政绩追求，正是这种利益立场决定了法院对调解的态度。在当前的制度和政策环境中，调解对法院（院长）的利益在于：一方面，调解结案率的提高有利于完成其作为法律和政策的精神上传下达的角色任务；另一方面，调解结案率的提高，有助于降低上诉率，降低发回重审和改判的案件数量，而这些指标都关系到法院（院长）的政绩，关系到其在人大会议上的工作报告能否通过。在访谈中了解到，有些地方实行发回重审一票否决制，换言之，只要有一件案件发回重审，法院（院长）的先进、立功等荣誉就没有了。由于存在这样的利益激励，各个法院就会不同程度地采取措施激励法官，强化调解，提高调解结案率。当然，由于各个地区上诉率、发回重审和改判对法院（院长）的政绩影响不一样，所以各地法院对法官的激励措施也强弱不同。我们在访谈中发现，汕头市各级法院对法官的激励措施就明显弱于临沂市各级法院。

3. 法官

法官的利益在于工作量的完成、能力上的褒奖、奖金收入、职务升迁等方面。调解对法官利益的影响是多方面的，有时是互相矛盾的，这种复杂联系决定了法官对调解态度的多样化。对有的法官来说，调解比判决容易，在这种情况下，调解有利于工作量的完成，不论有没有调解的激励机制，这些法官都会倾向于选择调解。对有的法官来说，判决比调解容易，这时法官态度就很难确定。如果判决比调解容易，那么判决就有利于工作量的完成。如果同时对调解结案率、上诉率、发回重审和改判没有任何激励或抑制，那么法官肯定倾向于选择判决。反过来，如果同时存在着提高调解结案率、降低上诉率、减少发回重审和改判数量的激励，那么法官的态度就要在权衡这两种得失后才能确定。这个问题的复杂性还在于，是调解容易还是判决容易还取决于案件的类型和案件的具体情况，如果法官面对的是不同的案件，那么他对调解的态度也会随着案件的不同而作出调整。

（六）调解与权利维护

访谈中，许多法官认为，调解就是原告的让步，而且即使让步之后，被告过后常常还不想履行。对于分期付款协议，如果原告申请执行的话，要一期一期地申请，还必须到期才能申请，这种情形非常不利于维护原告的利益。汕头市各级法院法官对这种情形的体会尤其强烈。为了维护债权人的利益，一些法院进行过各种尝试和探讨。汕头市龙湖法院创造了一种做法，就是在分期付款的调解协议中附加一个条款。该条款规定，如果债务人任何一期没有准时足额还款的话，后面的款额，不管你分多少年，全部视为立即到期，马上就可以申请执行，这与判决没有什么两样，而且以前调解所放弃的利益也全部不算数。临沂中院在二审案件的调解协议中经常附加这样的条款：如果不履行的话，按原判决执行。

四、问题及其成因

前面概要地描述了当前法院调解的制度与实践，感觉到在制度建设中存在许多问题，但是要说明到底存在哪些问题，却存在一定的困难，因为对某些制度和实践问题的判断具有很强的主观性。比如说，法院内部下达要求要达到一定调解率的做法，曾经被视为是导致强制调解的诱因，现在却被广为宣传；坐堂问案和法官中立，加强程序的安定性和技术性，推进司法的自治能力，这些制度特征曾经被视为是法制现代化的组成因素而成为司法改革的方向和目标，但是在现在的司法为民和维护稳定的政治语境中，它们可能因为妨碍了司法的便利行使而受到置疑，等等。但是，这种主观性并非意味着问题的讨论不可能或者没有必要，而只是说明，在提出问题之前，需要交代进行问题判断的立场和标准。

我们的立场可以简要概括为：如何通过有限的、特定的司法资源的合理配置，实现公共福利（public welfare）的最大化。此外，一个辅助的立场是：任何制度和实践都是有成本或者代价的。因此，对任何制度和实践的评价，都应该以两个对比为基础：收益和代价的对比，不同的制度和实践之间的对比。在这个意义上，当我们说某项制度或者实践存在问题时，并非是因为有一个客观实在的“问题”存在，而只是表达了我们可以通过引入另外一项制度或者实践从而能够做得更好的一种看法；而所谓做得更好，是指投入的资源和增进的公共福利有一种效率更高的状态。

尽管存在上述最终的判断标准，但是并非每一个问题的论述都要援引它们。事实上，在诉讼和司法领域中，伴随着实践经验的累积和理论研究的发展，人们已经总结出了一些基本原理，比如说法官独立、程序的安定性、依法审判等，它们在增进公共福利方面的效果已经得到充分的实践检验。因此，在存在这样的原理的场合中，我们可以直接据此进行问题判断，而不必诉诸最终的立场。

在这样的前提条件下，我们认为当前的调解制度和实践存在以下五方面的问题：①法院调解缺乏制度化、规范化；②政策上对诉讼的社会功能定位错误；③现行的一些制度和机制诱发强制调解；④执行难导致调解中债权受损；⑤调解与效率难以协调。下面分别予以分析。

（一）法院调解缺乏制度化、规范化

对于当前法院调解制度化和规范化的缺乏，前面关于制度与实践的描述中已经有了充分的展现。当然，我们不能说在所有的地方调解活动的规范化水平都很低，事实上，许多法院都制定了适用于本级法院或者同时也适用于下级法院的所谓调解规定。但是，一方面，从全国范围来说，还有许多法院不存在这样的规定；另一方面，即使存在这样的规定，由于地方法院的地位、立场和认识的局限性，我们完全有理由怀疑这些规定的正当性和合理性。因此，从总体上说，当前法院调解缺乏制度化、规范化的判断是成立的。如果进一步归纳，这种缺乏主要体现为以下方面：

首先，对自愿、合法的规定过于原则化，缺乏严格的界定，而自愿、合法是法院调解的两个基本原则。我们先来看看自愿原则。关于自愿，民事诉讼法中只有“不得强迫”的规定，但是何为强迫？批评教育算不算强迫？拖延时间算不算强迫？请当事人的亲戚、邻居、师长等来劝说算不算强迫？最高人民法院的司法解释中规定“当事人一方或双方坚持不愿调解的，人民法院应当及时判决”。什么叫“坚持不愿”？调解工作在很多情况下就是要通过说服教育、做思想工作等改变当事人的立场，那么这些工作在什么情况下需要做，什么情况下不能再做？关于合法，民事诉讼法中只规定调解协议的内容不得违反法律。这里的“不得违反法律”可从两个方面理解：广义上可理解为协议的内容不得违反法律、法规的禁止性规定；狭义上可理解为协议的内容不得违反相关实体法的规定。但是这里的“合法”指的是哪一种情况以及如何判断等，有关的法律和司法解释都没有作出明确的规定。

其次，不同的案件如何适用调解缺乏必要的界分。婚姻法和最高人民法院的司法解释只规定，人民法院审理离婚案件应当进行调解；对于其他案件，未

再作针对性的规定。最高人民法院在最近颁布的《关于适用简易程序审理民事案件的若干规定》中规定，婚姻家庭纠纷和继承纠纷、劳务合同纠纷、交通事故和工伤事故引起的权利义务关系较为明确的损害赔偿纠纷、宅基地和相邻关系纠纷、合伙协议纠纷和诉讼标的额较小的纠纷，人民法院在开庭审理时应当先行调解。但是这些规定只是针对简易程序而言的。我们在调查中了解到，不同案件调解的难度和调解的必要性是不一样的。一般来说，个人之间、熟人之间的纠纷感情色彩较浓，调解成功的可能性也大一些；单位之间的纠纷和主要是经济内容的纠纷，即使当事人或者代理人较为理智和平静，调解成功的可能性也较小。前一类纠纷包含着较大的感情和情绪的冲突与对立，打官司打的是一口气，讨一个“说法”，如果当事人对立的情绪没有消除，即使判决了，矛盾也没有真正化解；另外，这一类案件通常发生在家庭、邻里、熟人之间，如果对立的情绪没有消除，对他们今后的生活、交往与合作非常不便，甚至会产生新的纠纷，所以这一类案件调解的必要性要大一些。而后一类案件，当事人比较平静、理智，只要裁判书严格根据程序法和实体法作出，一般都能平静地接受；同样，尽管判决可能伤及商家的和气，但毕竟商业活动的范围要广得多，即使单位的员工再碰到一起，也不至于做出什么不理智的事情来，因此，这类纠纷调解的必要性要小一些。

除此之外，对于调解制度的一些必要的组成内容，包括调解的时机和阶段、调解的手段和技巧、调解的监督、调解的激励等问题，相关法律也都没有作出具体的规定。这里不再一一讨论，而要转向另一个问题：为什么说制度化和规范化的缺乏是一个问题？

在制度经济学中，制度（institution）指的是人类相互交往的规则，它抑制着可能出现的、机会主义的、乖僻的个人行为，使人们的行为可预见并由此促进着劳动分工和财富创造。[①] 根据“制度”的这种定义，制度化（institutionalization）就可以理解为将人们在特定领域的交往实践总结出一定规则（制度）的过程或者结果。在这个意义上，高度的制度化意味着在特定领域具有明确的、普遍的、有效的规则，意味着秩序、稳定和可预测性。

一般来说，制度的意义在于：人们的行为具有可预见性，便于人们计划和安排未来的事业；降低交易成本；防止机会主义行为；帮助弱者对抗强者。由于制度类型很多，不同制度的作用在上述方面的侧重可能有所不同。在这里我们不作一般性的讨论，仅就法院调解领域来考查制度的意义。我们认为，在当

---

① 柯武刚、史漫飞著，韩朝华译：《制度经济学——社会秩序与公共政策》，商务印书馆 2001 年第 1 版，第 35 页。

前中国的特殊情境下，法院调解的制度化和规范化在防止机会主义行为和帮助弱者对抗强者这两个方面尤其具有重要的意义。首先，无论是法官还是法院，它们在调解中行使的是公共权力，公共权力的性质要求它们必须按照公共利益的方向行事。但是，如果对于如何行使权力没有比较详尽的规范，各种个人的或者部门的利益因素就可能诱发法官或者法院按机会主义行事，比如说，为了追求办案的效率，为了避免起草判决书的辛苦，为了评比奖金或者先进，为了照顾一方当事人等。这一类的机会主义行为以前曾被大量报道，即使是最近也有类似政策上的倾向，如在我们前面提到的49篇文章中仍然能看到这样的情形。例如，《十堰中院严防违规调解》一文报道，自2002年4月初院党组成员在各基层法院调研中发现有以判压调、以拖促调苗头的事件①；《调解反悔现象有增长趋势》一文谈到，一些审判人员在当事人拒绝调解或不同意调解的情况下，抓住当事人的弱点或不利因素，强迫当事人接受调解，以达到调解结案之目的。② 其次，在诉讼法律关系中，相对于法院和法官而言，当事人处于明显的弱势地位。在我国权利意识淡薄、律师代理比例较低的情况下，这种实力差距尤其悬殊。因为诉诸规则（规范）意味着引入外部同情、声援和支持的可能，所以在诉讼交涉中，规则能起到要求强者向弱者让步的平衡作用。举例来说，在解释以拖促调是不是强制调解存在分歧时，如果存在一个规则明确规定该行为属于强制调解，当事人就可以借助该规则增强对抗法官的力量。③

我们有理由认为，在我国当前的情况下，制度化和规范化缺乏的危害将尤其严重。首先，我国的法院和法官的独立和自治能力相对比较低，法院的经费和人事都受到诸多外在因素的严重制约，法官的职业和收入缺乏有力的保障，在这种情况下，法院或者法官更容易在外部压力或者利益诱惑下按机会主义行事。其次，在诉讼法律关系中，当事人处于明显的结构性的弱势地位，从整体上看，我国民众经济上贫穷、文化水平低下、权利意识落后、律师代理比例低，决定了这种实力对比关系。这种情况下，规范化的制约就显得尤其重要。再次，也是一个老生常谈的问题，就是我国法官整体上的自律能力和公正形象也要求有更严厉的制度化约束。总之，由于这三方面的原因，使得我国当前加

---

① 索明全：《十堰中院严防违规调解》，《人民法院报》2003年6月9日。该文报道："今年4月初院党组成员在各基层法院调研中发现，少数法庭和法官为了提高调解结案率，在调解过程中，利用当事人急于实现权益的心理，向一方当事人直接讲明将来可能作出的判决内容，迫使该当事人在将来可能出现更不利于自己的结果与现实的调解方案中作出选择。还有的采取以拖促调的办法，使当事人让步，使本不愿接受调解的一方不得不违背意愿接受调解。"

② 汪来超：《调解反悔现象有增长趋势》，《人民法院报》2003年12月11日。

③ 王亚新：《社会变革中的民事诉讼》，中国法制出版社2001年第1版，第216、217页。

强法院调解的制度化和规范化显得尤其重要。

（二）政策上对诉讼的社会功能定位错误

尽管在制度上，有关法院调解的许多方面都还是空白，但是通过各种形式表达出来的政策在一定程度上填补了这些空白，并通过特定的机制对司法调解起到了一定的规范和指引作用；而且，如果接受“法律是政策的制度化和具体化”这一命题的话，这些政策对将来法院调解的制度化必将产生重大影响。因此，为了探讨法院调解制度的合理化，有必要对现行的司法政策予以必要的检讨。

根据我们前面的分析，在法院调解问题上，目前的司法政策主要体现为强调诉讼的目的在于化解社会矛盾，维护社会稳定。而相比判决而言，调解实现这一目的更有效果，所以应当着重调解。关于民事诉讼的目的，理论上的概括一般包括两个方面：一是实现个人权利或维护实体私法体系，二是解决纠纷。一般的民事诉讼或多或少都具有这两方面的作用，区别只在于侧重的程度不同。[①] 而我国目前的司法政策过于强调后一方面，因此需要重新审视和检讨。

在这种目的之下，我们对矛盾和纠纷有一种独特的理解，日本学者高见泽磨在《现代中国的纠纷与法》一书中对这种理解有专门而独到的分析。根据高见泽磨分析，中国人认为纠纷来源于矛盾，矛盾是不断转化的，根据矛盾性质的不同，纠纷划分为不同的形态。由于矛盾是可转化的，所以纠纷也处在不断的转化之中，如果处理不好，普通的民事纠纷可能转化为严重的刑事案件，可能导致械斗、流血、自杀等严重危害社会安定的事件。因此，维护社会稳定的任务就是化解矛盾，防止矛盾转化，防止纠纷升级。而要实现这一点，调解是最好的办法，因为调解不是“压服”而是“心服”，矛盾可以得到化解，原有的关系得以维持。[②]

维护社会稳定的目的，对矛盾和纠纷的认识，以及传统的文化资源的启发，导致我们采用“调解型”诉讼模式。对这种模式优劣的评价是一个复杂的问题，这里暂且不谈。可以确定的是，在改革开放前的社会条件下，为了这样的诉讼目的，这种模式是比较有效的。

但是，改革开放以来，社会的经济、政治和文化观念发生了急剧的变化，原来的“调解型”模式已不能适应新的时代要求。这主要体现在：①案件数量

---

① 谷口平安著，王亚新等译：《程序的正义与诉讼》，中国政法大学出版社 2002 年第 1 版，第 40～47 页。

② 高见泽磨著，何勤华等译：《现代中国的纠纷与法》，法律出版社 2003 年第 1 版。

上升，如果实行“调解型”诉讼模式，法院现有的人力物力不足以完成任务；②民事纠纷的范围不再限于个人之间的婚姻家庭案件和邻里案件，而是涉及资源分配、价值确认等具有广泛影响的各类纠纷，因此，人们对这种纠纷的解决的公正性提出了更高的要求；③在调解中，维护共同体秩序的纪律所要求的权威越来越弱，人们之间的观念和立场的分化越来越大，越来越多的案件难以达成调解协议；④人们的权利意识和利益观念大幅上升，调解措施所固有的忽视权利、滥用权力的现象受到了人们的批评和抵制。由于这些原因，自 20 世纪 80 年代后半期以来，法院系统开始了审判方式的改革，改革的内容主要是加强正规化建设，加强当事人的诉讼责任，目的正是回应上述危机。①

这个方向上的改革持续到 2001 年，到 2002 年后，我们又看到一个相反方向的变化，“调解型”模式中的很多因素又重新被强调。这种变化，在宏观层次上，强调审判的任务是维护社会稳定，将加强调解作为实践“三个代表”、实现公正与效率的基本措施；在中观层次上，最高人民法院在最近颁布的《关于适用简易程序审理民事案件的若干规定》中扩展了应当先行调解的案件范围，很多地方法院制定了激励调解的机制；在微观层次上，法官们在逐步恢复采用以前的调解措施。当然，以前人们批评调解的问题——尽管一直都存在——也日益突显。

我们认为，之所以出现这种变化，主要有两个方面的原因：一是由于改革和发展导致了社会利益的重新分配以及社会关系的改组和变迁，由此产生了一系列尖锐的社会矛盾，危害了社会的稳定与和谐，当前大量的上访、申诉就是这方面的体现。基于这种社会现实，政策上再次把维护社会稳定、防止矛盾激化确定为民事审判的基本任务和目标。而在我国当前的体制下，对于法院而言，这样的要求是政治任务，是必须完成的。二是尽管经历了十多年的审判方式改革，但是严格根据程序法和实体法得出的判决尚不具备足够的正当性。这种不足又体现在两个方面：一方面是在一些案件中，严格根据程序法和实体法作出的判决，当事人往往并不接受，或者是拒绝履行，或者是不断地申诉和上访，矛盾和纠纷并没有因为判决而得到化解；另一方面是地方党委、人大、政府、纪检等机关常常不是基于法律的妥当性来评价诉讼判决，而是要看判决带来的社会效果，以社会效果来衡量判决的正当性。但是，在涉及地方利益和当事人拒绝接受判决的时候，社会效果和法律妥当性很难兼顾。判决正当性的不足，使得法院对于那些缠讼的案件，适用法律疑难的案件，或者社会影响广泛

① 关于这种变化及其原因，王亚新教授发表在《中国社会科学》1994 年第一期上的论文《论民事、经济审判方式的改革》具有深入的分析，我们赞同这种分析。

的案件，宁可通过调解的形式回避法律效果和社会效果的矛盾。而我们看到，这里所谓的“社会效果”，指的是化解矛盾和平息纠纷的效果，恢复和维护稳定的社会秩序的效果。

尽管维护社会稳定的任务重要而迫切，而调解又是化解矛盾、平息纠纷的有力手段，但是我们认为，把法院的功能定位为维护社会稳定，重新强调“调解型”模式的因素是不适当的，是有害的。首先，这种政策的形成在逻辑上是不能成立的。这种逻辑是：维护社会稳定的任务重要而迫切，而调解又有助于完成这一任务，所以法院应当着重调解。在这个推论中，前提是正确的，但是结论是不正确的。是否主要由法院来实施调解，不能只看调解是否重要，而且还要看三点：法院的机构性质是否适合调解工作？法院实施调解是否会损害法院其他不可替代的功能？调解的功能是不是不可替代的？

首先，我们来看第一点，法院的机构性质是否适合调解工作？从实际调查和有关的报道来看，法院有三点性质不适合做调解工作：一是法院毕竟掌握判决的权力，这种权力容易使调解的自愿原则流于形式，而当前关于调解的规范过于笼统又加剧了这一危害；二是调解工作费时费力，在案件数量激增的情况下，法官无法完成工作量；三是法官判决所需要掌握的职业技能和调解所需要的知识与技巧并不一致，一个擅长法律推理和解释的法官或许并不是一个擅长调解的法官。

其次，法官进行调解将损害程序公正，不利于实现个人权利和维护实体私法体系。对于前者，已为许多学者撰文分析指出，而且我们在实际调研中，了解到的情况也确实如此。为保证调解成功，需要用到许多调解技巧，如“背靠背”、“批评教育”、“冷却法”等，但是，这和法官的公正、中立的角色要求是相矛盾的，结果必然导致权力滥用，导致对当事人权利的侵害。就后一方面来说，裁判的结果可以解释和昭示实体的私法体系，促进统一法律秩序的形成，为不特定的社会公众的社会活动提供指引。在当前社会快速转型的历史时期，需要重塑社会关系格局，这种作用显得尤其重要。但是，在我国的司法实际中，对于法律上比较疑难的案件，对于社会上比较关注的案件，法官千方百计通过调解结案，这实际上失去了发展法律、昭示法律的绝好机会。日本学者滋贺秀三等人指出，传统中国之所以没有发展出实定的私法体系，一个重要的原因就在于州县衙门以特定环境中的情势为根据，通过调解解决纠纷的这种审判方式。[①] 显然，我国当前正在发展统一的市场体系，人们跨地区的交往和流动日趋频繁，我们需要形成统一适用的实定私法体系，而形成和维护这一体

---

① 滋贺秀三等：《明清时期的民事审判与民间契约》，法律出版社 1998 年第 1 版，第 54 ~ 87 页。

系，裁判的功能是不可或缺的。

再次，调解的功能是不是不可替代的？或者说调解是不是必须由法官来完成？这个问题的答案是不言而喻的。也许，问题的关键在于其他机构的调解能不能达到法院调解的效果。事实上，在现代社会中，不可能创建一个机构能达到法院那样的调解成功率，因为法官是案件的裁判者，这种地位使得法官可以在很大限度上决定当事人博弈的基本信息，同时具有压迫当事人让步的强制力，而其他任何机构都不具有这样的地位，因此也就不具备法院这样强的调解能力。但是，法院的调解能力并不值得特别强调。因为一方面，如果法官不从事调解，严格依照程序法和实体法裁判案件，就可以提高法律和判决的可预测性，就可以缩小当事人之间对纠纷解决的预期差距，从而加强其他机构的调解能力和当事人自行交涉的能力。另一方面，法官事实上拥有的迫使当事人让步的强制力的行使是以牺牲程序公正和权利保护为代价的，也是违背调解自愿原则的。因此，如果我们能够创设相应的调解机构或者加强其他机构的调解能力的话，法院在调解上的优势并不值得强调。而在我国当前，实际上是存在各种民间调解机制的，问题在于，在新的社会条件下，这些机制调解能力大幅度下降，使得大量的纠纷不能被过滤掉而直接涌向了法院。但是，结合国外的经验和我国现有的各种现实条件来看，这些机构的调解能力还有很大的提高余地。

尽管存在上述理由，但我们并不主张取消法院调解，我们的结论仅仅是：法院调解可以保留，但是不能过分强调，如果以牺牲审判功能来促进调解则代价太大；对于当前严峻的社会秩序和治安形势，它们的根源并不在于判决，政策的重心应当是消除问题的根源和加强其他机构的调解能力。

（三）现行的一些制度和机制诱发强制调解

如果调解结案对法官来说是一种必须的要求，必然激励其进行调解，如果当事人不愿接受调解，法官就可能凭借其所处的强势地位强制或者变相强制调解。这种情况的一个典型例子是调解结案率指标的运用。我们在前面的分析中曾提到，当前司法政策的另一个方面，体现为利用一定的组织技术和宣传机制动员法院和法官的积极性，希望通过这种积极性来推动法院调解。例如，最高人民法院和上级法院通过调解结案率评选先进集体、评定立功等级等；法院内部通过调解结案率指标考核审判质量、评选先进等。这种法院调解的推动方式会带来一系列的负面效应，最严重的就是诱发强制调解，这种做法在20世纪90年代曾受到理论界的广泛批评。当然，法官们最终如何进行调解，还要考虑案件的数量、案件的难度、自己的法律知识水平等因素。但是可以肯定的是，很多情况下不是就案件本身的需要决定是否调解，法官没有一个超然、中立的地位，而是把案件处理方式的选择和自己的升迁、奖金、荣誉等联系起来了。

此外，责任追究制也能产生这样的后果：由于存在错案追究制度，存在上诉率、申诉率等指标的要求，法官严格依照程序法和实体法判案实际上没有制度保障。法官为了规避责任和风险，就需要求助于调解。在调查中，我们发现这种情况仍然比较普遍。我们的调查还发现，除了调解外，法官还普遍采用两种规避措施规避这种风险：一是向主管领导汇报或者提交审委会讨论决定；二是向二审法院请示。

（四）执行难导致调解中债权受损

为了达成调解，原告方作出一定的让步本是正常的，因为对整个诉讼来说，原告是要价的一方，被告的还价至少不会高于这个要价；而且，如果没有原告的让步，被告方不存在调解的激励，因为被告即使是不对诉讼作任何努力，甚至缺席判决，也不过是按原告的要价（诉讼请求）支付而已。但是，现在的问题是，经常要以原告方作出很大的让步才能达成调解，而且这种幅度的让步还是原告的占优战略；另外，即使是大幅度让步后达成的调解协议，被告也常常没有履行的诚意。这些现象说明，我们的制度对于债权维护不是很有力。

对于这种现象，人们有多种解释：一种是认为债务人狡猾，利用调解掩盖自己逃避债权的目的；另一种是调解本身的问题，正是调解给予债务人可乘之机。我们在调查中发现，法官们普遍倾向于这其中的一种或者两种看法。不过这种看法并没有解释问题的根源。首先，就原告大幅度让步来说，如果这是出于自愿，那就已经是他的最佳选择了。他当然可以选择较小的让步，但是特定的情境告诉他，这样做可能是不利的。对于被告人来说，基于理性人假设，为了利益最大化进行讨价还价也是无可厚非的。其次，对于不履行调解书的现象来说，可能是我们的制度安排使得不履行成了债务人的占优战略，而不是调解交涉过程本身存在的问题。我们认为，这个问题的根源在于执行难，正是执行难导致原告在调解中必须作出过多的让步和被告不履行调解协议。

我们可以通过原告和被告在调解交涉中的博弈关系来考察执行难是如何导致这种危害的。我们举一个最简单的例子，假如争议金额是 100 元，诉讼成本为 20 元。如果调解，各方的胜诉估计都是 50%，判决是必然执行的，双方信息是完全透明的、对称的；如果接受调解，双方各能省下诉讼成本 10 元，调解方案为被告支付原告不确定的 X 元和各自承担诉讼成本 10 元，那么我们可以把双方的战略选择的收益列为表 6。

表6　当事人选择判决和调解的收益对比

战略选择	原告收益	被告收益
判决	30元	-70元
调解	（$X-10$）元	（$-X-10$）元

如果选择判决，原告的收益是100×50% -20 =30元；被告的收益是-100×50% -20 = -70元。如果调解，双方的诉讼成本从20元减为10元，原告的收益是（$X-10$）元；被告的收益是（$-X-10$）元。我们看到，如果调解方案X在40~60元的范围内，调解对双方来说都是占优的，都是可接受的调解方案。

现在我们再假定执行的可能性是50%，那么表6中的收益情况就变成了表7。如果选择判决，原告的收益是100×50% ×50% -20 =5元；被告的收益是-100×50% ×50% -20 = -45元。如果调解，原告的收益依然是（$X-10$）元；被告的收益依然是（$-X-10$）元。但是这时调解方案X只有在15~35元的范围内，调解对双方来说都是占优的。也就是说，原告讨价还价的范围从40~60元变成了15~35元，因为执行难，使得原告谈判的筹码（counter）减少了。

表7　判决执行率为50%的情况下当事人选择判决和调解的收益对比

战略选择	原告收益	被告收益
判决	5元	-45元
调解	（$X-10$）元	（$-X-10$）元

现在我们再用博弈论来分析被告不履行调解协议的情况。我们假定双方在二审程序中达成一项调解协议，协议规定，被告在三个月内支付原告债务60元，如果原告逾期不履行，原告有权按一审判决的100元数额申请强制执行。我们依然假定执行的可能性是50%。在这种情况下，被告选择履行调解协议和不履行的收益情况如表8所示。我们看到，如果债务人选择履行，债权人的收益是60元，债务人的收益是-60元；如果债务人选择拒绝履行，债权人的收益是100×50% =50元，债务人的收益是-50元。也就是说，有10元的净收益激励着债务人选择拒绝履行，而这将导致债权人10元的额外损失。

表8　判决执行率为50%的情况下债务人选择履行和不履行的收益对比

战略选择	原告收益	被告收益
履行	60元	-60元
拒绝履行	50元	-50元

通过上述分析表明，执行难是危害债权人利益的一个显著原因。而当前的执行难是一个没有争议的司法现状，一件判决的执行可能性有多大，债权人还要为此投入多少等问题，我们还没有看到这方面的精确计算，但是大量的描述和分析表明，执行难问题是严重的，胜诉债权的执行可能性高不了。例如，最高人民法院执行办提供的统计数字显示，仅仅“确无财产可供执行”案件就有30%～40%①；又如，据烟台市中级人民法院统计，一年审理民、经类案件约4万起，需要强制执行的达65%，② 等等。当然，执行难问题的原因是非常复杂的，由于本文的主题限制，这里不再作进一步的讨论。

（五）调解与效率的悖论

现在存在一种比较流行的看法，就是认为诉讼是一种高成本（不算关系、稳定之类的社会成本）的纠纷解决方式；而调解则相反，方便、灵活、快捷、低廉，当今社会，在纠纷增加和案件负担加重的情况下，调解应当发挥更大的作用，这种看法还经常援引西方国家ADR的流行作为证据。不过，这是一个似是而非的命题。我们在调查中，在关于调解与效率的看法上，法官们分为两个阵营，有的认为调解只是社会效果好，但是耗时费力；有的认为判决更难，因为判决需要把每个情节都搞清楚，需要写判决书，需要层层审批，等等。但是综合起来看，前一种看法占多数，甚至我们可以得出结论，强调调解必然牺牲效率，反之，为了效率就可能弱化调解激励。在我们所调查的4个基层法院中，凡是案件负担重的法官都是调解结案率比较低的法官；凡是调解结案率高的法官，他在单位时间内所办的案件数量必然不大。这同样也适用于法院，凡是收案比较多的法院，调解结案率必定比较低。这种联系在我们所调查的地区是已经获得了验证的，至于推广到全国后是什么情况，还需要更多的经验研究来验证。不过，王亚新教授在《论民事、经济审判方式的改革》中是支持调解与效率之间的这种联系的。他认为，我国法院在20世纪90年代由重

① 田雨、翟伟：《解读高级法院报告：执行难，怎么跨过这道坎》，新华网2003年3月13日。
② 《法院“执行难”顽症透视》，《大连日报》2003年12月19日，未署名文章。

“调解型”模式向“判决型”模式转化的一个原因就是效率性的考虑，就是为了解决积案现象和“告状难”问题。[①] 现在反过来了，人们又把调解作为解决积案现象和司法为民的措施予以宣传，不知这里面是真有这种效果，还是出于政策需要？

五、对策思考：评最高人民法院《关于人民法院民事调解工作若干问题的决定》

我们原计划针对司法实际中存在的问题和可以利用的资源提出一个系统的、可行的合理化方案，但是由于在研究报告写作的过程中，最高人民法院发布了《关于人民法院民事调解工作的若干规定》（法释［2004］12 号），具体内容参见附录（以下简称《调解规定》），所以我们改变了原计划，以对该《调解规定》的评论和修改意见取代系统的合理化方案。之所以作这样的调整，首先是因为最高人民法院对此已经酝酿了很久，许多专家学者也献计献策，因此可以说，《调解规定》已经集中了多年的经验和多方面的智慧，在可行性和合理性方面应该都有很高的成就，因此可以以这个方案为基础进行合理化。其次，《调解规定》颁布之后，构成了现行诉讼调解制度的重要内容，进而成为进一步的理论审视和制度重构的对象。

（一）《调解规定》的成就

总体来看，《调解规定》的内容比较丰富，充分吸收了各地方法院各类试点和创新的经验教训，在很大程度上明确和完善了现行的法院调解制度。

具体地说，《调解规定》一共有 24 条，主要规定了下列 10 个方面的内容：①关于调解适用的案件范围。《调解规定》第二条用列举和概括的方式，规定除 6 类案件不适用调解外，其他案件均可以调解。②关于调解程序的启动和期限。《调解规定》要求在答辩期满后裁判作出前进行调解，但是在征得当事人各方同意后，人民法院也可以在答辩期满前进行调解。此外，对调解期间和自行和解期间在审判时限方面的法律效果，也进行了调整和明确。③关于主持调解的主体。《调解规定》第三条规定，经各方当事人同意，人民法院还可以委托具备特定条件的单位或者个人进行调解。④关于协议的效力。《调解规定》第四条规定，对于当事人在诉讼过程中自行达成和解协议的，人民法院可以根

① 王亚新：《论民事、经济审判方式的改革》，《中国社会科学》1994 年第 1 期，第 3 ~ 22 页。

据当事人的申请依法确认和解协议并制作调解书；第十三条规定，当事人各方同意在调解协议上签名或者盖章后生效，当事人拒收调解书的，不影响调解协议的效力；第十六条规定，当事人以民事调解书与调解协议的原意不一致为由提出异议，人民法院审查后认为异议成立的，应当裁定补正。⑤关于调解的方式。《调解规定》第七条不仅规定调解可以不公开进行，而且肯定了“背靠背”的调解方式。此外，《调解规定》第八条还规定当事人可以自行提出调解方案，主持调解的人员也可以提出调解方案供当事人协商时参考。⑥关于调解协议的内容。《调解规定》第九至十一条规定，调解协议的内容可以超出诉讼请求的范围，调解协议可以约定一方不履行协议时应当承担民事责任，调解协议可以约定一定形式的担保。此外，《调解规定》第十条还规定，调解协议议定一方不履行协议，另一方可以请求人民法院对案件作出裁判的条款，人民法院不予准许。⑦关于诉讼费的负担。《调解规定》第十四条规定，当事人不能对诉讼费用如何承担达成协议的，不影响调解协议的效力，人民法院可以直接决定当事人承担诉讼费用的比例，并将决定记入调解书。⑧关于先行调解。《调解规定》第十七条规定，当事人就部分诉讼请求达成调解协议的，人民法院可以就此先行确认并制作调解书。⑨关于将和解协议或者调解协议制作成判决书的做法。《调解规定》第十八条明确作出了否定性的规定。⑩关于调解的执行。《调解规定》第十九条规定了申请执行担保条款或者其他约定的民事责任的权利及其范围，第二十条对执行中可能产生的标的物权属争议作出了规定。

综合考察上述内容可以发现，《调解规定》的一个显著的成就是在一定程度上实现了法院调解的制度化和规范化。前面分析提到，我国目前的法院调解缺乏制度化和规范化，各地调解实践的随意性和多样性非常突出，由此也带来了多方面的问题。然而，《调解规定》对调解的许多环节作出了明确的规定，因此，《调解规定》的颁布，不管内容如何，总可以在很大程度上改变法院调解制度化、规范化和统一性严重不足的局面。

就具体的内容来说，一些规定也具有相当的合理性，至少是有益的尝试。比如说，关于调解不必公开的规定，一方面有促进调解的积极作用，另一方面又更加尊重当事人的处分权，对程序公正没有明显危害。又比如，允许在调解协议中规定不履行协议的民事责任的规定、允许约定担保条款的规定等，在当前广泛存在执行难的现实条件下，有助于保护债权人的利益，实现调解的目标。再比如，虽然《调解规定》的总体目标是在对法院调解予以规范化的同时，促进调解的适用，但是一些规定，如不得将和解协议或者调解协议制作成判决书的规定等，并没有一味地迁就调解的需要，而是坚决地维护了程序公正的需要。

（二）仍然存在的问题及其对策

当然，《调解规定》也存在一定的问题，主要是《调解规定》没能有效解决促进调解和程序公正的冲突问题。本文在前面的讨论中指出，关于民事诉讼的目的体现在实现个人权利与维护实体私法体系和解决纠纷两个方面，是这两个方面的平衡和统一。然而，从具体内容来看，《调解规定》在现行《民事诉讼法》的基础上，更加强调民事诉讼在维护社会稳定、解决矛盾纠纷方面的功能，甚至不惜牺牲一些程序公正要求。比如，审判人员和调解人员没有分离，肯定了“背靠背”的调解方式，允许调解法官提出调解方案，当事人拒绝签收调解书不影响调解书的效力，等等。这样一来，在20世纪80年代和90年代人们所批评的调解牺牲了公正和效率的情形必然加剧。

也许我们很难说《调解规定》存在处理方式的问题，因为如果不借助这些方法。调解的效果就会大打折扣，而当前维护稳定的意识形态又是如此的强劲。说到底，这都是调审合一的内在的、难以克服的矛盾。但是，如果完全取消诉讼调解，实行调审分立，改革幅度太大，在目前是不现实的；如果主持调解和主持审判的法官分离，在效率上又会受挫。可以接受《调解规定》的另一个理由是，“以拖促调”、“以判促调”、批评教育等这些方法，是不是做过了头的判断在实际操作中可能也是一个问题。

要彻底解决这个问题，需要实行调审分立，并进一步完善调解制度。但是由于《调解规定》已经采用了调审合一的模式，如果我们这里再建议实行调审分立，作为近期的可行性对策来讲，没有实际意义。但是我们可以考虑设立一个法院内的调解组织，同时弱化审判过程中的调解职能，使得上述问题得到一定程度的缓解。我们认为目前有条件做到这一点。在调查中发现，目前各地普遍实行50岁以上的法官离岗退休，而这些人恰恰又是最喜欢调解、最善于调解的法官，所以与其让他们离岗后赋闲在家浪费资源，不如把他们组织起来，发挥他们的调解优势。结合当前的立审分立改革，由这部分法官成立一个调解组织，对于《调解规定》中规定的“应当”进行调解的案件发送到该组织先行调解，调解不成再由审判法官开庭审理；而这类案件以外的案件则不发送该组织调解。为了避免以前“调解中心”的种种弊端，可以考虑在制度上进行规范化和合理化。由于那些有必要并适于调解的案件已经先行进行了调解，所以对于审判法官来说，就可以弱化调解的职能，弱化的途径就是对各种调解措施作出严格的限定，确保审判的公正性和效率性。又由于专门调解组织不进行审判，各种基于审判权力的强制调解就不再存在。

这种做法并非突发奇想，事实上被西方法治国家普遍采用，比如日本、美国等，我们这里不一一介绍。就我国当前而言，这种改革的难点不在于“技术成本”，而在于法院的人事、组织、财政关系过于复杂，改革的“组织成本”太高。比如说，诉讼费是法院的办公经费（甚至福利经费）来源，由调解组织调解的案件诉讼费怎么分？人事关系如何处理？等等。但是就目前而言，这个问题有条件解决，因为50岁后离岗的法官依然是拿工资的，这就是说由他们来调解案件只需要很少的奖金激励即可。另外，在人事关系上怎么处理都比让他们离岗强，这也是访谈中一些法官的感想。当然，制度的改革是一个不断试错的过程，我们不能在这里对有关的细节进行设想和安排。

（2）《调解规定》对当事人接受调解的激励不足。自愿原则和调解存在着矛盾，即越是贯彻自愿原则，法官的调解能力将越是下降，在这种情况下，用制度安排来激励当事人妥协就变得尤为重要了。根据博弈理论的推导，在完全自愿的情况下，只有双方都认为接受调解是一个占优战略时均衡才会形成，调解才会成功。在没有额外的制度激励的情况下，调解均衡也可能形成。我们举一个简单的例子予以说明。假如争议金额是100元，诉讼成本为30元（包括关系成本10元①，诉讼费10元由败诉方承担，无论是否胜诉都将支出其他诉讼支出10元），各方的胜诉几率估计都是50%，判决是必然执行的，双方的信息是完全透明的、对称的，如果接受调解，可以省下关系成本和其他诉讼支出，调解方案为被告支付原告不确定的X元和一半的诉讼费，那么我们可以把双方战略选择的收益情况列为表格形式（见表9）。

表9　当事人选择判决和调解的收益对比

战略选择	原告收益	被告收益	双方的总收益
判决	25元	-75元	-50元
调解	$(X-5)$元	$(-X-5)$元	-10元

如果选择判决，原告的收益是$100\times50\%-10\times50\%-10-10=25$元；被告的收益是$-100\times50\%-10\times50\%-10-10=-75$元；双方的总收益是-50元。如果调解，双方都将省去关系成本和其他诉讼支出，在各负担一半的诉讼费的情况下，原告的收益是$(X-5)$元；被告的收益是$(-X-5)$元；双方的总收益是-10元。我们看到，如果选择调解，将出现40元的收益盈余，这40元的任何分配，除了一方独占外，双方的境况都将优于判决。换言之，调解

① 这里的“关系成本”是指判决带来的当事人之间的感情关系或者商业关系的破裂，如果调解，则这种关系能够得到一定程度的维护。

方案 X 在 30～70 元的范围内，调解对双方来说都是占优的，都是可接受的调解方案。当然实际上能否达成妥协，还受到别的因素影响，比如，双方对胜诉率的估计可能不同，一方或双方具有很强的冒险精神，等等。不过，扣除各种偶然因素的影响之后，在统计概率上，收益盈余的大小和妥协的可能性成正比。

如果我们认为达成调解的概率太低，达不到公共政策的要求，则可以通过制度安排，改变收益盈余状况，以此来激励当事人妥协。比如德国的做法是，如果达成调解，返还一部分的诉讼费。① 假如返还一半，表 9 的收益状况将改变为表 10 中所列出的状况。在这种情况下，收益盈余从 40 元增加到 45 元，妥协的概率将增加。

表 10　调解诉讼费减半情况下当事人选择判决和调解的收益对比

战略选择	原告收益	被告收益	双方的总收益
判决	25 元	-75 元	-50 元
调解	$(X-2.5)$ 元	$(-X-2.5)$ 元	-5 元

按照美国的密歇根调解方法②，由裁判庭提出方案 X，判决接近 X 的可能性为 $a\%$，在判决接近 X 的情况下，拒绝接受调解方案的当事人将受到承担对方所有的诉讼成本的惩罚，则表 9 中的收益状况将改变为表 11 中所列出的状况。在这种情况下，和表 9 相比，尽管收益盈余没有改变，但是拒绝调解方案将增加风险，所以在调解方案相同的情况下，双方达成妥协的可能性增加。

表 11　在对拒绝调解方案实施惩罚的情况下当事人选择判决和调解的收益对比

战略选择	原告收益	被告收益	双方的总收益
判决（被告拒绝调解）	$(25+30\times a\%)$ 元	$(-75-30\times a)\%$ 元	-50 元
判决（原告拒绝调解）	$(25-30\times a\%)$ 元	$(-75+30\times a)\%$ 元	-50 元
调解	$(X-5)$ 元	$(-X-5)$ 元	-10 元

① 德国为了鼓励诉讼和解，要求当事人除了支付基本手续费外，还必须按实际上达到的诉讼阶段缴纳不同金额的手续费。参见王亚新：《社会变革中的民事诉讼》，中国法制出版社 2001 年第 1 版，第 284 页。

② 密西根调解方法是指由三位律师组成裁判庭，在举行一个简短的听证会后，裁判庭提供一份关于案件判决数额的无约束力的书面评估，如果以后进入审判并且所作的裁决接近该评估，则法院的成本和费用将由拒绝接受该评估的当事人负担的一种调解方法。参见史蒂文·苏本等著，蔡彦敏等译：《美国民事诉讼的真谛》，法律出版社 2002 年第 1 版，第 216 页。

当然还存在其他激励方式，比如德国的律师收费制度，这里不一一列举。这里只是想说明，在贯彻自愿原则的情况下，利用制度激励当事人选择妥协是能够产生一定效果的。但是在《调解规定》中，这方面的激励措施存在不足。《调解规定》第三十九条规定："以调解方式结案的民事诉讼案件，人民法院可以适当减收诉讼费用。"这是在试行一种激励，但是考虑到当前诉讼费还是法院办公经费的主要来源的实际状况，这一非强制性规定能在多大限度上得到实施是存在疑问的。① 所以我们建议将该规定改为强制性规定。这种改变的理由，表面上是提高调解结案率；更深层的理由，是法院在减少 5 元的诉讼费收入的情况下，社会效益增加了 45 元，而对于那 5 元的损失，我们完全可以通过税收的方式再收上来。基于同样的、为了社会福利最大化的理由，我们也可以考虑采取其他的调解激励措施。

（3）《调解规定》没能改变各种诱发强制调解的制度因素。规则的明确化对防止强制调解是必要的，但不是充分的。在特定的交涉情境中，规则只是影响双方行为的因素之一。前面我们提到的各种因素，包括调解率考核指标、上诉率控制、错案追究制以及法院的组织制度等，它们可能在特定的情况下诱发强烈的强制调解动机。最终出现强制调解的可能性，取决于规则因素、强制调解动机和交涉各方的实力关系的合力。《调解规定》对于第一种因素有所改变，但是对于后两种因素没有任何改变，所以，不能在这个问题的解决上对其寄予过高的期望。当然，我们这里只是提出问题，实际上作为一个司法解释，它是无法改变这些因素的，它们也许会在经历一个较长的时期之后，伴随着其他因素的变化能够逐步得到克服。比如说，由于案件数量增长，调解费时费力，法官强制调解的激励自然降低；法官法律业务水平增强，判决书起草不再是令人头疼的事，强制调解的激励也会减弱；如果不存在错案追究制，法官就不会因为害怕发回重审而强制调解；当事人经验、知识、收入水平提高，可以改变和法官交涉中的实力关系，从而达到抑制强制调解的效果，等等。

（4）对于一些制约调解中债权实现的因素，《调解规定》也无能为力。这方面的典型例子是执行难，这个问题我们在前面已经作了分析。由于执行难问题的存在，《调解规定》中关于调解书的内容和效力的种种新规定也很难达到预期的效果。比如说，《调解规定》第三十五条规定："调解书约定分期履行债务，一方届期不履行的，另一方可以直接申请对调解书全部未履行部分进行强

---

① 当前，对于诉讼商业化倾向的根源，王亚新教授在《围绕审判的资源获取与分配》中有精彩的分析。我们在调查中也发现了这种倾向，而且十分严重。例如，被调查的所有的法官都提到，为了诉讼费收入，对于标的额大的案件限制支付令申请。个别法官坦白地说，为了避免诉讼费损失，有时劝说当事人选择调解而不是撤诉。当然，这里的过错主要不在法院，而在法院的财经制度。

制执行。”这可以理解为是对债务人履行债务的一种威慑，但是如果执行难问题存在的话，这种威慑就是不可信的。和前面提到的各种诱发强制调解的制度因素一样，执行难也是《调解规定》作为司法解释很难解决的一个问题。

综上所述，我们认为，《调解规定》在调解具体措施的规定、对当事人接受调解的制度激励等方面还有进一步合理化的余地，对于当前存在的许多制约自愿调解和不利于权利维护的因素，《调解规定》作为司法解释很难有所作为，从而使得我们不能对其寄予过高的期望。但是，无论如何，《调解规定》颁布的意义是重大的，因为它毕竟把调解的制度化、规范化和合理化向前推进了一大步。法院调解中的许多问题，其实是社会结构和司法制度中积重很深的问题在这一领域中的反映，法院调解中诸多问题的最终克服，有赖于其背后的这些更深层次问题的逐步解决。而在这些问题最终解决之前，目前的对策只能在比较有限的空间内推进制度的合理化。令人鼓舞的是，这些问题的危害和对策多年来已经得到了法学界的广泛关注和讨论，我们有理由相信这些问题会逐步得到克服，而随着这一进程的不断推进，法院调解制度合理化的空间也将越来越大。

附件：最高人民法院关于人民法院民事调解工作若干问题的规定

最高人民法院2004年9月16日颁布（法释［2004］12号）

为了保证人民法院正确调解民事案件，及时解决纠纷，保障和方便当事人依法行使诉讼权利，节约司法资源，根据《中华人民共和国民事诉讼法》等法律的规定，结合人民法院调解工作的经验和实际情况，制定本规定。

第一条　人民法院对受理的第一审、第二审和再审民事案件，可以在答辩期满后裁判作出前进行调解。在征得当事人各方同意后，人民法院可以在答辩期满前进行调解。

第二条　对于有可能通过调解解决的民事案件，人民法院应当调解。但适用特别程序、督促程序、公示催告程序、破产还债程序的案件，婚姻关系、身份关系确认案件以及其他依案件性质不能进行调解的民事案件，人民法院不予调解。

第三条　根据民事诉讼法第八十七条的规定，人民法院可以邀请与当事人有特定关系或者与案件有一定联系的企业事业单位、社会团体或者其他组织，和具有专门知识、特定社会经验、与当事人有特定关系并有利于促成调解的个人协助调解工作。

经各方当事人同意，人民法院可以委托前款规定的单位或者个人对案件进行调解，达成调解协议后，人民法院应当依法予以确认。

第四条　当事人在诉讼过程中自行达成和解协议的，人民法院可以根据当事人的申请依法确认和解协议制作调解书。双方当事人申请庭外和解的期间，不计入审限。

当事人在和解过程中申请人民法院对和解活动进行协调的，人民法院可以委派审判辅助人员或者邀请、委托有关单位和个人从事协调活动。

第五条　人民法院应当在调解前告知当事人主持调解人员和书记员姓名以及是否申请回避等有关诉讼权利和诉讼义务。

第六条　在答辩期满前人民法院对案件进行调解，适用普通程序的案件在当事人同意调解之日起15天内，适用简易程序的案件在当事人同意调解之日起7天内未达成调解协议的，经各方当事人同意，可以继续调解。延长的调解期间不计入审限。

第七条　当事人申请不公开进行调解的，人民法院应当准许。

调解时当事人各方应当同时在场，根据需要也可以对当事人分别作调解工作。

第八条 当事人可以自行提出调解方案，主持调解的人员也可以提出调解方案供当事人协商时参考。

第九条 调解协议内容超出诉讼请求的，人民法院可以准许。

第十条 人民法院对于调解协议约定一方不履行协议应当承担民事责任的，应予准许。

调解协议约定一方不履行协议，另一方可以请求人民法院对案件作出裁判的条款，人民法院不予准许。

第十一条 调解协议约定一方提供担保或者案外人同意为当事人提供担保的，人民法院应当准许。

案外人提供担保的，人民法院制作调解书应当列明担保人，并将调解书送交担保人。担保人不签收调解书的，不影响调解书生效。

当事人或者案外人提供的担保符合担保法规定的条件时生效。

第十二条 调解协议具有下列情形之一的，人民法院不予确认：

（一）侵害国家利益、社会公共利益的；

（二）侵害案外人利益的；

（三）违背当事人真实意思的；

（四）违反法律、行政法规禁止性规定的。

第十三条 根据民事诉讼法第九十条第一款第（四）项规定，当事人各方同意在调解协议上签名或者盖章后生效，经人民法院审查确认后，应当记入笔录或者将协议附卷，并由当事人、审判人员、书记员签名或者盖章后即具有法律效力。当事人请求制作调解书的，人民法院应当制作调解书送交当事人。当事人拒收调解书的，不影响调解协议的效力。一方不履行调解协议的，另一方可以持调解书向人民法院申请执行。

第十四条 当事人不能对诉讼费用如何承担达成协议的，不影响调解协议的效力。人民法院可以直接决定当事人承担诉讼费用的比例，并将决定记入调解书。

第十五条 对调解书的内容既不享有权利又不承担义务的当事人不签收调解书的，不影响调解书的效力。

第十六条 当事人以民事调解书与调解协议的原意不一致为由提出异议，人民法院审查后认为异议成立的，应当根据调解协议裁定补正民事调解书的相关内容。

第十七条 当事人就部分诉讼请求达成调解协议的，人民法院可以就此先行确认并制作调解书。

当事人就主要诉讼请求达成调解协议，请求人民法院对未达成协议的诉讼请求提出处理意见并表示接受该处理结果的，人民法院的处理意见是调解协议的一部分内容，制作调解书的记入调解书。

第十八条 当事人自行和解或者经调解达成协议后，请求人民法院按照和解协议或者调解协议的内容制作判决书的，人民法院不予支持。

第十九条 调解书确定的担保条款条件或者承担民事责任的条件成就时，当事人申请执行的，人民法院应当依法执行。

不履行调解协议的当事人按照前款规定承担了调解书确定的民事责任后，对方当事人又要求其承担民事诉讼法第二百三十二条规定的迟延履行责任的，人民法院不予支持。

第二十条 调解书约定给付特定标的物的，调解协议达成前该物已经存在的第三人的物权和优先权不受影响。第三人在执行过程中对执行标的物提出异议的，应当按照民事诉讼法第二百零八条规定处理。

第二十一条 人民法院对刑事附带民事诉讼案件进行调解，依照本规定执行。

第二十二条 本规定实施前人民法院已经受理的案件，在本规定施行后尚未审结的，依照本规定执行。

第二十三条 本规定实施前最高人民法院的有关司法解释与本规定不一致的，适用本规定。

第二十四条 本规定自 2004 年 11 月 1 日起实施。

非正式开庭的问题与对策

——民事司法改革的一种思路

◇徐昕　徐昀①

[提要] 开庭审理是诉讼程序的中心，但在司法实践中，正式开庭很大程度上为“非正式开庭”的“潜规则”所替代。本文基于实证调查，试图描述非正式开庭的现状，揭示其成因、优势和缺点，并从非正式开庭的角度反思我国民事司法改革的方向。非正式开庭是理性选择的产物，是法官、国家、当事人博弈的结果，可视为法官在司法实践中应对正式开庭而“发明”并不断实践的一种非正式制度安排。尽管非正式开庭具有成本低、效率高、收益基本不变、有助于纠纷的和平解决、促进司法的可接近性、符合我国司法传统等比较优势，但也存在一些问题，例如，大量的非正式开庭会导致正式开庭的虚化；非正式开庭在许多情形下程序保障不足；可能滋生司法腐败。为此，本文提出了若干对策性的改革建议，主要包括：①对侵犯当事人基本程序保障权的非正式开庭予以禁止；②对法律有规定的情形进一步完善制度；③对一部分非正式开庭予以认可，并提出“简易开庭”的立法构想；④对一部分非正式开庭顺其自然。最后，本文利用由非正式开庭现象导出的一个民事审判结构模型，即“马锡五审判方式＋正式开庭”，对初次实证调查之后至当前的民事司法政策的变迁进行分析，认为官方提出建构和谐社会的目标，使得司法实践乃至法学界对调解有一种“回归性”的重视，这使得司法实践中非正式开庭现象得到官方的默许甚至提倡，于是，与初次实证调查的结论相反，非正式开庭现象有进一步扩张的趋势。然而，由于官方对调解的过度重视，非正式开庭程序保障不足的问题将被刻意忽视而变得更加严重，新一轮的政策调整可能势在必行，而最高法院最近的动向似乎初现端倪。本文还注重方法论的探索，提出“行动中的民事诉讼法”的分析框架，倡导一种迈向司法实践的民事诉讼法学。

---

① 徐昕，海南大学法学院教授、法学博士；徐昀，清华大学法学硕士。课题组成员还有：王琳，海南大学法学院讲师；许自宝，海南大学法学硕士；裴自红，江西省丰城市人民法院。

一、问题与方法

开庭审理是诉讼程序的中心[①]，也是民事诉讼法最重要的制度安排之一。自19世纪欧洲司法改革运动以来，言词主义作为改革的鲜明旗帜，以及其所衍生出的直接主义、自由心证、集中主义三大理想，[②] 共同促成了以公开、对席、口头、直接、集中等原则为基础的现代型开庭审理中心的诉讼模式。[③] 20世纪80年代末，我国开始的民事审判方式改革皆以开庭审理为重心。无可置疑，在现代民事诉讼的基本结构中，开庭审理占据主导地位。开庭审理与民事诉讼的全部重大问题相关，它涵盖了原告主张、被告答辩、证据出示、质证、法律辩论、事实认定、法律适用直至得出案件最终结果的全过程。所有定案证据皆需经法庭质证[④]，开庭审理是当事人行使诉讼权利的集中阶段，是法官了解案情的主要途径，也是以判决方式结案唯一的法定途径。可以说，开庭审理正是民事诉讼程序运作的中心。

但初步调查发现，法官与当事人信息交流的主要渠道并不是正式的开庭，或者说不主要是正式开庭，在司法实践中存在大量功能类似于开庭而无开庭审理之名的现象，这种现象可概括为“非正式开庭”。[⑤] 比如，作为证据之一，司法实践中除至少有一份规范的开庭笔录外，还广泛存在诸如询问笔录、讯问笔录、问话笔录、谈话笔录、调查笔录、证据交换笔录、质证笔录、对账笔录、调解笔录等类似于开庭审理的现象。这些笔录中有许多是法官对非正式开庭予

---

① 有关刑事诉讼中开庭审理作用的强调和研究，见龙宗智：《刑事庭审制度研究》，中国政法大学出版社2001年版。

② 参见［意］莫诺·卡佩莱蒂：《当事人基本程序保障权与未来的民事诉讼》，徐昕译，法律出版社2000年版，第116、117页。

③ 1877年《德国民事诉讼法典》以及更加革新的1895年《奥地利民事诉讼法典》可谓这一运动的里程碑。后来许多国家的民事诉讼法皆以此为蓝本，如1911年《匈牙利民事诉讼法典》、1915年《挪威民事诉讼法典》、1916年《丹麦民事诉讼法典》、1929年《南斯拉夫民事诉讼法典》、1933年《波兰民事诉讼法典》、1942年《瑞典民事诉讼法典》、1947年《瑞士联邦民事诉讼法典》以及我国台湾地区《民事诉讼法》和1991年《中华人民共和国民事诉讼法》。所有这些法典皆确立开庭审理作为诉讼程序的中心。

④ 该规则的最新表述，见《最高人民法院关于民事诉讼证据的若干规定》第四十七条：“证据应当在法庭上出示，由当事人质证。未经质证的证据，不能作为认定案件事实的依据。当事人在证据交换过程中认可并记录在卷的证据，经审判人员在庭审中说明后，可以作为认定案件事实的依据。”

⑤ 王亚新、徐昕等：《关于中级法院民事一审程序运作状况的调查报告》，比较民事诉讼法国际研讨会主报告，北京，2002年8月；王亚新：《实践中的民事审判——四个中级法院民事一审程序的运作》，《现代法学》2003年第5、6期。

以“正式化”的表现。而法官与当事人之间为解决纠纷而进行的信息交流未必都有书面记载，故通过案卷只能了解非正式开庭的一部分。进而，非正式开庭在司法过程中发挥了极其重要的作用，对于当事人实现权利、法官获取案件的充分信息以及纠纷的最终解决而言，其作用在许多时候甚至超过了正式开庭。开庭审理的法律规则在很多情形下实际上并未得到执行，或者说为非正式开庭的习惯做法所替代，民事诉讼程序的实际运作在相当程度上遵循着法律外的非正式开庭的“潜规则”。

然而，学界对非正式开庭的关注却极其有限，仅有的一些论述只停留在问题表面，比如对“炕上开庭”的描述①，尚未出现有关非正式开庭的专门研究，也没有从司法改革角度切入并旨在提供立法建议的对策建构。同时，在司法实践中频繁使用非正式开庭的司法人员，以及常常置于非正式开庭情境中的诉讼当事人，则像对待空气一样对此视而不见。

非正式开庭这样一个看似细微、平淡甚至不成为问题的现象，实际上触及了诉讼体制、结构和模式的深层问题，甚至可视为民事司法改革一个潜在的核心问题。研究非正式开庭不仅有重大的现实意义，也具有丰富的理论价值和方法论意义。

第一，非正式开庭是司法实践中的普遍现象，并对纠纷解决具有重要作用。司法理论的研究绝不应面对广泛存在的司法实践视而不见，对非正式开庭的现状、成因、优势、问题等进行分析，有助于我们了解司法运作的现实规则。非正式开庭也存在一些严重的问题，尤其是可能侵犯当事人的程序保障权，故对非正式开庭的规范和引导是立法者和诉讼法学者不可回避的任务。

第二，非正式开庭反映了传统民事审判方式在很大程度上仍为司法实践所沿袭，法官职权依然强大。强调当事人在诉讼中占主导地位的对抗制改革，总体上效果不佳，流于“形式”，难以落实到位。10 多年来的司法改革进展不顺，甚至不少人悲观地称之为失败，促使我们不得不反思民事司法改革的方向是否符合我国国情。现行改革思路是，移植外国“先进”的司法制度和诉讼规则，主要是对抗制，注重书面上的制度设计，追求理论上的完备与自恰，而对中国的现实问题关注不够。在书斋中闭门造车，对真实世界的规则了解太少，无法建构真正适合国情的制度，移植的制度常常水土不服。回到中国问题，回到司法实践，回到现实世界，这是任何研究——包括对策研究和理论研究——

① 参见苏力：《送法下乡》，中国政法大学出版社 2000 年版。强世功：《“法律”是如何实践的——一起乡村民事调解案的分析》；赵晓力：《关系—事件、行动策略和法律的叙事》，载王铭铭、［英］王斯福主编：《乡土社会的秩序、公正与权威》，中国政法大学出版社 1997 年版，第 488～541 页。

不可逾越的必经之途。仅仅从理论上建构“美好的”制度是远远不够的，我们应当且只能针对现实提出适当的解决方案。因此，从非正式开庭入手探索解决实践问题的改革建议，有可能为我国民事司法改革提供一种全新的发展方向。

第三，对非正式开庭的研究并不限于细微、局部和片断，而属于司法和法治理论不应忽略的整体。就方法论而言，这一思路体现了我们近年来所追求的法学研究范式的转型，即所谓“小叙事大视野”的“问题中心”的法学研究范式。[①]“叙事不妨细致，但是结论却要看远而不顾近”，并以非正式开庭为中心“将宏观及放宽视野”这一观念导引到法学研究中去。通过非正式开庭，可以自然切入司法制度和民事诉讼的基本问题，包括事实认定、司法过程、言词主义与书面原则、法官与当事人的信息交流机制、民事诉讼程序保障、民事诉讼基本结构等。这种现象还进而促使我们反思司法实践中程序的作用、程序正义与实体正义的关系、程序正义的限度、程序形式主义的局限、法律的形式理性与实质理性，以及为什么守法、为什么有法不依等问题。

概言之，本文面对中国现实问题，深入司法实践，试图从普遍存在但为人忽略的非正式开庭现象入手，运用宽泛的理论框架解释实证材料，从“河的对岸”观察正式开庭的运作、局限和前景，既立足微观现象也放眼宏观视野，将非正式开庭纳入当前民事司法改革中加以考虑，综合运用社会学、经济学等跨学科方法深入探讨。本文的直接目标，一是通过实证调查描述和分析非正式开庭在我国司法实践中的状况、优势和问题，最终提出政策建议；二是从非正式开庭的角度关注司法改革面临的困境及走向，提出司法改革的对策。借助“书本上的法”和“行动中的法”的区分，本文提出“行动中的民事诉讼法”的分析框架，以发现、解释和分析作为民事诉讼“潜规则”的非正式开庭现象，进而根据不同情况找出相应的解决办法。本文还试图改变当前（诉讼）法学界局限于概念法学、宏大叙事、规则移植、西方经验而忽略司法实践，期望通过这一课题尝试对理论框架的检验、评析、总结和改进，旨在探索一种更具一般意义的法学研究范式，倡导一种迈向司法实践的民事诉讼法学。

具体而言，本文的研究方法主要有：①社会学方法。运用“行动中的法”的理论框架以发现民事诉讼的“潜规则”，并试图坚持价值中立，[②] 对非正式开庭不持有任何价值上的“前见”，既不因其“非正式”而视为“不正当”，也

---

① 徐昕：《论私力救济》，清华大学法学博士学位论文，2003 年；徐昕：《国家的态度：民间收债和私力救济的表达与实践》，《中外法学》2004 年第 1 期。

② 当然，正如默顿所说，在讨论“价值无涉的社会学”时，把科学或者看作是完全与价值无关的，或者看作完全受价值的决定，都是错误的。参见［美］罗伯特·默顿：《社会研究与社会政策》，林聚任等译，北京三联书店 2001 年版，第 76 页。

对过分崇尚"自生自发秩序"的观念保持警惕，研究非正式开庭并不等于倡导开庭的非正式化和非程序化。本文注重实证调查，从全国范围选取一些法院进行参与观察、法官访谈、问卷调查和查阅案卷。[①] 调查的一个策略是，把笔录作为非正式开庭的书面反映，并在调查中调整方向，关注笔录不能反映的非正式开庭现象。②经济学方法。运用了成本—收益分析、制度分析尤其是博弈论的方法。③比较方法。对正式开庭与非正式开庭、言词原则与书面原则、传统与现代、城市与农村、中国与外国的司法实践等进行深入对比。④规范分析方法。分析现行法律有关正式开庭的规则以及对非正式开庭的影响，最后提出非正式开庭的规范化、制度化的改革建议。

二、什么是非正式开庭

拉丁法谚告诫我们："任何定义都是危险的。"而对非正式开庭的界定不仅"危险"且有相当难度。非正式开庭现象是对司法实践的概括，需对诉讼程序运作有深入了解才可能准确把握。它只是相对于正式开庭的另一种现象的集合，在边界上有些模糊，且因受正式法律规则的影响而需从动态上把握其内涵和外延的变化。

所谓非正式开庭，本文界定为：在实质和功能上类似开庭审理，至少具备最低限度的"公开、对席、口头、直接"等开庭的基本要件，但又不完全符合正式开庭所应具备的其他程序要件，司法人员召集当事人双方进行案件审理时，未严格依正式法律的程序要求，而无意或有意以各种非正式的做法，提供原告主张和被告抗辩的机会，出示证据和质证，组织当事人对事实或法律问题进行辩论，寻求调解或和解等，旨在查明事实和解决纠纷的诉讼活动。[②] "非正式"包括但不限于非正式的审判组织（如书记员主持开庭、法官自审自记、合议庭"虚置"）、非正式的传唤方式（如法官以电话通知召集当事人双方交流信息）、非正式的庭审运作方式、非正式的场景等。非正式开庭属于开庭审理的范畴，不同于其他司法行为，比如审前准备行为。但法院和当事人在审前程序中的行为却可能被视作非正式开庭。比如，庭前证据交换仅仅是交换证据，但

---

① 本文的实证调查方法是先前一项研究的继续。方法论的概述，参见该项研究的初步成果。参见王亚新、徐昕等：《关于中级法院民事一审程序运作状况的调查报告》，比较民事诉讼法国际研讨会主报告，北京，2002 年 8 月。

② 王亚新教授曾提醒非正式开庭的目标还包括"解决程序问题"，笔者特在此致谢。不过，笔者认为，"解决纠纷"之目标可以涵盖"解决程序问题"。

如涉及对事实和法律问题的讨论，法官听取双方陈述的，可视为非正式开庭。

非正式开庭是与正式开庭相对而言的。正式的开庭审理，根据“公开、对席、口头、直接”等原则的要求，主要包括以下具体的程序要件：① ①开庭前依法定程序进行送达；②依公开审判原则提前公告；③双方必须到庭，法官原则上不得就案件事实或法律问题与单方当事人交流；④普通程序案件开庭时合议庭成员全部到庭主持审理，不能仅由承办法官一人主持开庭；⑤书记员作正式的庭审笔录，法官与书记员各司其职，法官不得自审自记，书记员不得主持开庭；⑥依法定的顺序进行审理；⑦在法院的审判庭进行审理；⑧法官身着制服或法袍，宣布开庭、维持法庭纪律、休庭、宣判、闭庭时使用法槌等。倘若实践中的“开庭”与上述程序保障标准或外在形式不一致，往往可视为“非正式开庭”。

非正式开庭在司法实践中广泛存在，形式多样。按其表现形式，非正式开庭可分为有书面记载和无书面记载的非正式开庭。前者如询问、讯问、问话、谈话、调查、质证、对账、调解笔录的一部分②；后者在案卷中没有书面记录。调查表明，一些情形下法官与当事人为纠纷解决的信息交流不必要（如不成功的调解，可不进行笔录）、不方便（如法官通过电话与双方当事人的谈话）或不可能采取书面形式。大多数被调查的法官承认，在非正式开庭时对当事人“做工作”的话大多没有记入笔录。

依其功能，非正式开庭可分为：①事实查明的非正式开庭，旨在查明案件的实体事实和程序事实；②法律辩论的非正式开庭，旨在提供双方当事人就法律问题辩论的机会；③纠纷解决的非正式开庭，旨在寻求纠纷的和平解决；④混合的非正式开庭。

根据法律是否规定，非正式开庭可分为有法律规定的非正式开庭和无法律规定的非正式开庭。前者指法律对非正式开庭的表现形式有一些规定，如开庭笔录、询问笔录、调解笔录、证据交换等，而之所以把其中部分情形视作非正式开庭，是因为在程序运作上不符合正式制度的要求。“有法律规定”并不是指法律对非正式开庭本身有规定，而是在法官的具体操作中，并未依法定程序

---

① 龙宗智将庭审概括为主体、客体、时空、方式四大要素，参见龙宗智：《刑事庭审制度研究》，中国政法大学出版社 2001 年版，第一章；王亚新将开庭审理的条件概括为六点，参见王亚新：《实践中的民事审判——四个中级法院民事一审程序的运作》，《现代法学》2003 年第 5、6 期。

② 如果通知双方当事人来法院开庭却只有一方到场，结果做了“调查笔录”或“询问笔录”；还有当事人一方因事找到法院要求反映情况，在卷宗里留下“谈话笔录”等情形，如果此后切实做到使这些材料被不在场的当事人看见，并确保他们有机会对这些内容发表意见的，可视为非正式开庭。法官仅通知一方当事人到场而留下的询问、讯问、问话、谈话、调查、质证等笔录，不能视为开庭。参见王亚新：《实践中的民事审判——四个中级法院民事一审程序的运作》，《现代法学》2003 年第 5、6 期。但上述情形往往不容易分辩。

运作，而异化为本文所称的非正式开庭。可见，正式制度有时也以非正式的方式运作。例如，一份正式的开庭笔录中标明为合议庭审理，但实际上只是由一名承办法官和书记员审理。后者指法律对非正式开庭的形式没有相应规定，如电话质证笔录、座谈笔录、谈话笔录等，这些大多是法官基于经验、传统、惯性、知识、环境等因素而采取的习惯性“潜规则”。

三、非正式开庭的现状

通过对江西、广东、海南、甘肃、河北、山东、湖北、贵州等地基层法院和中级法院的实证调查，我们发现非正式开庭在司法实践中尤其是在基层法院的司法实践中相当普遍。

就江西某基层法院（以下称 A 法院）而言，经对案卷抽样调查，发现 2002 年案件中出现非正式开庭的比例为 58.8%，2001 年为 75%，2000 年为 83.7%。如表 1 所示。

表 1　A 法院 2000—2002 年案卷中非正式开庭的基本情况

单位：件

年度	案件数量			非正式开庭	共计
2002	51	简易程序 17	判决结案 4	2	30
			非判决结案 13	10	
		普通程序 34	判决结案 22	8	
			非判决结案 12	10	
2001	52	简易程序 12	判决结案 3	0	39
			非判决结案 9	9	
		普通程序 40	判决结案 18	10	
			非判决结案 22	20	
2000	49	简易程序 23	判决结案 0		41
			非判决结案 23	22	
		普通程序 26	判决结案 16	12	
			非判决结案 10	7	

对 A 法院的调查表明，非正式开庭主要表现在以下方面：①法官在正式开

庭前后，就案件事实和纠纷处理对双方当事人所作的询问笔录、调查笔录或无书面记录的交流；②法官就案件事实和纠纷处理对双方当事人的代理人、近亲属（如父母、配偶等类似当事人法定代理人的情形）所作的询问笔录、调查笔录或无书面记录的交流；③开庭审理在非正式场合进行，如在一方当事人处开庭（在村委会所在地审理村民为被告的案件），或在法院办公室、会议室、休息室召开“圆桌会议”[①]；④在普通程序案件中，开庭时合议庭成员未全部到场，只有一名法官和书记员，或承办法官自审自记，或合议庭成员开始到场但开庭不久后便离开，或其他合议庭成员“事不关己”，看其他案件的案卷，做其他事情[②]；合议庭合而不议，只有承办法官对案件知情，其他合议庭成员不参与案件审理，其功能只限于凑人数；⑤开庭时由承办法官或书记员自审自记；⑥调解及调解笔录制作均由承办法官一人操作；⑦对当事人提出的证据通过电话进行“质证”；⑧法官与当事人及其所在单位/基层组织的领导或群众在开庭前后进行“座谈”，涉及事实查明、征询纠纷处理意见等，形成“座谈笔录”；⑨法官召集双方当事人进行“面对面”或“背靠背”式[③]的“说服教育”，促使当事人和解、撤诉，并形成法官充当“证明人”的“和解协议”[④]、撤诉笔录等。

调查表明，不同地区、不同法院、不同时期非正式开庭的表现有所不同，但可发现一些相对共通之处。

（一）正式开庭与非正式开庭的数量

所有案件通常至少有一次正式开庭（往往也只是一次），最多达 4 次；非正式开庭的次数一般都多于正式开庭，其中 A 法院一个案件达 12 次。在很多情形下，同一案件中正式开庭与非正式开庭的数量存在明显的反比关系，前者

---

① 例如，调查发现，某法院大厅中有两个大理石圆桌，每个圆桌有 4 个石凳，本来是提供给当事人休息的场所。但有时法官会在这些地方开庭，他们称此类开庭为“圆桌会议”。

② 此种情境形式上符合正式开庭的要求，但实质上与法庭的庄严、与法律对开庭审理的要求相距甚远，可归为非正式开庭。

③ 法官召集双方当事人进行调解时，首先与原告沟通，并尽可能地压低原告的“要价”，随后与被告沟通，尽可能提高被告的“出价”，如此反复。原告与被告不清楚对方的“底线”，这就是所谓的“背靠背”。虽然双方当事人“对席”，但属于一种不完全对席。

④ 例如，调查发现，A 法院有几个案卷中存在一种由当事人或承办法官书写、当事人双方签字、法官作为证明人签字的“和解协议书”。一般套路是：“经法官反复做工作，双方当事人自愿达成以下协议……本协议一式三份，双方当事人各执一份，案卷存档一份。”法官也可根据协议制作调解书，但有时协议内容不适合制作调解书，比如，在一个案件中被告“保证今后痛改前非”。此类案件一般以调解或撤诉结案。

数量越多，后者数量就越少，反之亦然。可能的解释是，案件审理工作的总量可视为一定，对某种开庭方式的多次使用会抑制对另一种开庭方式的需求。也有例外，有的案件正式开庭与非正式开庭次数都少，有的次数都多。这主要是因为个案的繁简难易不同。简易程序案件中非正式开庭多于普通程序案件。在涉及婚姻、抚养等人身关系诉讼中，非正式开庭明显比其他类型的诉讼更多。有少数案件的正式开庭只能姑且算之，因为案卷中“开庭笔录”虽然在形式上相当规范，但还是或多或少露出了“做作”的痕迹。① 其原因可能是司法人员整理案卷时追求“书面正规化”时出现的“瑕疵”。

（二）非正式开庭现象的下降

调查表明，法院案件卷宗越来越“整洁”，案卷中反映的非正式开庭有下降的迹象。这是否表明，随着司法改革的推进和法官素质的提高，法院的程序运作越来越规范、越来越符合制定法呢？在我们看来，主要原因一是近年来法院系统的司法改革大多以司法程序规范运作为目标，越来越强调程序公正；二是法院内部的案件质量检查（主要体现为“案卷”质量检查）在一定程度上“规范”了卷宗，有缺陷的地方往往在事后做些“修补”。访谈发现，法官不会再对“程序公正”嗤之以鼻，无论是在经济发达地区，还是在偏远乡村；但程序公正也许更多只停留在法官的“观念”层面上，甚至有一点像口号，因为绝大部分法官更注重实体公正。这种下降趋势只是就有书面记载的非正式开庭而言，无书面记载的非正式开庭究竟如何还有待观察。海南、甘肃等经济不发达地区非正式开庭的情况相比先前并无太大改变。

（三）案件负担与法官对非正式开庭的选择

法官的案件负担与选择非正式开庭的关系，因不同地区、不同法院、不同的案件负担以及非正式开庭本身的复杂性、多样性而不同。在案件负担较大的地区，使用“合议制的独任化”形式的非正式开庭明显更多。比如，广东某基层法庭 2001 年受理各类案件 1 123 宗，但审判人员只有 3 人，80% 以上案件适用简易程序，而适用普通程序的案件，合议庭通常只是挂名，不过是三个人坐在法庭几分钟，非承办人就得去办自己的案子。此外，由于案件负担重，加上审限的压力，法官们更希望尽快终结所承办的案件，更希望程序富于弹性，程序进行更加紧凑，故而出现不少在送达后立即开庭、证据交换时顺便调解等非正式开庭现象。而案件负担较小的地区，如海南、贵州等地的法院，合议庭更

① 比如，在广东某法院一份开庭审理笔录中我们发现，合议庭成员和书记员的签名笔迹相同。

多地真正参加案件的审理。不过，这些法院有关调解方面的非正式开庭又相对更多一些，这是因为法官们有充裕的时间，更愿意积极与双方当事人接触，更可能为调解不厌其烦地反复“做工作”。

如前所述，案件负担重的地区有与之相应的非正式开庭的表现形态，案件负担轻的法院也有相应的非正式开庭的表现形态，仅从这一点考虑，很难看出案件负担与非正式开庭数量的关系。但在问卷调查中，当问及“如果案件数量压力增大时，您会更多还是更少地选择非正式开庭”时，大多数法官（76.7%）回答“不一定，要根据案件的具体情况”，而回答“更多”的（15.0%）比“更少”的（8.3%）要多一倍；就地区差异而言，除一个中部的样本外，各地区之间的差异并不明显（见表2）。这大致说明案件负担与非正式开庭的数量有微弱的正相关，但也暗示着案件的具体情况对法官是否选择非正式开庭的影响更大。在问及法官选择非正式开庭的原因时，67.2%的法官回答“有些案件用非正式开庭处理效果更好”；选择“比正式开庭更方便灵活，更有效率”的占47.8%。当问及“关于非正式开庭（或者正式的诉讼程序规则），您最想说的一句话是什么”① 时，许多法官回答具体问题具体分析、根据实际情况选择是否采用、实事求是、不能一刀切等类似话语。可见，“具体情况具体分析”这一充满辩证法智慧的、实用主义的“司法指导方针”深深扎根于法官的观念之中。

表2 问卷调查信息汇总表

		甲		乙		丙		总计	
	问卷数量	20		79		81		180	
问题	选项	人数	百分比	人数	百分比	人数	百分比	人数	百分比
1. 就目前而言，您在审理案件时，选择非正式开庭方式的情况多不多	A. 较多	0		7	8.9	12	14.8	19	10.6
	B. 较少	5	25	31	39.2	13	16.1	49	27.2
	C. 中等	15	75	37	46.8	53	65.4	105	58.3
	D. 其他	0		4	5.1	3	3.7	7	3.9

① 这一提问未纳入表2“问卷调查信息汇总表”中。

（续上表）

		甲		乙		丙		总计	
	问卷数量	20		79		81		180	
问题	选项	人数	百分比	人数	百分比	人数	百分比	人数	百分比
2. 您为什么会进行非正式开庭（可多选）	A. 比正式开庭更方便、灵活、更有效率	12	30	36	45. 6	38	46. 9	86	47. 8
	B. 有些案件用非正式开庭处理效果更好	13	65	54	68. 4	45	55. 6	121	67. 2
	C. 有时候是一种职业的习惯	0		0		4	4. 9	4	2. 2
	D. 其他	2	10	14	17. 7	11	13. 6	27	15. 0
3. 您认为非正式开庭是否会影响司法公正	A. 是	4	20	10	12. 7	13	16. 1	27	15. 0
	B. 否	16	80	69	87. 3	66*	81. 5	151	83. 9
4. 依据您的经验，非正式开庭是否更容易促成调解或撤诉	A. 是	19	95	57	72. 2	58	71. 6	134	74. 4
	B. 否	1	5	22	27. 8	22*	27. 2	45	25
5. 当案件数量压力大时，您会更多还是更少地选择非正式开庭	A. 更多	5	25	13	16. 5	9	11. 1	27	15. 0
	B. 更少	1	5	9	11. 4	5	6. 2	15	8. 3
	C. 不一定，要根据案件具体情况	14	70	57	72. 1	67	82. 7	138	76. 7
6. 律师的参与是否会导致非正式开庭的减少	A. 是	9	45	22	27. 8	23	28. 4	54	30. 0
	B. 否	6	30	31	39. 2	43	53. 1	80	44. 4
	C. 其他	5	25	26	33. 0	15	18. 5	46	25. 6

（续上表）

		甲		乙		丙		总计	
	问卷数量	20		79		81		180	
问题	选项	人数	百分比	人数	百分比	人数	百分比	人数	百分比
7. 您进行非正式开庭时，有些话，例如您对当事人“做工作”时说的话，是否有未载入笔录的情形	A. 是	17	85	40	50.6	55	67.9	112	62.2
	B. 否	3	15	32	40.5	21	25.9	56	31.1
	C. 其他	0		7	8.9	5	6.2	12	6.7
8. 您是否认为非正式开庭的使用与操作技术在很大程度上能反映一名法官的“办案艺术”	A. 是	14	70	40	50.6	45	55.6	99	55.0
	B. 否	4	20	32	40.5	31	38.3	67	37.2
	C. 其他	2	10	7	8.9	3*	3.7	12	6.7
9. 您是否认为目前民事诉讼法规定的正式庭审程序太僵化，不仅不利于诉讼效率的提高，对程序公正也没有什么实际效果	A. 是	15	75	28	35.4	33	40.7	76	42.2
	B. 否	5	25	37	46.9	48	59.3	90	50.0
	C. 其他	0		14	17.7	0		14	7.8

*表示被调查者未选择或填写其他选项的情形，故百分比总值有未达100%的情形。

注：甲为江西某基层法院，乙为广东某基层法院，丙为其他法院（包括海南、甘肃、河北等6个法院）。

访谈还发现一个有趣的现象：当案件负担加重时，那些平常较多运用非正式开庭的法官会更频繁地运用非正式开庭；而那些平常较少使用非正式开庭的法官则会更少使用非正式开庭。一个可能的原因是，非正式开庭不仅仅是一种程序运作的技术，更是法官个性化的办案习惯，虽然很多法官并不承认这是一种“习惯”。

（四）非正式开庭对纠纷和平解决的促进

调查表明，非正式开庭的运用对案件以调解、和解、撤诉等和平方式结案有明显的促进作用。例如，2001 年、2002 年 A 法院非判决结案[①]案件中，有非正式开庭的比例分别为 93.5% 和 80%，而判决案件中这一比例分别为 47.6% 和 38.5%（见表 1）。前者比例明显高于后者。问卷调查也证实，非正式开庭的运用有利于案件的调解或撤诉。当问及“依据您的经验，非正式开庭是否更容易促成调解或撤诉”时，回答“是”的达 74.4%，其中 A 法院的比例更高达 95%。究其原因，我们认为，主要是非正式开庭程序运作上的“非正式”为纠纷解决营造了一种相对轻松的氛围，而正式开庭像是一场竞技赛甚至更像一场战争。

不同类型的非正式开庭功能各有侧重，有的是为提高办案效率，有的是为妥善（尤其是和平）解决纠纷，两者之间有一定的冲突。但由于非正式开庭本身具有的灵活性，多种非正式开庭技术的综合运用[②]有可能化解冲突，而在总体上既保证办案效率，又能够妥善解决纠纷。

（五）律师对法官选择非正式开庭的影响

律师对法官选择非正式开庭的影响是多方面的。对“律师的参与是否会导致非正式开庭的减少”这一问题，回答“是”、“否”、“其他，如合作的律师可导致非正式开庭的增加，对抗的律师导致非正式开庭的减少”的，分别为 30%、44.4% 和 25.6%。一般的理解是，如果律师介入诉讼，法官会因为一方或双方当事人增加了博弈的力量，给对方当事人或法官造成“压力”，而改变办案策略，更少地选择非正式开庭。但由于律师与法官之间的关系微妙，法官也可能会作出相反选择，增加非正式开庭的使用。如果律师是“陌生人”，法官使用的程序相对会更正式些；如果他们是“老相识”，则往往会更灵活些。在一个熟人社会中，“熟悉”的律师参与诉讼可能导致法官更多地选择非正式开庭；而法官在面对“不熟悉”的律师时，行为一般会比较审慎，选择非正式开庭的可能性相对更小。这表明了非正式开庭的运作是一种特定范围内法律人

---

① 非判决方式结案主要包括调解和撤诉，此外还有少数案件采取移送、诉讼终结等形式。

② 这就是下文所谓的“审判的艺术”。各种不同的非正式开庭技术可以同时在一个场合运用，也可以在一个场合下连续使用，此时可认为是“多次”非正式开庭，也可认为是“一次”新的非正式开庭，而数字本身已经不重要了。

的"地方性知识"，且随环境的变化而变动。如果律师来自"外部"，法官大多会选择"共通的法律语言"，原因一是"外部人"可能不了解"内部规则"，二是"陌生人"可能会试图抓住法官进行非正式开庭的"把柄"，这样法官就宁愿多耗费一些时间而"走"正式的开庭程序。选择"否"的比例为44.4%，相对更高，说明法官选择的开庭样式不太会受律师的影响，也暗示着我国律师对法官的影响在总体上仍不够明显。

（六）非正式开庭与法院级别的关系

笔者参加的一项实证调查表明，中级法院一审民事案件出现非正式开庭的比率约为1/3。[①] 本课题的调查表明：基层法院较中级法院的非正式开庭更频繁；乡村法庭的非正式开庭通常比城市的法院更普遍。可得出以下推论：一是法院的级别越高，程序越正式，非正式开庭越少；二是法院解决的纠纷越少，法院越有可能坚守正式的程序。一般说来，越到制度上层，制度的运作就越符合制度建构者的本意，他们另外创造一套替代性操作程序的激励越小。一个极端的例子是，最高法院的法官通常不会选择非正式开庭，因为他们预算经费充足，办案无须考虑成本，案件数量也不是太多。[②]

（七）法官和法院对非正式开庭的态度

法官对非正式开庭的态度比较"暧昧"。这一点因我们对非正式开庭的界定、向法官的解释[③]以及法官的理解具有一定的模糊性而有所影响。[④] 但这种影响在总体上不会损害本文的分析。一方面，大多数法官承认的非正式开庭要比实际进行的非正式开庭更少。当问及"就目前而言，您在审理案件时，选择非正式开庭方式的情况多不多"时，绝大多数法官回答"较少"（27.2%）和"中等"（58.3%）。尽管其他证据包括对法官的访谈皆表明了相反的情形，案卷中反映的非正式开庭的比例也较高。这一有趣的矛盾暗示着，大部分法官对非正式开庭有些遮遮掩掩，至少对这种"提法"有些忌讳或警惕，尽管我们反

---

① 参见王亚新：《实践中的民事审判——四个中级法院民事一审程序的运作》，《现代法学》2003年第5、6期。

② 而大多数基层法院案件数量少和经费充足的情况不可能同时具备，这也是调查中发现的一个普遍现象，大多数经济落后地区的基层法院实际上需通过诉讼费返还来维持运作，而在经济发达地区的法院，虽经费充足但案件的数量压力大。

③ 向法官解释什么是"非正式开庭"，是调查遇到的一个技术性难题，我们的主要策略是举例说明。

④ 甘肃一位法官就在问卷上写道，非正式开庭内涵不清，无法律依据。

复强调对非正式开庭持价值中立的态度。可以推断，非正式开庭是法院内部运行的一套“行业规则”，通常只有“圈内人”才熟悉，他们对外一般将这种“潜规则”隐藏于正式制度之下，因此，在调查中许多法官对无书面记载的非正式开庭一概否认。

另一方面，多数法官又认为非正式开庭对纠纷解决具有积极作用。当问及“关于非正式开庭（或者正式的诉讼程序规则），您最想说的一句话是什么”时，大部分人持肯定态度，例如，“不必过分拘泥于形式，法院主要目标是息纷止争”，“可以在实践中加以推广应用”，“有助于提高办案效率”，“是正式开庭的有益补充”等。[①] 问卷调查表明：74.4%的法官认为，非正式开庭能促进调解或撤诉；83.9%的法官认为非正式开庭不会影响司法公正；42.2%的法官承认，现行《民事诉讼法》规定的开庭审理程序太僵化，不仅不利于诉讼效率的提高，对程序公正也没有什么实际效果，甲法院的比例更高达75%；[②] 55%的法官认为，非正式开庭的运用在很大程度上可以反映法官的“办案艺术”。在不少法官看来，严格依法定程序办案并没有什么“高明”，要把一个案件办得原告、被告都心服口服，“摆平”纠纷，才真正需要“审判的艺术”。[③] 例如一位法官在问卷上写道：“法律是一门艺术，办案也是一门艺术。”正如霍姆斯所说，法律的生命在于经验，而不在逻辑。“审判在庭内，功夫在庭外”这样的提法屡见不鲜，这意味着法官要办好案，除法庭审判外还应在法庭外多下工夫，当然包括“非正式开庭”的做法。

法官对非正式开庭的态度与工作经验有关，而与学历背景关联少。一般说来，工作时间长的法官更倾向于承认非正式开庭的积极作用；而工作时间越短，对非正式开庭的消极性越敏感。由于近年来法院进人标准偏重于学历，故工作时间短与高学历往往给人一种重合的印象。但20世纪90年代中前期进入法院的本科以上学历的法官，对非正式开庭的态度与其他背景的法官并无二致。事实上，高学历的法官未必轻视非正式开庭，当然也未必更重视。适当的解释是，法官的工作时间越长，经验越丰富，对非正式开庭的运作就越游刃有余；而工作经验少的法官因受“正统”法学教育的“余毒”尚未“肃清”，更多地认为“非正式开庭”是一种应“抵制”的“不当行为”（这种观念在司法

---

① 180份问卷中有15位法官持消极态度，他们指出：“非正式开庭带来严重的后果”；“非正式开庭是一种过渡，只是一种佐料”；“非正式开庭的合法性有待商榷”；“应该禁止”；“尽量少使用，并限制范围”，等等。

② 一些法官在问卷上写道：“开庭是一种形式”；“形式并不必然体现公正”；“程序公正固然重要，但针对基层法制意识差的实际，运用非正式开庭应利大于弊”，等等。

③ 所谓“审判的艺术”，本文持价值中立的态度，不认为它值得提倡，也不主张它应受到批判。

实践中常被经验丰富的法官视为“书生意气”)。随着办案经验的增加，他们中的一些人可能会发觉严格依法定程序操作成本高、费时间、不便利，尤其是没有必要，于是对非正式开庭的态度便可能逐渐转变。

由于法官办好案件并不存在明显的直接利益，当前法官升迁的机制主要源于政治性安排，故法官办“好”案件的激励因素不足。面对司法改革所要求的“规范化和正式化”，多数法官正好“顺杆爬”，在强调对抗制的背景下法官越来越少调查证据就是一个明显例证，甚至有时法官应当依据当事人的申请调查取证时也会寻找各种理由推脱，纸面上的非正式开庭存在萎缩迹象也是一个证据。事实上，法院推动司法改革的一个潜在的目标是法院（法官）的“卸责”，而把责任转移到当事人身上,① 程序选择权也部分地基于此种缘由。②

就法院对非正式开庭的态度而言，虽然有时会“三令五申”强调严格依法、注重程序和保障当事人诉讼权利，但在案件压力、审限约束、办案习惯等诸多因素影响下，实际上对非正式开庭是放任自流的。所有被调查法院基本上没有把非正式开庭视为一个“问题”。

(八) 合议制的独任化趋势

合议庭的虚化是我国民事审判中的普遍现象，我们的调查亦表明如此。无论简易程序还是普通程序案件，基本上都由承办法官办理，尤其是在基层法院。在司法实践中大部分案件一般先“走”③ 简易程序，若案件太复杂或审限快到期时则“转”为普通程序。即便合议庭审理案件，大多也只是走形式，合议庭只是由庭长或承办法官召集，往往只在第一次正式开庭时“露面”，而其最重要的制度要求——共同审理、合议案件——往往没有得到实际执行，很多情况下合议庭根本就没有合议过。调查的案卷表明，合议笔录基本上由承办法官制作，案件处理意见由承办法官提出，合议庭其他成员基本上都是“同意”，合议笔录甚至还有一些是在结案后案卷整理时由书记员或承办法官制作，再找

① 现在有一种倾向，只要案件形式上“依法”裁判，哪怕是虚假“依法”（比如，当权者声称“公事公办”，而实际上只是在“整人”），法官也绝无责任。这里提出了法治化进程中的一项重大课题：如何避免过分地依赖法律，如何不陷于条文/规则中心主义，而使执法者在规则与裁量之间保持平衡，尽可能避免出现各种“法治的代价”。

② 既然双方合意选择适用简易程序，就不会再提出程序保障不足的问题；既然当事人合意选定法官，则表明其放弃上诉利益。当事人应对自己的选择自行负责。

③ 在调查中我们注意到，法官在谈及案件的审理程序时，大多说“走”简易程序或普通程序。从这些措词可以发现，程序只是一种形式或者过场，仅仅是“走一走”而已。据此推断，尽管法院系统历经了十余年的司法改革，程序法的地位在法官的心目中实际上并没有得到真正的提高，“重实体、轻程序”的观念并没有实质性改变。

合议庭成员签名的。

合议制的独任化趋势，主要原因有二：一是法院实行案件的个人负责制即“个人承办制”，有一位专门的“承办法官”或“主审人”自始至终负责案件的立案、送达，确定开庭时间，开庭审理，正式开庭之外的调查、询问或调解，案件最终意见的提出，案件审理报告的撰写，判决书的草拟、制作、宣判、送达，错案的责任承担等；二是现阶段大多数基层和中级法院的法官有所谓的案件数量任务（甚至有的还有诉讼费收入任务）。案件的审理数量是归属于承办法官的，合议庭每一成员都有自己的任务，故合议庭其他成员甚至审判长①都没有理由因为其他法官承办的案件而付出更多时间和精力。除审判长象征性地宣布开庭审理的有关事项外，其他程序运作均由承办法官主持。合议庭组成人员也是相对固定的，并可能形成一种默示的互惠合作关系。比如，正式开庭时合议庭成员的出席会考虑“他人的表现”；除审判长外，非承办法官一般不会对案件提出与承办法官不同的处理意见，因为案件由承办法官个人负责，若“干预”承办法官的“审判权”，今后自己办案就可能受“干预”。对他人承办的案件过分积极地参与审理和合议，甚至可能被视为一种“越轨行为”，因为它暗示着该法官可能对案件拥有“不正当的利益”。可见，合议庭运作的“潜规则”显然不同于正式制度的要求。

四、非正式开庭的出现

在正式的诉讼制度尤其是审前准备、开庭审理和证据规则日益完备的今天，非正式开庭为什么仍如此广泛存在？

我们认为，非正式开庭是法官（法院）、国家、当事人三方博弈的结果，三方围绕案件审理的互动，可运用经济学尤其是博弈论作出恰当解释。在经济学看来，法官（法院）、国家、当事人皆追求利益最大化，在给定约束条件下最大化自己的偏好，个人行为（并因此集体行动）将对未来可预测的成本—收益变化作出反应，个人是其行为的最佳法官。博弈论坚持理性选择的均衡分析思路，运用理性行动者模型，设定博弈者希望最大化其个人支付。博弈结果由所有人的行动共同决定，既然每个人都是理性的，会运用他所有的知识和信息追求效用最大化，则他选择行动时就须认为别人同样是理性的。非正式开庭受诸多因素的影响和制约，包括正式制度，法院和法官的成本、收益，司法传统

① 案件承办法官还可能与合议庭审判长不一致，审判长不一定就是承办法官。

和文化，当事人的文化素质、经济状况、个性特征，社会结构，国家的态度，地方性知识等。

就法官与国家的博弈而言，一方面，法官为迎合正式制度，通常至少须有一次正式开庭，或有一份正规的开庭审理笔录。而这并非源于对程序的尊重和对程序作用的认可，而是鉴于民事诉讼法的强制性要求。如果未能满足这一要求，案件可能会被视为“严重违反程序”。另一方面，法官又规避程序过于烦琐的正式开庭，或避免多次正式开庭，而以非正式开庭来代替。这主要是基于成本与收益的比较，因为非正式开庭与正式开庭的收益基本相同，但成本更低，并且就现行制度而言，法官在相当程度上还具有探求案件客观真实的义务，一次正式开庭在大多数情况下无法获得裁判所需的充分信息，反复多次开庭成为案件解决之必需，事实上阶段性开庭审理正是我国（以及大陆法）民事诉讼模式的重要特点。[①] 而对国家来说，司法裁判的运作需要成本，“不是所有的司法判决都能产生正义，但是每一个司法判决都会消耗资源”[②]。国家需支出的司法成本包括建立并维持一套常设司法机构以及司法人员办案支出的全部费用，如法院设施与维护费用，法官及辅助人员工资福利，法官办案耗费的人力、财力、物力等。司法成本主要由地方财政承担，而我国经济发展相当不平衡，许多地区法院经费严重不足[③]，有些法院和当事人之间还存在围绕资源获取的互动机制。[④] 法官选择非正式开庭实际上为国家节约了成本，因此只要不过分侵犯当事人的程序保障权或出现司法腐败，国家对非正式开庭这种“为国分忧解难”的行动通常会予以默认。而且，非正式开庭还有助于（更好地）实现国家赋予法院的首要目标——解决纠纷，弥补正式制度在纠纷解决方面的局限。此外，尽管正式的司法制度通常反对“非正式”的司法运作，但国家传媒和社会舆论的导向却历来推崇“深入群众、调查研究”的工作方式[⑤]。这些共同促成了国家的默认甚至鼓励的态度。《民事诉讼法》有关“开庭审理”的表达与实践在此便显然出现了不一致：正式制度要求严格按规则开庭审理，但实质上只需一次正式的开庭审理，便可表明国家已切实保障当事人基本的诉讼权利，故“开庭审理”的实践便演化为“一次正式开庭+若干次非正式开庭”。

法官与当事人之间的博弈，也诱发了非正式开庭的出现。一方面，正式开

---

① 见本文最后有关审理模式的比较法分析。

② 方流芳：《民事诉讼收费考》，《中国社会科学》1999 第 3 期。

③ 如在贵州调查时，发现某县法院判决书纸张是一种最薄的白纸。后了解，该法院经费极其紧张，2001 年向县财政申请 2 万元购买纸张，院长和上级法院领导找县领导三次，仍未解决。

④ 见王亚新：《社会变革中的民事诉讼》，中国法制出版社 2001 年版，第 167～196 页。

⑤ 这是中国共产党的优良传统和一贯作风。

庭对法院和法官而言成本较高，而法官并不一定要依赖正式开庭才能获得足够的信息和解决纠纷，故对正式开庭不会太积极。事实上，调查表明，多数法官对程序持一种轻视态度，认为程序法不重要，许多程序太麻烦，可以绕道而行。另一方面，当事人对程序保障的需求也并不像程序中心论者看得那么重，与程序保障相比，当事人更需要也更看重实体公正。我国“重实体、轻程序”的诉讼文化根深蒂固。美国辛普森谋杀前妻案被无罪开释引起中国人的反感可能远甚于美国人，沈阳黑社会老大刘涌二审被改判死缓导致“民愤”①，民众最不能接受的或许就是程序公正而实体不公正。在多数当事人眼中，正式的程序保障对适当解决纠纷并没有太大用处（实际上不少法官也这么认为），而且还可能加剧或激化双方当事人的矛盾，对妥当解决纠纷产生影响，并且经常无法实质性、根本性地化解矛盾。此外，正式的程序还可能增加当事人的成本和讼累。因此，在法官和当事人双方合力的作用下，非正式开庭几乎成为双方的共识——“默示的共谋”②，对正式开庭的规避就这样产生了③。

可见，非正式开庭是理性选择的产物。它可视为法官在司法实践中应对正式开庭而“发明”并不断实践的一种非正式制度安排，同时也得到了当事人和国家的默认或“怂恿”。显然，非正式开庭是司法权力一种精细、巧妙、实用的运作技术，进而，它还是渊源于司法传统、植根于中国国情④的一种司法文化。这种对正式制度的规避，其激励因素主要来自非正式开庭所具有的比较优势。其中包括以下几个方面。

（一）成本低

法官选择开庭审理模式的一个重要考虑来自成本问题。非正式开庭可以降低法院和法官的司法成本，尤其是人力和时间成本，当事人的诉讼成本通常也会降低。调查表明，法官处理案件时往往有两方面的考虑：一是案件如何才能

---

① 刘涌二审改判所引起的争论，见王琳、徐昕等：《专家意见书，暗箭难防》，《方圆》2003 年第 10 期。2003 年 12 月刘涌经最高法院提审被判处死刑立即执行，人称其为“舆论”所杀，见郭海连：《不甚知情者看提审刘涌》，http：//www. lawsalon. net/main/ShowArticle. asp？ArticleID = 215。

② 当事人在开庭的形式上通常没有选择权，所谓“双方合力”，意指法官主动采取非正式开庭，当事人接受或默认。如果当事人表示反对，一位理性的法官通常就不会采取非正式开庭。调查表明，许多法官在采取非正式开庭时会征求当事人的意见，也有当事人主动要求法官“简单些”。《最高人民法院关于适用简易程序审理民事案件的若干规定》（法释〔2003〕15 号）敏锐地注意到“应该满足当事人的程序需求”这一点，确认当事人在程序选择上拥有一定的主动权。

③ 当然，这一点并不绝对：并非所有当事人都愿意，有时并非双方都愿意，也并非当事人始终对任何形式的非正式开庭都持欢迎或默认态度。

④ 不少法官在调查问卷上写道，非正式开庭“符合中国国情”，“实事求是”。

顺利解决[1]；二是法官怎样才能实现成本和风险（如改判和发回重审）最小。但这两点在一定程度上与正式的开庭审理程序相冲突。如果要使案件处理更顺利，耗费更少成本，那么法官就不太可能固守程序烦琐、成本高昂的正式开庭，而会使用操作更方便、功能更实用的非正式开庭。

（二）效率高

正式开庭耗费的时间更多，有时甚至拖沓冗长；而非正式开庭简单、便捷、灵活，法官可节省很多时间和精力。就此而言，非正式开庭效率更高。实际上，在许多法官看来，《民事诉讼法》规定的程序太烦琐，程序成为对法官的束缚，虽然这些程序能保障程序公正，但未必能确保实体公正，也与纠纷的顺利解决关系不大。加上不少法院案件数量压力不断上升，非正式开庭作为正式开庭的替代越来越受欢迎。

（三）收益基本不变

非正式开庭所获取案件的信息，往往不比正式开庭所获取的信息更少，即收益不小于正式开庭，案件的实体审理基本不受影响，并且，在非正式开庭中法官获取更多、更真实的案件信息的机会甚至可能更大。由于有书面记载的非正式开庭一般不违法，而无书面记载的非正式开庭又无法为人所知，故对法官来说基本上不存在额外的错误成本。此外，非正式开庭也不会损害司法权威。我国自古以来就有“深入群众，调查研究”的司法传统，贴近民众、“明察秋毫”的纠纷解决者历来被民众视为“青天”，相反“高高在上”的裁判者常常被看成有官僚主义倾向。

（四）有助于纠纷的和平解决

非正式开庭相对更容易形成轻松、非对抗的纠纷解决氛围，有助于当事人进行平等协商，促进纠纷的和平解决。而正式开庭更可能“放大”当事人之间的对立和矛盾，尤其是我国程序改革的对抗制方向使得法庭看起来更像是战场，当事人运用各种诉讼武器进行搏击，不利于纠纷的彻底、和平解决。

（五）促进司法的可接近性

法院在正式开庭时有一整套仪式化的场景和程序：庄严的法庭，高悬的国

① 此处“顺利”的含义，包括案件结果实现实体公平，处理起来不太麻烦，尽可能促成和解或调解，使双方矛盾最小化，在当事人看来法官是公正的。

徽，高高在上的审判台，严肃的法官，红与黑的主色调，象征法权的法槌，由居中而坐的审判长正式宣告案由、审判人员名单、当事人诉讼权利和义务（而不顾当事人事先已通过正式途经知道这些信息，因为送达时法院就将这些信息提供给当事人）。这些正是贺卫方教授所称的“正义的行头”或“运送正义的方式”。但初步调查发现，当事人对刻意制造的这套“正义的行头”并不太认可，多数当事人对非正式开庭持欢迎态度。这是因为，非正式开庭在很大程度上带来了更加平民化的法官和司法，促进了民众“接近司法”（access to justice）而程序烦琐、仪式化的开庭审理，虽然在程序上显得更公正，但也在制造一种阻隔民众进入法庭的“门槛”。就此而言，非正式开庭体现了民事诉讼法的“两便”原则：一方面便利当事人诉讼，有助于拉近法官与当事人之间的距离，促进民众接近司法；另一方面，更便利法官控制程序进程和解决纠纷。

（六）符合我国的司法传统

非正式开庭现象，就我国近代民事诉讼实践而言，至少可追溯至马锡五式审判方式①。那是一种典型的非正式开庭，当今的非正式开庭一定程度上可谓马锡五式审判方式的延续。进一步追溯，我国古代的司法审判历来便有“微服私访”的传统，加上“重实体、轻程序”的观念盛行，因此没有严格程序规则约束下的行政官员所主持的司法裁判往往会表现为“非正式”。尽管其渊源久远，但“非正式”与“正式”是相对而言的，故“非正式开庭”属于近代范畴，尤其是在改革开放后我国法治建设逐步发展、正式制度日益完备、开庭审理规则越来越详尽时，与之相对的非正式开庭现象也日益突出，最终进入了我们的视野。司法裁判技术和文化传统的“惯性”延续往往是潜在和不知不觉的，其力量如此巨大，正所谓传统造就习惯，习惯成为自然。历史从来没有远去，今天的司法裁判不可避免地沿袭着旧日的传统。这种传统或经验很难在一个较短时期内发生根本变化，非正式开庭普遍存在的现状符合历史逻辑。而经济学中“路径依赖”的概念也有助于对这一现象的解释。

五、非正式开庭的问题

非正式开庭尽管具有上述比较优势，但也存在一些明显或严重的问题，

---

① 关于马锡五式审判方式，见张希坡：《马锡五审判方式》，法律出版社 1983 年版。马锡五式审判方式可概括为“就地办案，依靠群众，调查研究，调解为主”十六字方针。

比如：

第一，非正式开庭在许多情形下程序保障不足。当事人在感到“便利”的同时，也可能会觉得“不公正”、“不恰当”，甚至有可能影响案件的正确处理。例如，电话质证，一方当事人与法官在场，而仅通过电话与另一方当事人联系，不仅难以保障信息交流的准确性，也不能算是真正的“对席”；承办法官一人自审自记或书记员主持开庭，侵犯了当事人接受“法定的法官”审理的权利；许多非正式开庭中法官往往会接收到“单方信息”，从而可能导致先入为主。

第二，大量的非正式开庭会导致正式开庭的虚化，使之成为一种形式和过场。原因之一是法官通过非正式开庭获取了裁判的足够信息，从而降低了对正式制度的需求，并有可能使法官形成不认真对待正式程序的习惯。事实上，非正式开庭的广泛存在有助于解释我国庭审方式改革为什么总是流于形式，甚至成为“上有政策，下有对策”的一个注解。例如，作为庭审中心极端表现的“一步到庭”的改革，很快便宣告失败，主要原因一是忽视了审前准备程序，二是没有看到开庭审理之外还有大量非正式开庭现象的存在。

第三，开庭的“非正式”还可能滋生司法腐败。因为法官与一方当事人的信息交流对另一方当事人而言透明度不够，法官更有可能进行暗箱操作，利用自己的信息优势和权力与双方当事人进行信息不对称的博弈，为“寻租”创造便利。

第四，非正式开庭尽管为法官提供了便利，但程序保障的欠缺不利于法官保持中立形象，甚至也可能使法官面对一种被正式制度追究的潜在危险。因此，即便程序运作非正式，法官也必须做到案卷的“正式化”。大多数法院的案卷相当整洁和规范，但据被调查的法官所说，这主要是事后“整理”的结果。法官对非正式开庭的“暧昧”态度也说明了这一点。

六、非正式开庭的对策

基于非正式开庭的现状、问题、优势、司法运作惯性等考虑，本文拟提出一些改革思路。这些建议可以视为民事司法改革的另一种思路。制度设计的目标主要有二：一是确保最低限度的程序保障，实现司法公正；二是抛弃过分的程序形式主义①，简化程序，降低诉讼成本（包括司法成本和当事人的成本），

① 关于程序形式主义的实证研究及其批判，见 Simeon Djankov et al.，“Courts”，*Quarterly Journal of Economics*，May 2003，http：//rru. worldbank. org/documents/lexpaper_ aug_ 22. pdf，2003 年 2 月 10 日访问。

提高诉讼效率。非正式开庭的表现多样，需具体情况具体分析，根据不同情形提出不同对策：①对侵犯当事人基本程序保障权的非正式开庭予以禁止，以正式开庭或其他正式的程序来取代；②对法律有规定的情形，结合非正式开庭的问题，进一步完善制度；③认可特定情形下的非正式开庭，但通过法律予以引导，尤其是设计一种满足基本程序保障的简易开庭制度；④还有一些非正式开庭不可能也不必要完全纳入法律框架，可放任不管。

（一）应禁止的非正式开庭

有些非正式开庭未能满足基本程序保障如公开、对席、口头、直接等原则的要求，或者虽然满足这一底线要求，但存在其他侵害当事人诉讼权利的情形而影响程序公正，应予以禁止。例如：

（1）单独操作的非正式开庭，如法官开庭时自审自记或者仅仅由书记员主持庭审等，因为欠缺最基本的内部监督或者案件审理者不属于“法定的法官”而应禁止。

（2）所有定案证据皆需经法庭质证，以质证为内容而没有严格满足“口头、对席、直接”原则的非正式开庭，应予以禁止，比如上文提及的“电话质证”等。

（3）场合极端不适当的非正式开庭。开庭的场合原则上应在法院，特殊情形下也可以在中立的场所进行，而不应在某些不适当的场合，如酒店和宾馆等[①]，因为这样可能损害法官的公正和中立，并且，法官与当事人的交流——包括事实查明、法律辩论、法院调解——通常不应在一方当事人的场所进行，这样可能会引起不必要的猜疑，或可能因“主场”和“客场”的不同而有损于当事人平等和对等原则，但特殊情形下也可在一方当事人处进行。

（4）法官与当事人及其单位、基层组织有关人士在开庭前后进行的“座谈”等，因为涉及案外人对事实查明和纠纷解决的意见，实际上异化为一种“群众审判”，应予以禁止。

（5）非直接对席场合下法官与当事人就案件实体情况的交流，可能会导致法官先入为主，原则上应予以禁止；[②] 但程序事项除外，如案件开庭日期的确定、当事人的追加、举证时限的延长、财产保全的确定等。特殊情形下法官与

① 实证调查发现一个例外：河北某法院审理一宗集团诉讼案件时，法官直接到原告所住的宾馆现场调解。

② “至少就中级以上的法院而言，禁止法官单方接触当事人的原则应该得到更为严格的遵守。”参见王亚新：《实践中的民事审判——四个中级法院民事一审程序的运作》，《现代法学》2003 年第 5、6 期。

一方当事人就案件实体情况进行交流，应由书记员将有关情况作书面笔录，并告知对方当事人，确保其有发表意见的机会，保障事后的“对席”。

（二）进一步完善制度

法律虽有规定，但可以从非正式开庭的角度进一步完善制度。比如，询问当事人在较多情形下可归属于非正式开庭。结合非正式开庭可能出现的问题，应更详细规定询问范围、操作程序、法律后果等。其中包括：①在正式开庭之外，法官可根据案情询问当事人，但询问时原则上应保证“对席”，例如对方当事人或代理人在场；②对当事人的询问应制作询问笔录，对方当事人可查阅案卷；③对当事人询问原则上应在中立的场所（如法院办公室）进行；④询问当事人由法官进行，书记员担任记录，法官不得自问自记；⑤严重违反法定程序将导致询问无效。

许多情形下的法院调解可归属于非正式开庭，比如在调解过程中，当事人还就事实和法律问题进行了辩论。从非正式开庭角度而言，法院调解制度完善的对策包括：①调解原则上应有两人在场，法官负责调解，书记员担任记录，法官可决定调解策略的选择，可以“面对面”也可以“背靠背”；②调解原则上应进行书面记录，但调解不成功的，可不作笔录；③调解原则上在法院进行，也可在其他中立场合进行，一般不应在一方当事人处进行；④传唤当事人可采取简易方式，如捎口信、电话、传真、电子邮件等,① 可不送达传票，但需在调解笔录上注明。

证据交换有明确的法律定位，属审前准备行为。法院应严格按证据交换规则操作，避免其变形为非正式开庭。证据交换可以由法官、书记员或法院其他工作人员②主持，但在证据交换时应避免当事人双方就事实、证据乃至法律问题进行争论；否则应将有关争论的内容记录在案，因为这种情形属于非正式开庭。

（三）替代非正式开庭的制度设计，尤其是简易开庭

相当部分的非正式开庭可纳入法律轨道予以正当化。从审前准备程序来看，可构造一些类似于德国、日本等国民事诉讼中的“程序协议期日”、“准备

---

① 《最高人民法院关于适用简易程序审理民事案件的若干规定》第六条：“原告起诉后，人民法院可以采取捎口信、电话、传真、电子邮件等简便方式随时传唤双方当事人、证人。”

② 例如在广东某法院，证据交换在法院传达室进行，法院为每个法官配备一个证据箱，原告和被告经由传达室工作人员交换证据，无须审判人员主持，也不涉及法院对证据的审查，甚至双方当事人也不必同时到场。

期日”、“和解期日”以及美国的“审前会议”等制度。从开庭审理本身来看，在保障当事人基本诉讼权利的前提下，开庭程序具有简易化的可能，可设计一种满足基本程序保障的简易开庭制度。开庭只需满足公开、平等、对席、口头、直接等原则，便可采取各种简单易行的形式。简易开庭，基本上是综合开庭审理与简易程序两者特征的弹性组合。在普通程序的案件中，依据法律规定开庭审理不得采取简易形式，但这些案件中也存在简化开庭审理程序的需求。二审案件全部实行合议审理，但不少情况下也并非不可以简化开庭程序。在简易程序下，开庭审理比较简便；即便如此，法官仍可能希望更加简便。这些共同促成了简化开庭程序的要求。简易开庭与实务中出现的“普通程序简易审”的做法类似，但不尽相同。

（1）尽早安排，比如在被告答辩期满后择日开庭，不必等举证时限完成后30日或60日之后。简易开庭也未必依《民事诉讼法》第一百二十二条规定“在开庭三日前通知当事人和其他诉讼参与人”，甚至可根据当事人的意思决定是否“公告当事人姓名、案由和开庭的时间、地点”。

（2）正式开庭原则上在法院的审判庭进行，但有的法院没有正规审判庭，或审判庭不够用，或为便利原因，法官可以在办公室、会议室或法院的其他地点主持开庭。特殊情形下，简易开庭还可以在一方当事人所在地或其他地点开庭，甚至在偏远地区的法庭也可以“炕上开庭”、“田边开庭”。随着现代科技的发展，运用视频技术开庭审理也可能在不久的将来出现。

（3）就简易开庭而言，传唤当事人到庭可采取简易方式，如捎口信、电话、传真、电子邮件等，无须严格的传票通知，法官也可采取当庭通知的方式载入笔录；而正式开庭对传唤的要求严格，须送达传票。证人的传唤与当事人相同。

（4）合议庭“虚置”是我国司法实践中的普遍现象，案件主要由承办法官负责审理。与其名义上合议、实质上独任这样名实不符，不如扩大简易程序的适用或直接采取简易开庭的做法，[①] 这也有助于真正复杂的案件由合议庭真正进行合议。正式开庭要求合议庭成员全体参加，但在第一次正式开庭外，可考虑一种临时的独任审理。调查发现，广东、海南几个法院的法官曾在征得双方当事人同意后，将合议庭开庭改为承办法官一人开庭。调解也可以只由承办法官主持，合议庭其他成员不参加。但简易开庭时，至少需两人在场，庭审由承办法官主持，书记员记录，承办法官不得自审自记，以保障最低限度的程序

① 在理论上也有人提出普通程序与合议制可分开的简化建议。参见傅郁林：《繁简分流与程序保障》，《法学研究》2003年第1期。

公正。

（5）除符合缺席审判的条件外，不得在当事人一方未到庭时开庭，以保障当事人“对席”审判，而不损害当事人的听审权。

（6）简易开庭的具体程序可以简化。比如，可不严格遵守《民事诉讼法》第一百二十三条有关开庭前书记员应查明当事人和其他诉讼参与人是否到庭、宣布法庭纪律的规定，可以不告知当事人的诉讼权利和义务（推定当事人已知），开庭不必严格按照《民事诉讼法》第一百二十四、一百二十七条规定的法庭调查、法庭辩论的顺序进行，法庭调查和法庭辩论两大阶段亦不必遵守，法官未必着法官服，维持庭审纪律未必使用法槌等。

（7）简易开庭主要适用于基层法院的普通程序的案件。基层法院的案件不仅存在普通程序与简易程序的“繁简分流”，还可以第二次分流，即对普通程序案件的开庭可根据情况分别采取“正式开庭”和“简易开庭”方式，而且可更多地使用后者。案件是否复杂，其实是由承办法官逐步发现的；一旦认为案情复杂，承办法官可重新引入合议庭，即简易开庭可随时向正式开庭转化。此外，二审法院在特定情形下也可以适用简易开庭，比如已征得当事人同意、简单的案件、一审适用简易程序的案件等。

（四）可以放任的非正式开庭

非正式开庭在不少情形下与法官个人的经验、知识、观念、习惯等相关，而不同地区、不同法院、不同时期的法官在处理开庭时的非正式性也彼此各异，因此非正式开庭的做法有时相当于一种地方性、习惯性、个体性做法。[①]对这些做法的规范既非常困难，也未必需要，只要这种做法不损害当事人基本的程序保障权，并且，非正式开庭与正式开庭的互动关系相当明显，故其常常是变动的，会随着正式制度的改革而不断自行调整。法官素质的提高、知识水平的改进、法律职业化的发展显然会导致非正式开庭表现形态的变化。因此，一些非正式开庭现象不可能也不必要完全纳入法律框架，国家可以放任。

从民事诉讼的基本结构来看，围绕非正式开庭的对策当然涉及诉讼模式的转型。非正式开庭频繁的一个原因，是我国沿袭了大陆法系阶段性审理模式的传统。这种审理模式以德国、日本为典型。在日本，案件的开庭审理即“口头辩论期日”可以由若干个不同的期日组成，实际上是指在一个案件的审理过程

---

① 比如，法官在告知当事人诉讼权利和义务时就可能采取极不相同的方法，在乡土中国对农民的告知就几乎无法采取正式制度的语言，“你有权辩论”因此被技巧性地解释为“你有权吵架，但不许骂人”。

中可以有多次开庭审理，而且，前后两次开庭时间可能会间隔一个月或数月。无论经过多少次开庭审理，从第一次口头辩论期日到最后一次口头辩论期日结束被视为一个完整的口头辩论过程，即所谓“口头辩论一体性”原则。但值得注意的是，日本司法改革也倾向于接近英美法的连续性集中审理模式。比如，日本 1996 年通过、1998 年 1 月实施的新《民事诉讼法》，把诉讼过程明确划分为争点整理、审理、证明对象的形成（含证据申请的完成），以及集中连续的证明活动、证据审查两大阶段。① 对抗制是我国司法改革的一个重要方向。随着民事诉讼证据规则、简易程序等相关改革措施逐步落实以及司法改革的推进，我国的诉讼模式和开庭审理形式将从阶段性开庭审理日益向连续性集中开庭审理靠近。在这一过程中，非正式开庭将可能逐步为正式的程序（如审前准备程序，庭前调解程序等）所吸收。

但迈向对抗制的改革方向不是“站在西方向东看”，而必须站在中国的土地上解决中国问题。10 多年来以开庭审理为中心的司法改革步入了误区。如果我们从它的相对面——非正式开庭来思考和改革，则有可能“柳暗花明”，至少可提供一种新的改革思路。民事诉讼的制度表达与司法实践的不一致要求我们必须切实关注司法实践，包括城市和乡村、经济发达与落后地区、上级法院和基层法院尤其是法庭的实践操作②，倾听法官们的心声，而不是“走马观花”，决不应盲目移植西方的经验和规则。只有真正了解中国司法究竟是如何运作的（这本身就是贡献），才可能作出有贡献的研究，并为立法提供有价值的对策。

七、和谐社会视野下非正式开庭理论与实践的新发展

笔者对非正式开庭现象进行实证调研的时间为 2003 年下半年至 2004 年年初。这一时期，由于社会形势的变化，党和国家提出构建社会主义和谐社会的目标，司法政策随之做了大幅度的调整，使得非正式开庭现象有了戏剧性的变化，但大体验证了本文的基本结论：非正式开庭具有非常强大的生命力，但过于放任甚至鼓励却又会引发程序保障不足的问题。非正式开庭现象为我们认识

---

① 参见王亚新：《对抗与判定：日本民事诉讼的基本结构》，清华大学出版社 2002 年版，第 125 ~ 126、146 ~ 148 页。

② 理想的制度设计应当考虑不同地区、不同级别法院的差别，尤其对于中国这样一个政治、经济、文化发展不平衡的大国。但这却是一个我国所有立法共同面临的极其困难的技术性问题，本文暂不涉及。

民事司法政策的变迁提供了一种非常强大的视角，据此我们可提出某种解释性理论，并对民事司法改革的未来发展方向乃至中国法治的路径和前景予以某种程度的把握。

（一）民事审判结构理论的提出

民事审判结构理论以民事审判结构模型为核心，包括与之相关的司法体制结构模型，以及上述两个结构模型之间以及结构模型的诸要素之间的相互关系、结构的生成机制、结构变迁的原因/动力机制、结构变迁的规律等，是一组旨在解释并预测我国民事审判制度发展变迁的理论假说。① 该理论以司法实践中的“非正式开庭”现象与马锡五审判方式的联系为切入点，对自解放区以来到当前的民事审判方式的制度、结构及其变迁展开了经验性研究，认为我国的民事审理模式的基本结构大致有三次变迁，依次是新中国成立后到“文革”的“马锡五审判方式＋坐堂问案”，“文革”后到审判方式改革之前的“马锡五审判方式＋正式开庭”，审判方式改革之后的“非正式开庭＋正式开庭”。据此，笔者提出了一个民事审判结构模型，即“马锡五审判方式＋正式开庭”。该模型具有极强的张力，不仅可以整合从解放区到当前民事审判结构的变迁，甚至还可以从宏观上把握未来民事审判方式改革的发展方向以及民事审判结构的大致发展路径。简而言之，该模型认为我国的民事审判结构由两大部分构成，一方面是马锡五审判方式，这代表了民事审判结构中非程序化，强调实体公正，注重调解、人民满意、司法为民、群众路线的一极；另一方面是正式开庭，这代表了民事审判结构中强调程序、注重判决、法官消极中立、规范庭审运作的一极。

在建构民事审判结构模型的同时，笔者发现该结构的变迁与国家的政治—法律政策的变迁存在某种内在关联，而国家的政策变迁正是以司法体制为中介要求司法作出相应回应的，因此就司法体制也提出了一个结构模型，即“政治＋法律”的“政法型”司法体制，并以政治和法律作为决定司法体制结构及其变迁的变量。该模型的基本含义是，现行的司法体制不单纯是法律层面上的，而是由政治与法律两方面的因素构成的，政治与法律这两者在司法体制中的结构及变迁决定了司法体制的状况，而这又进一步决定了“马锡五审判方式＋正式开庭”的结构及变迁，包括两者强弱对比、构成状况、动态变迁等。政法型司法体制，构成了民事审判结构变迁的更高层面上的背景。例如，自 20 世纪

---

① 关于该理论的初步建构，参见徐昕：“民事诉讼中的‘非正式开庭’”，载王亚新等著：《法律程序运作的实证分析》，法律出版社 2005 年版，第 319～360 页

80年代以来，政法型司法体制中政治色彩的渐弱与法律色彩的渐强，不仅使得司法的独立性和地位得到了提升，也决定了民事审判结构中非程序化的马锡五审判方式受到了抑制，而强调程序的正式开庭得到了长足发展；而自2002年以来，政法型司法体制中政治色彩有进一步加强的趋势，实践部门和学术界又开始改变对调解的态度。

通过对民事审判结构模型的分析，笔者还发现此模型中蕴涵着结构性矛盾：马锡五审判方式强调了非程序化的一面，而正式开庭又强调了程序的一面，两者结合在一起显然会引发一系列的矛盾与紧张。例如，庭前的调查取证使得之后的正式庭审被“虚置”；规范的正式开庭在很大程度上使得法官不需要深入群众调查研究。而恰恰是结构性矛盾，才是促使民事审判结构不断发展变迁的内在动力（内因），并决定了民事审判结构变迁的基本走向，必然是一时偏向马锡五审判方式，一时又偏向正式开庭。至于何时转变，以及转变到何种程度，则由司法体制中政治与法律的变迁所决定。政治与法律之所以变迁，直接原因是党与国家的政治决策，深层原因则是解决社会转型过程中所凸显的矛盾和问题。故从最终意义上分析，社会转型就是民事审判结构变迁的外因。而一旦民事审判结构形成，就有可能通过引导当事人的行为进而影响社会转型，即民事审判结构对社会转型又有一定的反作用。

（二）2004年以来非正式开庭现象的变迁、分析与评价

调解是理解中国司法政策转型的风向标，而调解与非正式开庭的关系在于，司法实践中的每一次调解，都几乎必然地要运用非正式开庭，调解与非正式开庭是一种正相关关系。早在2002年，最高法院就颁布了《关于审理涉及人民调解协议民事案件的若干规定》，司法部也制定了《人民调解工作若干规定》，虽然涉及的是人民调解，但很多敏感的法院又开始对调解重新重视。2004年，最高法院颁布了《关于人民法院民事调解工作若干问题的规定》，整个法院系统从制度到话语又对调解开始了新一轮的鼓励和促进，成为民事审判方式改革以来法院宏观制度转型的先声。几乎同时，党和国家提出了构建社会主义和谐社会的宏观政策目标。

之后，司法政策对调解的鼓励进入“快车道”。2005年，最高法院院长肖扬在第十届全国人民代表大会第三次会议上作工作报告时正式提出了“能调则调，当判则判，调判结合，案结事了”的原则；最高法院2005年11月2日颁布的《法官行为规范》中也提及了这一要求；2006年，党中央颁布了《中共中央关于进一步加强人民法院、人民检察院工作的决定》，从政治层面明确肯定了该要求；最高法院2007年1月15日颁布的《关于为构建社会主义和谐社

会提供司法保障的若干意见》进一步重申了该原则；2007年3月7日，最高法院颁布了《关于进一步发挥诉讼调解在构建社会主义和谐社会中积极作用的若干意见》，将该原则上升为民事审判工作的指导方针。

运用民事审判结构理论，当前的“调判结合”可以作出如下分析：自2002年以来，法院系统对调解重新重视之后，马锡五审判方式一极的力量开始逐步递增，而正式开庭一极的力量则逐步递减，这样一种态势一直持续至今，并形成马锡五审判方式与正式开庭大致平衡的格局，而这种格局的具体表达，就是调判结合。这一变迁的内因是两者存在的结构性矛盾，以及审判方式改革以来形成的弱马锡五审判方式与强正式开庭的一种回调。这一变迁的外因，运用政法型司法体制进行分析，可以认为是审判方式改革以来司法体制中政治色彩从渐弱到渐强与法律色彩从渐强到渐弱，而政治与法律的此种变化，则是根源于三十年来中国的巨大社会转型所产生的矛盾和问题；从国家—社会的关系考虑，政治的增强往往意味着国家在退出社会的过程中的一种随机应变的反向运动。

随着调解从民事司法改革以来的低谷迈向新的高潮，非正式开庭现象在实践中必然会再度繁荣，而其具体的表现更是花样翻新①，这已经验证了本文关于非正式开庭具有比较优势的基本结论，但这一繁荣的背后，却隐藏着巨大的危机：官方已经越来越忽视非正式开庭现象的负面后果——只要能调解，程序保障就不再是问题。

例如，原最高法院副院长曹建明在《关于进一步发挥诉讼调解在构建社会主义和谐社会中积极作用的若干意见》颁布之前的第七次全国民事审判工作会议提出了“全程调解”，指出“关于立案环节进行调解的问题，最高人民法院和肖扬院长的态度是明确的：应当将司法调解贯穿于民事诉讼全过程。立案调解、庭前调解、审理过程中调解、判决送达前调解都是司法调解的重要组成部分……”② 此论断微妙地突破了2004年颁布的《关于人民法院民事调解工作若干问题的规定》所规定的“可以在答辩期满后裁判作出前进行调解”，该规定意味着一旦法院将裁判文书制作完成，尽管尚未宣判，也不能调解，而《关于进一步发挥诉讼调解在构建社会主义和谐社会中积极作用的若干意见》中并没

---

① 比如，司法实践中就存在当事人双方不曾见面而由法官电话调解的案件。参见林发扬等：“老妇宁波家中起诉，潜江法官电话调解”，http：//www. chinacourt. org/public/detail. php？ id = 244373，2009年1月15日访问。尽管由于种种原因我们没能深入司法实践对非正式开庭现象进行后续的实证调研，但通过中国法院网、人民法院报等官方主流媒体的搜索，非正式开庭现象的繁荣显然是一种事实。

② 参见“不断完善工作体制和机制，加强和改进民事审判工作”，2007年1月7日，http：//www. chinacourt. org/public/detail. php？ id = 229697，2009年1月15日访问。

有规定判决送达前可以调解，这恰好反映了法院面临困境时的艰难选择。最高法院在2008年工作报告中，提出了“坚持‘能调则调，当判则判，调判结合，案结事了’的审判原则，把诉讼调解贯穿于案件审理全过程”，仍然没有提及判决送达前可以调解。[①] 然而，这并不意味着实践中就没有此种诱发以判压调的做法，而且，这恰恰可能成为制度上秘而不宣的“潜规则”。因此，当前司法实践所反映的民事审判结构，已经超出了调判结合的中间态势，而在向马锡五审判方式、非正式开庭一极移动，而且，这一动向还有进一步增强的趋势。

不过，根据民事审判结构理论，由于当前的动向是过度重视马锡五审判方式一极，而这种倾向与当前社会转型所产生的司法需求不相匹配，更具体的应该是调解的“过度供给”，故民事审判结构必定向正式开庭一极回调，而最高法院最近的动向似乎已经初现端倪。

2008年11月，由最高法院主办的多元纠纷解决机制国际研讨会召开，最高法院副院长沈德咏在该会议上指出，当前和今后一个时期内，必须着重做好两个方面的工作：一是要尽快培养一批高素质的调解员和具备调解技能的法官；二是要规范和完善公平的调解程序，确保调解协议的自愿性和合法性。[②] 第二方面的工作，实际上是最高法院对目前过度重视调解的做法的一种反思，相信新一轮的政策调整正在酝酿之中。不过，无论怎样调整，由于非正式开庭的比较优势，它仍然将长期存在于中国的司法实践中，而本文对非正式开庭现象的对策研究仍然具有现实意义和理论价值。

---

① 肖扬：“最高人民法院工作报告”，《中华人民共和国最高人民法院公报》，2008年第4期。

② 陈永辉：“沈德咏强调立足国情改革完善多元纠纷解决机制”，2008年11月15日，http://www.chinacourt.org/public/detail.php?id=330619，2009年1月15日访问。

中国法律、法规立法权限划分的矛盾冲突及其合宪性解决机制

◇莫纪宏[1]

[提要] 法律、法规是现行宪法以及《中华人民共和国立法法》（以下简称《立法法》）所规定的两种最主要的法律形式，在建设具有中国特色的社会主义法律体系中具有非常重要的地位。根据现行宪法和《立法法》的规定，法律作为中国法律规范的表现形式主要包括全国人大制定的基本法律以及全国人大常委会制定的除全国人大制定的基本法律以外的法律；法规既包括国务院根据宪法和法律制定的行政法规，也包括省、自治区、直辖市和较大的市的人民代表大会及其常委会制定的地方性法规。但是，由于在宪法制度和立法制度上没有准确地界定法律、法规的立法权限划分的原则和标准，导致了在立法实践中，法律、法规的立法主体相互之间的立法权限发生冲突，法律、法规的立法事项相互之间发生重叠或者相互抵触的现象屡见不鲜。即便是以确定法律、法规立法权限划分为主要立法宗旨的《立法法》也没能够提供解决上述问题有效和科学的立法权限划分机制。笔者认为，造成法律、法规立法权限划分产生价值矛盾和冲突的主要原因是：现行宪法、《立法法》以及其他法律在确立法律、法规立法权限划分的原则和标准时，没有引进合宪性评价机制。笔者指出，合宪性是现代宪政理念下的一个最重要的价值概念，它要求一个国家的立法机关所制定的各项法律规范必须具有宪法上的依据，并且法律、法规所赖以产生的宪法依据本身又是符合现代法治原则和现代宪政的基本精神的。将合宪性概念和合宪性评价机制引入中国的法律、法规立法权限的划分中，可以发现传统立法制度下处理法律、法规立法权限划分的主要方式是行政层级化的管理手段，而不是符合法治原则要求的合宪性评价方法。笔者主张，要彻底解决中国法律、法规立法权限划分中的价值矛盾和冲突，必须从完善宪法基本制度入手，

---

① 莫纪宏，中国社会科学院法学研究所研究员。

特别是要建立宪法适用制度和启动宪法解释制度，按照现代法治原则的要求来改革宪法中所确立的基本国家制度和社会制度，使宪法更具有科学性。同时，必须建立法律、法规立法权限争议处理机制，建立以尊重宪法的根本法权威地位为核心，以充分发挥宪法的法律功能和作为仲裁规则的作用为基础的立法权限划分机制，才能真正使中国的法律、法规立法权限划分的原则和标准建立在科学、合理和有效的价值基础之上。

法律、法规是中国社会主义法律体系中最重要的法律形式，也是社会主义法律制度的基础。根据现行宪法、《立法法》和有关组织法的规定，全国人大及其常委会有权制定法律，国务院有权制定行政法规，省、自治区和直辖市以及较大的市的人民代表大会及其常务委员会有权制定地方性法规。虽然《立法法》的宗旨主要是为了解决各种法律形式之间立法权限划分的问题，但是，无论是在立法理论上，还是在立法实践中，法律、法规（包括行政法规和地方性法规）立法权限划分问题并没有得到根本性的解决①，因此，有必要从法理上对法律与行政法规、法律与地方性法规、行政法规与地方性法规、地方性法规与地方性法规以及全国人大制定的法律与全国人大常委会制定的法律相互之间的立法权限划分作出更加科学的界定，最大限度地避免因法律、法规立法权限之间的冲突而给立法工作带来混乱，从而提高法律、法规内容的确定性和社会主义法律体系的科学性。本文从对法律、法规立法权限划分进行合宪性评价的

---

① 蔡定剑在国家行政学院召开的《立法法》草案座谈会上，曾经对《立法法》草案中法律、法规立法权限划分方面存在的问题作了非常有说服力的分析，而蔡定剑指出的问题在正式通过的《立法法》中仍然存在。蔡定剑认为："从宪法法理角度分析，《立法法》草案关于立法权限的划分不是没有值得研究的地方，如现行草案把一些本应由全国人大立法的权力规定给了国家行政机关和地方立法机关。这些权力涉及的宪法规定的公民基本权利的保障问题，是不应由行政机关来立法的。比如，现行草案第七条第五、六项涉及公民的三大基本权利：公民的政治权利、公民的人身自由和公民的财产权。只规定了公民的政治权利由全国人大制定法律，对公民的人身自由，只把涉及人身自由的处罚的立法权归全国人大专有立法，这意味着把其他限制和剥夺公民人身自由的立法权留给了行政机关和地方立法机关。还有对公民财产权的限制与剥夺的立法权，也给了行政机关和地方，草案只规定了对非国有财产的征收才归全国人大立法。这里对非国有财产的剥夺权却不包括在全国人大的专有立法权限内，而剥夺财产比征收财产更严重（剥夺财产是无偿的，征收财产是有偿的）。可见这些规定把全国人大对公民人身自由和财产权的专有立法权限制得很小，而给行政机关和地方的权力放得很大。这里涉及一个基本的宪法和法理问题：涉及宪法规定的公民基本权利的限制与剥夺的立法权，是不是只能由全国人大行使？还是行政机关和地方立法机关都可以行使？宪法之所以要规定公民的基本权利，就是说这些权利应由国家法律加以保障，而不可由任何机关或个人加以限制和剥夺，如果因社会公共利益而需加以限制和剥夺，只能由代表社会公益的最高立法机关制定法律，而不能是其他。如果这个权力不由立法机关专有，而是行政机关和地方都可享有，公民基本权利就难以保障。"引自《法制日报·两会新闻网络版》，2000 年 3 月8 日。

角度出发，试图为解决法律、法规立法权限划分中存在的价值矛盾和冲突寻找一个新的理论视角，并为在立法实践中解决法律、法规立法权限划分中存在的具体问题提供一些可行的对策方案。

一、立法权限的概念以及立法权限划分的意义

立法权限是一个国家立法制度中最重要的问题，是法律规范形式和内容合法性的基础。所谓立法权限，其实质就是在一个法治国家内，可以通过立法形式来行使的全部国家权力。立法权限是相对于行政管理权限、司法审判权限等而言的，它涉及的是立法权与其他性质的国家权力之间的关系，是立法权区别于行政权、司法权等其他形式国家权力的法律标准。作为一个国家立法权的整体，立法权限可以按照一定的标准和方式来进行划分，可以由单一的立法主体来行使立法权，也可以由不同的立法主体来行使立法权。如果由单一的立法主体来行使立法权，就不涉及立法权限的划分问题。如在英国，从理论上看，议会（下议院）在立法时，不受其他机关的限制①；如果由不同的立法主体来行使立法权，那么，就涉及对立法权限进行划分的问题②，如美国、德国等联邦制国家，联邦和各州之间依据联邦宪法的规定享有不同性质和不同领域的立法权。因此，立法权限的概念反映了立法权作为一种重要的国家权力在整个国家权力体系中的地位以及与其他性质的国家权力之间的关系，而立法权限的划分则体现了一个国家立法权行使的方式以及不同立法主体所享有的立法权的范围。

立法权限划分问题非常重要。中国著名立法学专家李林教授认为：“现代

---

① Courteney Ilbert. *Legislative Methods and Forms*, Oxford: 1901, p. 310.

② 关于立法权限的概念和立法权限划分的意义，李林认为：“这是指一个主权国家现行全部有关需要通过立法方式加以调整、控制和规范的事项的权力范围，即立法主体行使立法职权的权力限度和内容范围。对立法权限进行划分，主要目的是为了科学而合理地决定立法事项的不同归属，既包括立法的实体性权力内容的分配，也包括其形式要件的确认和划分，确定哪些主体可以成为立法主体以及这些主体在立法权限体制中的地位及其相互关系，它们各自制定的规范性法律文件的效力等级（位阶）等。现代政治和法治具有动态和不断发展变化的特性，它们对立法既有稳定不变的要求，又有适时适量加以变更调整的要求。从立法体制上对立法权限作出尽可能科学而切合实际的划分，就是这种要求的一个集中体现。如何在既有的立法体制基础上对有关的立法权限重新划分，其实质是国家中政治关系、经济关系和社会关系的重新定位，是对权力格局的调整和权力背后的利益的重新分配。”上述观点与笔者的看法基本一致，但是，笔者在定义立法权限概念时使用了比较和区分的方法，将立法权限放在整个国家权力体系中来考察其性质，应当说，论证角度更清晰一些。参见李林：《中国立法权限划分》，引自中国法学网（http://www.iolaw.org.cn）“学者专栏·李林文集”。

宪政理论认为，倘若国家的立法权限划分不当，将产生以下不良后果：一是可能出现中央过分集权或者地方过分分权的状况，在多数情况下，无论出现哪一种状况，都会对国家的稳定和社会的发展带来损害；二是可能造成政治体制结构失衡和政治权力行使失控，给管理造成混乱，阻碍社会进步，甚至引发社会动乱；三是对立法造成损害，出现立法无序，如越权立法、重复立法、立法懈怠等以立法谋私的现象，导致法律体系的混乱和法律难以实施。因此，立法权限划分是一项敏感而细致的‘切蛋糕’式的政治和法治系统工程，必须慎之又慎。”① 笔者认为，立法权限划分不当除了会产生上述如李林教授所指出的弊端之外，最突出的法理问题是会搅乱一个法治国家中不同性质的国家机关之间的权力分工秩序和中央与地方之间的稳定的宪法关系，甚至会危及现代宪法所赖以存在的人民主权学说以及代议制民主的合法性。首先，现代法治社会的国家权力是依据人民主权学说建立起来的，根据人民主权学说的要求，只有人民自己或者是通过人民代表组成的代表机关或代议机构才有权行使立法权，而国家行政机关、国家司法机关等其他国家机关应当按照人民或者是人民代表机关或议会制定的法律来履行自身的职权，否则就会破坏法治原则的精神。因此，现代法治的基本精神要求立法权应当掌握在人民或人民代表机关或议会手上，否则就会影响立法权的民主基础。其次，在现代法治社会中，国家机关的设置应当以国家权力的有效运作为前提，而不是以国家机关自身行使国家权力的便利为基础，立法权限划分不清，很容易导致同一个国家机关既掌握立法权，又掌握执行权，甚至还享有某种程度上的司法权，造成权力过于集中，容易引发如资产阶级启蒙思想家孟德斯鸠在《论法的精神》一书中早所指出的滥用职权的现象②。最后，无论是联邦制国家，还是单一制国家，中央与地方的关系必须要有一定的确定性，而这种确定性首先表现在中央与地方在立法权限上应当有明确的划分，如果这种立法权限划分不清，就会导致中央与地方关系的混乱，继而会影响一个国家的国家结构形式的稳定。

---

① 参见中国法学网（http：//www. iolaw. org. cn）“学者专栏·李林文集”。有关立法权限划分的有重要意义的文章还可以参见张中秋、张明新：《对中国立法权限划分和立法权运行状况的观察与思考》，《政法论坛》2000 年第 6 期。

② 孟德斯鸠在《论法的精神》一书中在论及“英格兰政制”问题时明确指出：“当立法权和行政权集中在同一个人或同一个机关之手，自由便不复存在了；因为人们将要害怕这个国王或议会制定暴虐的法律，并暴虐地执行这些法律。如果司法权不同立法权和行政权分立，自由就不存在了。如果司法权同立法权合而为一，则将对公民的生命和自由施行专断的权力，因为法官就是立法者。如果司法权同行政权合而为一，法官便将握有压迫者的力量。如果同一个人或是由重要人物、贵族或平民组成的同一个机关行使这三种权力，即制定法律权、执行公共决议权和裁判私人犯罪或争诉权，则一切便都完了。”参见孟德斯鸠：《论法的精神》（上卷），张雁深译，商务印书馆 1997 年版，第 156 页。

总之，立法权限划分问题十分重要，它涉及一个国家的法治状况和水平，也关系到一个国家立法制度的确定性、科学性和权威性。立法权限划分问题如果没有科学地加以解决，那么，要建立一个完整和科学的法律体系也是不可能的。所以，如果要在2010年初步建成具有中国特色的社会主义法律体系，立法权限划分问题必须作为最重要和最基础性的课题来加以研究，并在立法实践中采取各项必要的措施来理顺立法权限划分中的各种法律关系。

二、中国法律、法规立法权限划分的历史演变及现状

（一）中国法律、法规立法权限划分的历史演变

中华人民共和国建国初期，由于以普选为基础的各级人民代表大会尚未产生，因此，由中国人民政治协商会议代行全国人民代表大会的职权。在这一时期，由于法律、法规的形式不是十分规范，因此，立法权限划分没有成为立法中的突出问题。

从1954年宪法颁布到1979年全国人大五届二次会议前，中国实行的是中央集权的立法模式。在这个时期，立法权限比较集中，除民族自治地方的自治机关之外，其他地方权力机关均不享有立法职权，国家行政机关亦无立法方面的职权。

1954年宪法规定，全国人民代表大会是行使国家立法权的唯一机关，有权修改宪法和制定法律；全国人大常委会有权解释法律和制定法令；国务院有权根据宪法、法律和法令，规定行政措施，发布决议和命令；地方各级人民代表大会可以依照法律规定的权限通过和发布决议；自治区、自治州、自治县的自治机关可以依照当地民族的政治、经济和文化的特点，制定自治条例和单行条例，报请全国人民代表大会常务委员会批准。

1955年第一届全国人大第二次会议通过的《关于授权常务委员会制定单行法规的决议》，把享有国家立法权的范围扩大到了全国人大常委会。该决议解释授权的目的是："随着社会主义建设和社会主义改造事业的进展，国家急需制定各项法律，以适应国家建设和国家工作的要求。在全国人民代表大会闭会期间，有些部分性质的法律，不可避免地急需常务委员会通过实施。为此，……授权常务委员会依照宪法的精神，根据实际需要，适时地制定部分性质的法律即单行法规。"1959年，第二届全国人大第一次会议进一步授权全国人大常委会在全国人大闭会期间根据情况的发展和工作的需要，有权修改现行法律中已经不适用的条文；民族自治地方的自治机关有权制定自治条例和单行

条例，报全国人大常委会批准。

1975 年宪法和 1978 年宪法基本上沿袭了 1954 年宪法关于立法权限划分的规定，采取的仍然是中央集权式的立法模式。这是 1954 年宪法对立法权限划分规定自然延伸的结果，即毛泽东讲的“立法权集中在中央”。立法的中央集权是这一时期中国实行高度集中的计划经济体制的政治需要，是与这一时期立法工作的特点相适应的。这种立法权限划分体制在“重人治、轻法治”的思想的配合下，严重阻碍了中国立法的发展进程。据统计，从 1954 年宪法颁布后到 1979 年，包括各种意见、办法、命令、决议、决定、通知、报告、答复、办法等在内的中央立法共 1 115 件，年均 59 件，地方因无立法权所以记录为零。中央集权的立法模式强有力地保证了中央对全国各项事业的集中统一领导，但也在一定程度上影响了地方积极性的发挥，阻碍了中国社会主义法制的全面发展。①

从 1979 年第五届全国人民代表大会第二次会议至今，中国立法权限划分采取的是集权式的分权立法模式。党的十一届三中全会以后，为了适应全国工作重点转移到社会主义现代化建设上来的需要，改变中央立法集权的状况，调动中央和地方的两个积极性，1979 年 7 月，第五届全国人大第二次会议通过了《中华人民共和国地方各级人民代表大会和地方各级人民政府组织法》，明确规定省、自治区、直辖市的人民代表大会及其常委会，可以根据本行政区域的具体情况和实际需要，在和国家的宪法、法律、政策、法令、政令不抵触的前提下，制定和颁布地方性法规，并报全国人大常委会和国务院备案。至此，地方国家权力机关开始享有一定程度上的立法权。

1982 年现行宪法则比较明确地确立了立法权限划分集权式的分权模式。具体表现在以下几个方面：①现行《宪法》第四条第四款确立了中央与地方的基本宪法关系，规定中央和地方的国家机构职权的划分，遵循在中央的统一领导下，充分发挥地方的主动性、积极性的原则。②规定全国人大及其常委会行使国家立法权，继续保持中央集权式的立法体制。现行《宪法》第六十二条规定：全国人大有权修改宪法，制定和修改刑事、民事、国家机构的和其他的基本法律；第六十七条规定：全国人大常委会有权解释宪法和法律，有权制定和修改除应当由全国人民代表大会制定的法律以外的其他法律，在全国人民代表大会闭会期间，对全国人民代表大会制定的法律进行部分补充和修改，但是不得同该法律的基本原则相抵触。③扩大了立法权行使主体的范围，将立法权主体扩

---

① 参见李林：《中国立法权限划分》，引自中国法学网（http：//www. iolaw. org. cn）“学者专栏·李林文集”。

大到国家行政机关和地方国家权力机关。如现行《宪法》第八十九条规定：国务院有权根据宪法和法律，制定行政法规。如现行《宪法》第一百条规定：省、自治区和直辖市的人民代表大会及其常务委员会，在不同宪法、法律、行政法规相抵触的前提下，可以制定地方性法规，报全国人民代表大会常务委员会备案。④继续保留民族自治地方自治机关的立法权。如现行《宪法》第一百一十六条规定：民族自治地方的人民代表大会有权依照当地民族的政治、经济和文化特点，制定自治条例和单行条例。自治区的自治条例和单行条例，报全国人民代表大会常务委员会批准后生效。自治州、自治县的自治条例和单行条例，报省或自治区的人民代表大会常务委员会批准后生效，并报全国人民代表大会常务委员会备案。

1982 年宪法在规定立法体制，确立立法权限划分原则的过程中，首次明确了法律、法规（包括行政法规和地方性法规）是中国社会主义法律规范的两种重要的表现形式，并且在《宪法》第五条明确规定：一切法律、行政法规和地方性法规都不得同宪法相抵触，对法律、法规明确地提出了“合宪性”的要求。

严格地说，在 1982 年现行宪法诞生之前，由于法律、法规没有成为宪法和法律中所确认的两种有效的独立法律形式，所以，从法理上来看，虽然存在着立法权限划分问题，如全国人大制定的法律与全国人大常委会制定的法令之间立法权限的划分就是一个在立法实践中引起争议的问题①，但是，在制度上却不存在法律、法规立法权限划分问题。

值得一提的是，关于“法规”的立法主体，1982 年 12 月第五届全国人民代表大会第五次会议通过的《关于修改〈中华人民共和国地方各级人民代表大会和地方各级人民政府组织法〉的若干规定的决议》还规定：“省、自治区的人民政府所在地的市和经国务院批准的较大的市的人民代表大会常务委员会，可以拟定本市需要的地方性法规草案，提请省、自治区的人民代表大会常务委员会审议制定，并报全国人民代表大会常务委员会和国务院备案。”上述规定，实际上开始考虑扩大地方性法规立法主体的范围。1986 年第二次修改的《中华

---

① 1954 年《宪法》和 1978 年《宪法》都规定了地方各级人民代表大会在本行政区域内，保证“法律、法令”的遵守和执行。很显然，由这两部宪法所规定的全国人大常委会制定的“法令”与全国人大制定的“法律”都属于地方人大行使职权的“依据”。但是，从 1954 年《宪法》诞生到 1982 年《宪法》制定的 28 年间，无论是立法理论界，还是立法实际部门，都没有对法律、法令之间的立法权限如何划分进行过研究和讨论，反映了在这一段时期中国立法理论的落后。由于对全国人大制定的“法令”的性质认识不一致，1982 年《宪法》取消了“法令”这种形式。参见 1954 年《宪法》第五十八条和 1978 年《宪法》第三十六条。

人民共和国地方各级人民代表大会和地方各级人民政府组织法》第七条规定，省、自治区的人民政府所在地的市和经国务院批准的较大市的人民代表大会，可以制定地方性法规，报省、自治区的人大常委会批准后施行。1992年7月，第七届全国人大常委会第二十六次会议通过决定，授予深圳市人大及其常委会制定特区法规的权力。1994年和1996年又先后授予厦门市、珠海市及汕头市的人大及其常委会制定特区法规权。至此，“法规”作为一种独立完整的法律形式在中国立法制度中得到了充分肯定。

根据1982年现行宪法及有关组织法的规定，法律、法规立法权限划分主要包括以下几项原则性内容：

（1）法律与法律之间的立法权限划分原则。现行宪法对全国人大制定的法律与全国人大常委会制定的法律之间的立法权限划分采取了“列举法”和“排除法”。现行《宪法》第六十二条第三项通过“列举法”规定了全国人大制定法律的立法权限，也就是说，全国人大有权制定和修改刑事、民事、国家机构的和其他基本法律；第六十七条第二项通过“排除法”规定了全国人大常委会制定法律的立法权限，即全国人大常委会有权制定和修改应当由全国人大制定的法律以外的其他法律。

（2）法律与行政法规之间的立法权限划分原则。关于法律与行政法规之间的立法权限划分，宪法并没有像区分全国人大制定的法律与全国人大常委会制定的法律相互之间的立法权限那样来区分法律与行政法规之间的立法权限，只是在第八十九条第一项规定，国务院可以根据宪法和法律，制定行政法规。从该规定的性质来看，法律应当是行政法规制定的“依据”。制定法律的立法权与制定行政法规的立法权之间存在从属性质的关系。

（3）法律与地方性法规之间的立法权限划分原则。宪法对法律与地方性法规之间的立法权限划分也没有确立明确的划分标准，只是在第一百条中，确立了两者之间关系的原则，即省、直辖市（包括自治区①）的人民代表大会及其常务委员会，在不同法律相抵触的情况下，可以制定地方性法规，报全国人民代表大会常务委员会备案。很显然，法律与地方性法规之间的立法权限划分是通过“不相抵触原则”来处理的。

（4）行政法规与地方性法规之间的立法权限划分原则。宪法对行政法规与地方性法规之间的立法权限划分同样也没有明确的划分标准。现行宪法在第一

① 现行《宪法》第一百一十五条规定，自治区、自治州、自治县的自治机关行使宪法第三章第五节规定的地方国家机关的职权。根据上述规定，自治区的人民代表大会及其常委会在不同法律相抵触的情况下，也有权制定地方性法规。

百条中规定，在不同行政法规相抵触的前提下，省、直辖市和自治区的人大及其常委会有权制定地方性法规。两者之间立法权限的划分也是通过“不相抵触原则”来处理的。

（5）地方性法规与地方性法规之间的立法权限划分原则。根据1995年第三次修改的《中华人民共和国地方各级人民代表大会和地方各级人民政府组织法》第七条第二款的规定，省、自治区的人民政府所在地的市和经国务院批准的较大的市的人民代表大会根据本市的具体情况和实际需要，在不同宪法、法律、行政法规和本省、自治区的地方性法规相抵触的前提下，可以制定地方性法规，报省、自治区的人民代表大会常务委员会批准后施行，并由省、自治区的人民代表大会常务委员会报全国人民代表大会常务委员会和国务院备案。从上述规定可以看到，省、自治区的人民政府所在地的市和经国务院批准的较大的市的人民代表大会制定的地方性法规与省、自治区和直辖市人民代表大会及其常务委员会制定地方性法规之间立法权限的划分也是通过“不相抵触原则”来处理的。

总的来说，根据现行宪法及组织法的规定，法律、法规之间的立法权限划分原则主要分为三种方式：一种是相互排斥型的，即全国人大可以制定基本法律，全国人大常委会不得制定，立法权限之间存在着排斥关系；一种是依据型的，也就是说国务院必须依据法律来制定行政法规，立法权限之间存在着从属关系；一种是不相抵触型的，其实质是要求立法权限之间不存在矛盾。

（二）以《立法法》为基础的法律、法规立法权限划分的现状及特征

1982年现行宪法制定之后，依据该宪法所确立的立法体制，在具体的立法实践中，全国人大及其常委会制定了一批法律，国务院和地方国家权力机关也制定了大量的行政法规和地方性法规。但是，由于法律、法规之间立法权限划分并没有非常清晰的界定标准，所以，在实际的立法工作中，仍然出现了法律、法规立法权限划分上的混乱。在这种大的立法背景下，2000年3月15日第九届全国人民代表大会第三次会议通过了《立法法》。《立法法》确立的一个重要宗旨就是立法应当依照法定的权限和程序，从国家整体利益出发，维护社会主义法制的统一和尊严。① 为了保证立法活动能够依照法定的权限进行，《立法法》在第二章第一节专门规定了“立法权限”，并以此来解决在法律、法规立法权限划分上存在的各种价值矛盾和冲突。根据《立法法》的规定，中国法律、法规立法权限划分的原则和标准进一步得到明确，与1982年现行宪法所

① 参见《立法法》第四条。

确立的法律、法规立法权限划分的原则相比，《立法法》的规定要具体和完善得多，主要表现在以下几个方面：

（1）法律与法律之间的立法权限划分原则和标准。《立法法》关于全国人大制定的法律与全国人大常委会制定的法律之间立法权限的划分原则基本上沿袭了现行宪法的规定，也就是说，通过排除《立法法》所列举的全国人大的立法权限来确定全国人大常委会的立法权限。《立法法》第七条规定：全国人民代表大会制定和修改刑事、民事、国家机构的和其他的基本法律。全国人民代表大会常务委员会制定和修改除应当由全国人民代表大会制定的法律以外的其他法律；在全国人民代表大会闭会期间，对全国人民代表大会制定的法律进行部分补充和修改，但是不得同该法律的基本原则相抵触。与现行宪法规定不同的是，《立法法》在第八条还对法律可以规定的事项进行了列举以及作出了概括性规定，主要包括：①国家主权的事项；②各级人民代表大会、人民政府、人民法院和人民检察院的产生、组织和职权；③民族区域自治制度、特别行政区制度、基层群众自治制度；④犯罪和刑罚；⑤对公民政治权利的剥夺、限制人身自由的强制措施和处罚；⑥对非国有财产的征收；⑦民事基本制度；⑧基本经济制度以及财政、税收、海关、金融和外贸的基本制度；⑨诉讼和仲裁制度；⑩必须由全国人民代表大会及其常务委员会制定法律的其他事项。值得注意的是，上述规定实际上还确立了法律与行政法规、法律与地方性法规之间立法权限划分的原则。这一原则的基本特征是凡是《立法法》规定应当制定为法律的事项，不得制定为行政法规和地方性法规。这是处理法律与行政法规、法律与地方性法规之间立法权限划分的重要标准，这一标准类似于全国人大制定的法律与全国人大常委会制定的法律之间的立法权限划分标准，即法律与行政法规、法律与地方性法规之间立法权限划分存在着相互排斥的逻辑关系。但是，《立法法》并没有提供一个处理法律与行政法规、法律与地方性法规之间立法权限划分符合排中律的划分标准，因为《立法法》第八条第十项还规定了具有模糊性的应当由法律规定的事项，所以，第八条第十项的规定又使法律与行政法规、法律与地方性法规之间的立法权限划分出现了可能交叉的区域。这是《立法法》在划分立法权限上仍然没有彻底解决的问题。

（2）法律与行政法规之间的立法权限划分原则和标准。关于法律与行政法规之间的立法权限划分的标准，除了在《立法法》第八条第十项中所确立的划分原则之外，《立法法》第五十六条仍然确立了宪法所规定的“依据”标准和法律与行政法规之间的从属关系，只不过更加具体一些。《立法法》第五十六条第二款第一项规定：“为执行法律的规定需要制定行政法规的事项”可以制定行政法规。这里实际上进一步明确了法律与行政法规之间立法权限从属关系的内涵。此外，根据《立法法》第九条和第五十六条第二款第二项的规定，行政法规也可以通过授权方式来规定应当由法律规定的事项，如第九条明文规定："本法第八条规定的事项尚未制定法律的，全国人民代表大会及其常务委员会有权作出决定，授权国务院根据实际需要，对其中的部分事项先制定行政法规，但是有关犯罪和刑罚、对公民政治权利的剥夺和限制人身自由的强制措施和处罚、司法制度等事项除外。"上述规定说明，依据《立法法》所确立的法律与行政法规之间立法权限划分的原则，法律与行政法规在立法权限的效力上虽然存在从属关系，但是，法律与行政法规在立法事项上却存在着一定的交叉关系。但是，根据《立法法》第五十六条第二款第二项的规定，行政法规的立法权限，特别是立法事项并不完全从属于法律，行政法规还可以规定宪法第八十九条所规定的国务院有权行使的行政管理职权事项。

（3）法律与地方性法规之间的立法权限划分原则和标准。根据现行宪法所确立的划分原则，法律与地方性法规立法权限之间主要的要求是"不相抵触"，表现在形式逻辑上的特征就是不矛盾。《立法法》对这一"不相抵触原则"又作了进一步的规定，主要表现为两个方面：一是地方性法规的立法事项从属于法律的立法事项，如《立法法》第六十四条第一款第一项规定，地方性法规可以涉及"为执行法律的规定，需要根据本行政区域的实际情况作具体规定的事项"，在这种情形下，地方性法规的立法权限从属于法律的立法权限。二是可以规定不属于法律规定的事项，并且不与法律的立法原则相抵触，如《立法法》第六十四条第二款规定："除本法第八条规定的事项外，其他事项国家尚未制定法律的，省、自治区、直辖市和较大的市根据本地方的具体情况和实际需要，可以先制定地方性法规。在国家制定的法律生效后，地方性法规中同法律相抵触的规定无效，制定机关应当及时予以修改或者废止。"

（4）行政法规与地方性法规之间的立法权限划分原则和标准。《立法法》关于行政法规与地方性法规立法权限之间的关系与对法律与地方性法规之间立法权限划分的规定基本上是一致的，其核心精神是"不相抵触原则"。一方面，《立法法》规定，地方性法规为执行行政法规的规定，可以规定需要根据本行政区域的实际情况作具体规定的事项；另一方面，凡是除该法第八条规定的事项外，其他事项国家尚未制定法律或者行政法规的，省、自治区、直辖市和较大的市根据本地方的具体情况和实际需要，可以先制定地方性法规。在国家制定的法律或者行政法规生效后，地方性法规中同法律或者行政法规相抵触的规定无效，制定机关应当及时予以修改或者废止。

（5）地方性法规与地方性法规之间的立法权限划分原则和标准。与现行宪法相比，《立法法》在总结地方组织法以及其他相关法律立法经验的基础之上，对地方性法规与地方性法规之间的关系作了详细规定。《立法法》第六十三条规定，较大的市[①]的人民代表大会及其常务委员会根据本市的具体情况和实际需要，在不同宪法、法律、行政法规和本省、自治区的地方性法规相抵触的前提下，可以制定地方性法规，报省、自治区的人民代表大会常务委员会批准后施行。省、自治区的人民代表大会常务委员会对报请批准的地方性法规，应当对其合法性进行审查，同宪法、法律、行政法规和本省、自治区的地方性法规不抵触的，应当在四个月内予以批准。从《立法法》的上述规定来看，由于较大的市的人民代表大会及其常务委员会制定的地方性法规必须报省、自治区的人民代表大会常委会批准后施行，因此，从立法权限的效力来看，较大的市的人民代表大会及其常务委员会制定的地方性法规的立法权限完全从属于省、自治区的人大及常委会制定的地方性法规的立法权限。而且从严格意义上来看，较大的市的人民代表大会及其常委会并不享有法律上独立的制定地方性法规的立法权限。

总的来说，以解决法律、法规立法权限划分为重要立法宗旨的《立法法》，通过具体的制度设计，进一步细化了现行宪法所规定的法律、法规立法权限划分的基本原则，在许多问题上提出了具体的划分标准，弥补了宪法规定的缺陷和不足。但是，《立法法》在详细规定法律、法规立法权限划分的标准时仍然存在着标准模糊、界限不清的地方，许多划分标准在法理上也存在着不可克服的价值矛盾，这种价值矛盾的存在也必然会影响在具体的立法实践中正确地处理在法律、法规立法权限划分中所出现的各种法律关系。突出的问题表现在以下几个方面：

（1）全国人大制定的法律与全国人大常委会制定的法律之间的立法权限并没有完全界定清晰。《立法法》仍然采用现行宪法关于全国人大制定法律的立法权限与全国人大常委会制定法律的立法权限的划分方法，虽然从逻辑上看，全国人大常委会有权制定和修改应当由全国人大制定的法律以外的法律，似乎确立了对全国人大应当制定法律的事项，全国人大常委会不得制定法律的立法权限的划分标准，但实际上这种标准本身带有相当大的不确定性。因为宪法和《立法法》都没有通过列举的方式来穷尽全国人大制定法律的立法事项，所以，使用排除法来确定全国人大常委会制定法律的立法权限很显然具有一定的不确定性，在"应当由全国人大制定的法律"概念本身内涵和外延都不是非常明确的情况下，"应当由全国人大制定的法律以外的法律"概念就具有更大的不确

---

① 《立法法》所规定的较大的市是指省、自治区的人民政府所在地的市，经济特区所在地的市和经国务院批准的较大的市。参见《立法法》第六十三条。

定性。因此，不论是现行宪法，还是《立法法》，都没有彻底地完成划分全国人大与全国人大常委会之间立法权限的任务。全国人大，特别是全国人大常委会在制定法律时，其立法事项仍然存在着一定的随意性。如关系到国家权力与公民权利、国家权力与国家权力基本宪法关系的《中华人民共和国戒严法》，从法理上来看，应当由全国人大来制定，但实际上却是由全国人大常委会通过的。全国人大常委会制定戒严法的事例使法理上对全国人大制定法律的"基本性"的解释产生了巨大的困难。

（2）法律与行政法规立法权限划分的原则和标准在《立法法》中还存在着一定的价值矛盾。从《立法法》第五十四条规定来看，《立法法》跟现行宪法一样，不仅规定了国务院制定行政法规要依据法律，而且要依据宪法，这在理论上就存在着行政法规的立法权限既从属于法律，同时，行政法规的立法权限又可以直接来自于宪法的价值判断。特别是《立法法》第五十四条第二款第二项规定，行政法规可以规定"宪法第八十九条规定的国务院行政管理职权的事项"。上述设计很显然会导致行政法规自身立法权限存在着不可克服的价值矛盾，在实践中也会引起行政法规立法依据的冲突。根据目前宪法和《立法法》关于行政法规立法权限的规定，国务院制定行政法规的立法权限至少存在三个立法依据：一是宪法依据；二是法律依据；三是授权立法依据。对于国务院在制定某一个具体的行政法规时，到底是依据什么，立法权限来自何处，这些问题根本没有办法在理论上给予自圆其说的解释①。

（3）法律与地方性法规立法权限划分的原则和标准逻辑上缺少周延性，不确定的地方还很多。《立法法》虽然肯定了宪法所规定的地方性法规与法律立法权限之间的"不相抵触原则"，但是，《立法法》第八条第十项与第六十四条第二款的规定又使得法律与地方性法规之间立法权限的划分存在着不确定性。《立法法》第八条第十项规定，法律可以规定"必须由全国人民代表大会及其常务委员会制定法律的其他事项"，但是，《立法法》并没有说明什么事项属于

---

① 最高人民法院副院长江必新在国家行政学院召开的《立法法》草案座谈会上，对《立法法》草案关于国务院制定行政法规的权限的弊端进行了分析。江必新指出，《立法法》草案规定，行政法规可以就下列事项作出规定：①为执行法律的规定需要制定行政法规的事项；②《宪法》第八十九条规定的国务院职权中的行政管理事项。该规定与全国人大及其常委会的立法权限不大一致，依《宪法》第八十九条的规定，国务院的职权十分广泛，上述第二项不仅与草案第7条的（一）、（二）、（六）、（八）等项相矛盾，而且与授权立法的有关规定有冲突。同时，该规定与地方权力机关的立法权限也不无矛盾。与其如此，不如将《宪法》第八十九条的某些项目（如（三）、（四）等项）作为自主立法事项，其余事项属于执行性行政法规事项。授权国务院立法的事项，原则上只能限于草案第七条第（三）、（六）、（八）等项，不宜太宽。但既然是授权立法，所立之法就应当视为法律，并与法律具有同等效力。引自《法制日报·两会新闻网络版》，2000年3月8日。

《立法法》第八条规定的事项之外的"必须"由全国人大及常委会制定法律的事项。而且谁有权、通过什么样的形式来认定这些"必须"制定法律的事项也是不清楚的，根据宪法所规定的基本立法原则，这里的"必须"事项原则上应当由全国人大及其常委会来决定，所以，对于享有制定地方性法规立法权限的地方人大及其常委会来说，要做到"不相抵触"是比较困难的。与此同时，《立法法》第六十四条第二款又规定，《立法法》第八条规定的制定法律的事项之外，如果没有制定法律的，省、自治区、直辖市和较大的市根据本地方的具体情况和实际需要，可以先制定地方性法规。从此处规定又可以看到，《立法法》没有明确规定由法律规定的事项，地方性法规又可以有权自主地涉及这些事项。很明显，对《立法法》没有明确属于法律规定的事项，《立法法》上述两条规定对这些未知事项的立法权限作了两种价值方向完全相反的指引，这种立法技术上的瑕疵必然会使得地方性法规与法律"不相抵触原则"成为一个非常不确定的价值标准。

（4）行政法规与地方性法规立法权限划分的原则和标准在宪法中是以"不相抵触原则"来处理的，但是，在《立法法》中却扩大了这一原则，同时也确认了地方性法规与行政法规立法权限之间的从属关系。根据《立法法》第六十四条第一款第一项的规定，地方性法规可以根据行政法规的规定，规定需要根据本行政区域的实际情况作具体规定的事项。至于在何时适用从属关系，何时适用"不相抵触原则"，现行《宪法》和《立法法》都没有提供准确的答案。

对于不同的地方性法规立法权限之间的关系，由于《立法法》规定了较大的市的人民代表大会及其常务委员会根据本市的具体情况和实际需要，在不同宪法、法律、行政法规和本省、自治区的地方性法规相抵触的前提下，可以制定地方性法规，报省、自治区的人民代表大会常务委员会批准后施行。因此，较大的市的人民代表大会及其常务委员会制定地方性法规的立法权限与省、自治区人大及其常务委员会制定的地方性法规的立法权限之间完全是从属关系，在法理上不存在任何争议。

总之，《立法法》在努力确立法律、法规立法权限划分原则和标准的同时，由于现有的宪法制度的不完善以及立法技术的不成熟，又使得《立法法》所确立的法律、法规立法权限划分原则和标准存在着诸多价值矛盾和不确定性，在立法实践中必然会导致法律、法规立法权限之间的价值矛盾和冲突，这种价值矛盾和冲突不仅表现为法律、法规立法事项上的交叉和非专属性，还表现在法律、法规制定主体立法权限的法律效力上的相互矛盾和不一致等方面。这些现象的存在都会严重阻碍法律、法规作为社会主义法律体系中两种独立的法律形式存在的意义，混淆不同法律形式的规范功能，影响社会主义法律体系的建立，所以，必须要从法理上对现行《宪法》和《立法法》中就法律、法规立法权限划分中存在的问题给予科学和合理的评析，找出一条解决上述问题的最佳路径。

三、中国法律、法规立法权限划分合宪性评价中存在的主要问题

为什么以解决法律、法规立法权限划分为立法宗旨的《立法法》仍然不能有效地解决法律、法规立法权限划分中的价值矛盾呢？在《立法法》之外，是否还存在着解决法律、法规立法权限划分中存在的价值矛盾的其他办法或理论路径？这些问题在传统的立法理论中并没有得到充分的讨论。

总结国外法治国家立法权限划分的成功经验，可以发现，要真正地解决法律、法规立法权限划分问题，必须引进“合宪性评价”的概念，也就是说，只有根据“合宪性”的价值要求来确立法律、法规立法权限划分的原则和标准，才能有效地摆脱传统立法理论关于法律、法规立法权限划分所陷入的价值困境，并通过建立合理和科学的立法权限划分机制来妥善地解决在法律、法规立法权限划分中所产生的各种价值矛盾。

（一）“合宪性”概念的含义及合宪性评价的意义

合宪性，英文为 constitutionality，作为一个制度性的概念，最早出现在1803年美国最高法院所判决的马伯里诉麦迪逊案件中。[①] 在该案件的判决中，马歇尔大法官代表最高法院明确地提出了法律应当具有“合宪性”，与宪法相抵触的法律和立法行为无效。马歇尔法官指出，合众国宪法的特殊表述肯定和加强了所有成文宪法的基本原理，即和宪法相抵触的法律是无效的。在宣布什么是合众国的最高法律时，宪法首先提到了宪法本身，不是一般性的合众国的法律，只有根据宪法制定的法律，才具有最高法律的地位。[②] 所以，从司法审查的实践来看，合宪性的概念最早是作为对国会立法是否具有宪法上的依据以及是否符合宪法的要求提出的，合宪性不仅要求立法机关在制定法律、法规时需要享有宪法上所规定的立法权限，同时，立法机关在依据宪法所规定的立法

---

① 合宪性这个概念其实在18世纪90年代在美国最高法院的司法审查中就开始运用，这些判决都毫无例外地假定国会立法合宪性的权力，并且没有法律因为合宪性问题而被判为无效，直到1803年马伯里诉麦迪逊案件发生后，合宪性这个概念才真正地得到了最高法院的讨论。参见保罗·布莱斯特等：《宪法决策的过程：案例与材料》（上册），张千帆等译，中国政法大学出版社2002年8月版，第79页。

② 参见保罗·布莱斯特等：《宪法决策的过程：案例与材料》（上册），张千帆等译，中国政法大学出版社2002年8月版，第93页。

职权进行立法活动时必须以宪法的规定为依据，不能超越立法职权或者是滥用职权制定侵犯宪法所确立的各项基本宪法制度的法律和法规。

合宪性概念在司法审查领域的运用过程中，产生了许多的关于合宪性的重要原则，其中最突出的就是合宪性推定原则。所谓合宪性推定原则，就是在法院没有宣布一项法律或法规违反宪法之前，应当推定该法律或法规是否符合宪法。该原则的核心精神就是要尊重立法机关制定法律或法规的权利。在美国最高法院早期的司法审查活动中就已经表现出司法机关对立法机关立法活动的普遍尊重。到了20世纪80年代，以国会立法的预先假定合宪为基础，来评价总统执行法律行为的效力成为美国最高法院中一条公认的准则。在INS V. Chadha一案中[①]，美国最高法院作出了以下判决：总统应当假定法律的合宪性。然而法令和宪法相冲突的情况必定会出现。在这种情况下，总统可以且应当行使其自由裁量权决定法令是否合宪。在可能的地方，总统应当规避宪法问题来解释条款。[②] 推定立法机关的立法合宪在其他国家的司法审查或者是宪法诉讼中也得到了肯定。如联邦德国宪法法院在合宪性推定原则的基础上还发展出“宪法符合的法律解释”（Die Verfassungskonforme Auslegung des Gesetzes）原则，其基本含义是：当一种法律的合宪性与违宪性的比重相同时，宪法法院应把它解释为符合宪法的内容，作出合宪性判断。在1953年宪法法院判决中，宪法法官认定，任何一种法律只要存在解释为符合宪法的可能性就不应宣布为违宪。[③] 在日本最高法院的违宪审查中，也认同了合宪性推定原则。

近年来，有关法律违宪或合宪的简单的宪法判断模式也逐渐被取代，违宪审查的判决呈多元化趋势，包括违宪确认决定、一部分违宪确认决定、一部分合宪确认决定、限定的合宪决定、不一致决定、立法敦促（立法警告）决定、附条件违宪决定、适用违宪和暂定的违宪决定，等等。[④]

合宪性概念的产生对于现代法治社会立法体制的建设是非常重要的。由于以合宪性概念为基础，确立了宪法作为立法活动的基本依据，因此，传统意义上法律、法规立法权限冲突都可以通过引进宪法依据和立法权限争议的概念来加以解决。合宪性概念的出现，可以使人们在判断某行为是否符合宪法的要求上避免作出合宪或违宪的简单性判断结论。合宪性概念给人们提供的是一个多视角的分析正当性的框架。在合宪性评价机制中，宪法依据可以判断法律、法

---

① Cf. 462 U. S. 919，942 n. 13（1983）。

② 参见保罗·布莱斯特等：《宪法决策的过程：案例与材料》（上册），张千帆等译，中国政法大学出版社2002年8月版，第55、56页。

③ 韩大元：《论宪法解释程序中的合宪性推定原则》，《政法论坛》2003年第2期。

④ 韩大元：《论宪法解释程序中的合宪性推定原则》，《政法论坛》2003年第2期。

规立法权限冲突的一方谁具有正当性和合法性理由；立法权限争议处理机制可以通过合宪性审查机制来妥善地解决立法机关的权限争议，避免立法权限争议的存在而影响法律、法规在实际生活中的立法效力。当然，值得注意的是，在国外司法审查过程中所确立的“合宪性”概念是以法治原则和现代宪政理念为基础的，也就是说，“合宪性”中的“宪法”本身应当是体现了现代法治原则和宪政价值的宪法。如果仅仅具有宪法的形式，而宪法中所确立的各项具体的宪法制度不符合法治原则和宪政精神的要求；如果宪法中存在着大量的以人治理念为基础建立起来的宪法制度和不科学的、不规范的制度设计，那么，这样的宪法是很难为“合宪性”提供有效的宪法依据的。

（二）从合宪性的要求出发看法律、法规立法权限划分中存在的主要问题

从合宪性的角度来看待中国法律、法规立法权限划分问题，很显然，这是一种全新的分析视角。虽然中国现行宪法对法律、法规立法权限划分提供了一定的指导原则，并且《立法法》也以这一原则为基础，确立了法律、法规立法权限划分的具体标准，但是，《立法法》并没有以“合宪性”为核心来处理法律、法规立法权限之间的关系，只是按照宪法所规定的立法行政层级管理体制的要求来处理法律、法规立法权限划分问题。因此，存在着在抽象意义上讲“合宪性”，而在具体问题上则仍然按照行政层级化管理的思路来处理法律、法规立法权限划分的立法倾向。具体来说，从合宪性的角度来看，中国法律、法规立法权限划分存在着以下几个方面的问题：

（1）不以宪法为依据来划分全国人大与全国人大常委会各自享有的立法权限的界限。无论是现行《宪法》，还是《立法法》，对全国人大制定的法律与全国人大常委会制定的法律的立法权限的划分都是以“应当由全国人大制定的法律以外的事项”来作为全国人大常委会制定法律的立法依据。问题的关键是“应当由全国人大制定的法律”在制度上由谁、通过何种方式来加以判断，并没有交代清楚。如果全国人大常委会在这个问题上与全国人大产生不同认识，根据现行《宪法》所确立的人民代表大会制度的基本原则，全国人大在此问题上享有最终的解释权。如果这样的判断能够成立，相应地，在法理上就会引发两个重要问题：一是全国人大由于掌握了处理全国人大制定的法律与全国人大常委会制定的法律立法权限划分的最终决定权，在法理上，全国人大可以将全国人大常委会的立法权限缩小到零，如果这种情况出现，那么，全国人大常委会实际上是不享有独立的制定法律的立法权限的。因此，从制度上完全可以通过设定全国人大授权全国人大常委会制定法律的方式来解决全国人大制定的法律与全国人大常委会制定的法律立法权限之间的价值矛盾，而没有必要采取目

前这样的方式加以规定。二是如果全国人大对全国人大制定的法律和全国人大常委会制定的法律立法权限划分享有最终决定权，那么，现行宪法所规定的全国人大常委会有权解释宪法的规定就会与这种推论相互矛盾，必须取消全国人大常委会有权解释宪法的规定。否则，如果承认全国人大常委会对宪法享有解释权，那么，在全国人大制定法律与全国人大常委会制定法律的立法权限划分上，就是全国人大常委会享有最终解释权，“应当由全国人大制定的法律”就必须由全国人大常委会来进行解释。如果这样的推论是成立的，那么，全国人大制定法律的立法权限就受到全国人大常委会宪法解释权的制约，在逻辑上反而会出现全国人大制定法律的立法权限从属于全国人大常委会的制定法律的立法权限的结论。所以，不以宪法作为划分全国人大与全国人大常委会制定法律的立法权限的依据，是根本不可能有效地解决在划分全国人大与全国人大常委会各自所享有的立法权限之间的价值矛盾的。

（2）从合宪性角度来看，行政法规不可能既依据宪法，又依据法律来制定。这是因为依据法律制定行政法规，其实质就是国务院依据全国人大及其常委会的授权来制定行政法规，从这个意义上来看，国务院依据法律制定的行政法规的立法权限从属于法律的立法权限。然而，国务院如果依据宪法来制定行政法规，那么，这种制定行政法规的立法权限就是来源于宪法，只能通过修改宪法或者是解释宪法的程序来加以限制，并且这种依据宪法制定的行政法规在法律效力上应当与全国人大及其常委会依据宪法所制定的法律的效力是相等的。如果这样的推论是合理的，那么，国务院制定行政法规的立法权限可以是独立于全国人大及其常委会的立法权限之外的，并且还可能与全国人大及其常委会所享有的立法权限发生权限争议，即各自根据宪法的规定来强化自己依据宪法所享有的立法权限。如果允许这样的推论存在，那么，现行宪法所确立的人民代表大会制度的基本原则就会受到破坏，因为根据现行《宪法》第三条的规定，国家行政机关、审判机关、检察机关都由人民代表大会产生，对它负责，受它监督。国务院由全国人大产生，对全国人大负责，受全国人大监督，而不能在制度上与全国人大发生对抗。承认国务院可以依据宪法制定行政法规，实际上就是等于承认国务院与全国人大及其常委会在立法权限上存在着权力制约的宪法关系，很显然，这样的推论与宪法所规定的人民代表大会制度的基本制度存在价值矛盾。

值得注意的是，根据中国现行的授权立法制度，在全国人大及其常委会制定的法律的立法权限与国务院制定的行政法规的立法权限之间还存在着双重性质的授权关系。除了《宪法》第八十九条、《立法法》第五十四条所规定的国务院依据法律制定行政法规的一般性授权立法形式之外，从 1979 年至今，全国人大及其常委会还向国务院进行了三次特别授权：第一次是1983年，全国人大常委会授权国务院修改和补充关于安置老弱病残干部暂行办法和关于工人退休退职暂行办法；第二次是1984年，全国人大常委会授权国务院制定和发布税收试行条例；第三次是1985年，全国人大常委会授权国务院必要时对有关经济改革和对外开放工作中的问题制定暂行规定和条例。[①] 如果从合宪性的角度来看这些特别授权，在法理上就是有问题的。因为全国人大常委会通过授权方式授予国务院的立法事项首先要证明是否具有宪法上的依据，宪法关于上述特别授权的内容是赋予了全国人大及其常委会，还是直接赋予了国务院，这个问题根据目前的宪法学和立法学理论以及现行宪法的规定是很难回答的。所以，将合宪性的概念引入法律与行政法规立法权限划分中，会发现现行宪法以及《立法法》对上述问题的处理方法不免过于简单化，没有找到问题的症结所在。

（3）将合宪性概念引入法律与地方性法规立法权限的划分上，也会发现，现行宪法与《立法法》对上述问题的处理方案是不太科学的。根据中国现行宪法的规定，人民代表大会制度是中国的根本政治制度，全国人民代表大会代表和地方各级人民代表大会代表都由人民选举产生，对人民负责，受人民监督。根据现行宪法、地方组织法的规定，中国的人民代表大会共分四个层级：在中央一级是全国人民代表大会；在地方分三级，包括省级人民代表大会、县级人民代表大会以及乡镇级人民代表大会。既然都是通过民主程序由人民选举产生的人民代表机构，在各自行政区域范围内，人民代表机构都应当拥有一定程度上的立法自主权，否则，通过选民和选举单位产生的人民代表的意志就无法得到准确的体现。如果民意不具有一定的自主性和独立性，就意味着民意要受到外来限制，这是与现代宪政的基本原则不相吻合的。

从合宪性的要求出发，目前宪法及《立法法》所规定的地方性法规立法权限必须具有区分于法律立法权限的独立的权限内容，否则，法律与地方性法规之间的立法权限的划分就不具有合宪性。因此，法律与地方性法规立法权限的划分首先涉及宪法上所规定的中央与地方关系。

从国外宪法的相关规定来看，在处理中央与地方立法权限划分上，采取了不同的立法体制。在联邦制国家，联邦的立法权来自各州或成员邦（或共和国）及其人民的同意，联邦和州或邦享有的立法权限以制宪时的约定为基准。宪法是人民和政府之间的契约，同时也是各州或邦与中央政府间的契约。例如，美国宪法对联邦和州的立法权限的事项做了比较明确的划分，联邦和州分别在各自的立法权限范围内进行立法。美国宪法第十修正案规定："宪法未授

① 参见陈伯礼：《授权立法研究》，法律出版社2000年4月第1版，第66、67页。

予合众国、也未禁止各州行使的权力，由各州各自保留，或由人民保留。”该条修正案规定了联邦和州立法权限划分的准则：联邦拥有“授予的权力”，州拥有“保留的权力”。联邦享有的“授予的权力”是宪法第一条至第四条所列举的立法权限；根据联邦最高法院的解释可以从授予的权力合理引申出来的立法权限，为“默示的权力”。为了确保联邦制的贯彻，保证联邦和州按照各自的权限进行立法，美国宪法还禁止联邦或者州行使某些权力，并且规定了联邦和州可以共同享有的立法权限。根据这些宪法规定和联邦最高法院的有关宪法解释，美国联邦和州的立法权限被具体分为以下内容：

授予联邦的立法权限有：①征税、借款、发行货币；②管理对外贸易和州际贸易；③制定统一的归化法和破产法；④规定伪造合众国证券和货币的罚则；⑤设立邮政局和兴建邮政道路；⑥颁发专利权和版权；⑦设立联邦法院；⑧惩罚公海上的海盗行为和违反国际法的犯罪行为；⑨宣战、颁发捕获敌船许可状，制定关于陆上和水上捕获的规章；⑩建立陆军、海军；⑪征召民兵；⑫管理领地，管理财产；⑬厘定度量衡；⑭办理外交和缔结条约；⑮接纳新州加入联邦；⑯提出宪法修正案。

联邦的默示立法权限有：①建立银行和其他公司，引申自征税、借款和管理商业的权力；②为道路、学校、健康、保险等提供经费，引申自兴建邮政道路、提供公共福利、国家防务和管理商业的权力；③设立军事学院和海军学院，引申自建立和保持陆军和海军的权力；④发电和出售剩余物资，引申自处置政府财产、管理商业和宣战等权力；⑤帮助和管理农业，引申自征税、提供公共福利和管理商业的权力。

禁止联邦行使的立法权限有：①不得对任何州输出的商品征税；②间接税税率应当全国统一；③不得剥夺权利法案所做的保证；④在商业上，不得给予任何一州优惠于其他州的待遇；⑤未得到州的同意，不得改变州的疆界；⑥不得把新接纳的州置于低于创始州的地位；⑦不得允许奴隶制；⑧不得授予贵族爵位；⑨不得通过剥夺公民权利的法案或追溯既往的法律；⑩不得中止人身保护状的特权，除非发生叛乱和入侵；⑪未经正当法律程序，不得剥夺任何人的生命、自由和财产。

保留给州的立法权限有：①管理州内的工商业；②建立地方政府；③保护健康、安全，维护道德；④保护生命、财产和维持秩序；⑤批准宪法修正案；⑥举行选举；⑦改变州宪法和州政府。

禁止州行使的立法权限有：①不得铸造货币，在和平时期不得保持军队和兵舰；②不得缔结条约；③不得制定损害合同义务的法律；④不得否定人民享有法律的同等保护；⑤不得违反联邦宪法或阻挠联邦法律的实施；⑥不得因种族、肤色和性别而剥夺公民的选举权；⑦不得对进口货和出口货征税；⑧不得允许奴隶制；⑨不得授予贵族爵位；⑩不得通过剥夺公民权利的法案或者追溯既往的法律；⑪不得中止人身保护状的特权，除非发生叛乱或者入侵；⑫非经正当法律程序，不得剥夺任何人的生命、自由和财产。

联邦和州都可以行使的立法权限有：①征税；②借款；③设立银行和公司；④设立法院；⑤制定和实施法律（在各自权限范围内）；⑥为公共目的而征用财产；⑦兴办公共福利。

美国的立法体制还有一项内容，就是联邦法的法律效力高于州法的效力。《美国宪法》第六条明确规定：合众国的宪法、法律和同外国缔结的条约，都是全国的法律，各州必须遵守；州的宪法或者法律，凡是同联邦宪法、法律和条约相抵触者，一律无效。这项规定确立了联邦法在美国立法体制中的地位，解决了联邦法不能在各州实施的法律问题。

在单一制国家，地方的权力来自中央政府的授权。中央政府是否授予地方立法权以及授予多少立法权，完全由中央政府按照既定的思路和原则以宪法或法律加以规定。如英国传统上实行的是在中央集权控制下的地方有限分权模式，中央与地方的关系是监督控制与被监督、被控制的关系，在立法权限上，只有威斯敏斯特（英国议会）享有立法权，而英格兰、威尔士、苏格兰和北爱尔兰地方议会则不享有立法权。1998 年，联合王国议会通过《苏格兰法》，并以此成立了苏格兰议会。根据《苏格兰法》的规定，苏格兰议会的主要权力包括：①可以就授权领域制定独立的法律或者实施性的立法；②负责制定每年达 170 亿英镑的预算；③可以对个人所得税作 3% 以内的变动。经过改革后的苏格兰议会可以在教育领域自行立法，而在此之前是由联合王国议会立法。事实上，在此之前，苏格兰地区是世界上唯一拥有自己的教育制度，但缺少自己的教育立法的地区。苏格兰议会成立后有两个层次的立法权，一是原始的立法权；二是附属性的立法权。而在立法方面，威尔士立法会只有附属性的立法权限。苏格兰议会被授权的立法事项还有负责教育与培训，卫生和社会工作，地方政府、住房和规划，司法、警察和消防，环境、农业和渔业。英国议会制度改革的历史说明在传统的单一制国家中，特别是在存在地方议会的前提下，不让地方议会享有一部分独立的立法权限是很难发挥地方议会的功能的，而且与现代宪政的基本价值理念也不相吻合。当然，目前也有一些单一制国家仍然采用中央集权的立法模式，如朝鲜、越南、斯里兰卡、土耳其等。

中国在处理香港和澳门问题时，根据“一国两制”方针和“港人治港”、“澳人治澳”、“高度自治”的原则，根据中国《宪法》第三十一条的规定，通过香港特别行政区基本法和澳门特别行政区基本法授予香港和澳门特区以较多

（高度自治）的地方立法权限。但是，根据香港和澳门基本法的规定，无论香港特别行政区和澳门特别行政区的高度自治权有多大，都不是其固有的，而是来自于中央政府的授权。

中国在处理中央政府与民族自治地方的自治机关的关系时，也较好地体现了中央授权的原则。如现行《宪法》第一百一十六条规定，民族自治地方的人民代表大会有权依照当地民族的政治、经济和文化特点制定自治条例和单行条例。自治区的自治条例和单行条例报全国人民代表大会常务委员会批准后生效。自治州、自治县的自治条例和单行条例，报省或者自治区的人民代表大会常务委员会批准后生效，并报全国人民代表大会常务委员会备案。以自治区的自治条例和单行条例立法权限为例，由于需要全国人大常委会批准后才能生效，实际上自治区的自治条例和单行条例的立法权限是基于授权立法形式获得的。

然而，中国现行《宪法》和《立法法》在处理法律、地方性法规立法权限划分上并没有确立内容比较清晰的界定原则和标准。现行《宪法》第一百条规定了地方性法规与法律的“不相抵触原则”，而《立法法》第六十四条又确立了法律与地方性法规立法权限之间的从属关系，同时又肯定了地方性法规立法权限具有一定的独立性。这种处理方式实际上使得中央与地方的立法权限划分处于一种不确定状态之中。根据《宪法》和《立法法》所确立的法律与地方性法规立法权限的划分原则和标准，既无法肯定地方性法规的立法权限完全来自于法律的授权，也无法判断地方性法规的立法权限具有一定程度的独立性。所以，从合宪性角度来看待目前《宪法》和《立法法》所确立的法律与地方性法规立法权限划分的原则和标准，并没有建立起严格和科学意义上的宪法关系。

特别值得一提的是，在立法实践中，还存在着全国人大及其常委会向有权制定地方性法规的地方人大进行特别授权的现象。如在 1982 年《宪法》颁布之前，全国人大常委会在 1981 年 11 月 26 日通过决议，授权广东省、福建省人民代表大会及其常委会制定所属经济特区的各项单项经济法规。1982 年《宪法》颁布后，1988 年第七届全国人大一次会议又在《关于建立海南省经济特区的决议》中授权海南省人大及其常委会，根据海南经济特区的具体情况和实际需要制定法规，在海南经济特区实施。此外，1992 年、1994 年和 1996 年，全国人大常委会又先后向深圳、珠海、汕头和厦门市的人大及其常委会授权制定适用于经济特区的法规或规章。如果说 1981 年全国人大向广东省、福建省人大及其常委会的授权，在当时的历史背景下是由于省级人大依据 1978 年宪法不享有立法职权，是符合宪法上的授权理论的话，那么全国人大常委会后来向经济特区的授权立法在合宪性上就存在可以值得探讨的问题了。全国人大法工委国家法室主任李援在 2003 年 8 月 28 日召开的经济特区立法座谈会上明确地指出，特区授权立法与法制统一原则本身就是一对矛盾。[①] 在2003年11月25日至26日在海南省海口市举行的“经济特区授权立法联席会议”上，来自经济特区立法部门和全国人大的领导以及全国著名的立法专家在探讨中国经济特区授权立法制度的特点时，都指出了目前在《立法法》中得到肯定的经济特区授权立法制度在宪法理论上确实存在很多价值矛盾，特别突出的问题就是“一区两法”，即在经济特区存在授权立法和地方性立法两种形式。对于经济特区立法机关来说，哪些事项通过授权立法来加以规定，哪些事项通过地方性立法的形式来加以解决，至少目前在法理上很难讲清楚。全国人大法律委员会委员张春生也指出，根据现在经济特区发展的现状，今后向经济特区授权立法的活动应当要采取更加谨慎的态度。[②]这些都说明了目前存在于实际中的授权立法制度，由于授权主体与被授权主体在立法权限上的基本宪法关系并不是非常清晰，导致了立法权限划分很难具有科学性。

（4）从合宪性的角度来看，立法权反映了代表机关的意志，是民主原则在法律制定活动中的重要体现。只有立法权掌握在人民或者是由人民选举产生的代表组成的人民代表机构手上，才能保证立法权的正当性。但是，根据《立法法》第六十四条的规定，地方性法规的制定仍然要以行政法规为依据，这样的规定实际上与现代宪政的基本精神是不相符合的。这样的规定实际上在法理上支持了行政机关可以向代表机关授权。类似的这种制度设计还可以从《立法法》关于较大的市制定地方性法规的权限依据中体现出来。《立法法》第六十三条规定，省、自治区的人民代表大会常务委员会在对报请批准的较大的市的地方性法规进行审查时，发现其同本省、自治区的人民政府的规章相抵触的，应当作出处理决定。该规定也与中国现行《宪法》第三条所规定的国家行政机关由国家权力机关产生，对国家权力机关负责，受国家权力机关监督的基本宪法精神不相一致。

总之，从合宪性的角度来分析目前中国《宪法》、《立法法》以及其他法律所确立的法律、法规立法权限划分原则和标准，确实存在着大量的不能运用宪法原理科学地予以解释的现象和问题。所以，要真正在法律、法规立法权限划分上确立一个科学合理的界定标准，必须引进合宪性评价机制，只有把立法权限划分问题上升到宪法学理论研究的高度，才能找到解决这个问题的有效思路。

---

①② 参见“经济特区授权立法联席会议材料”（2003年11月，海口）之一，“全国人大有关领导和专家谈经济特区授权立法”。

四、解决中国法律、法规立法权限划分合宪性的主要法律对策

基于中国法律、法规立法权限划分的现状，从合宪性的要求出发，必须要以树立宪法在划分立法权限中的权威性法律地位为基础，从完善基本的宪法制度入手，通过制定和修改《宪法》和《立法法》的相关规定，废止那些不具有合宪性的立法权限划分制度，建立有利于法律、法规立法权限划分的立法制度，才能真正地解决目前存在于中国立法体制中的法律、法规立法权限划分上的价值矛盾和权限冲突，进一步健全和完善中国的立法权限划分机制，为2010年建设具有中国特色的社会主义法律体系提供必要的法理依据和制度保障。具体而言，要改变目前法律、法规立法权限划分中存在各种价值矛盾和权限冲突的现状，从合宪性评价的角度出发，主要应当采取以下三个方面的法律对策：

（一）从完善基本的宪法制度入手，理顺立法权限划分中的基本宪法关系

《宪法》是中国的根本大法，是人们行为的基本准则，也是社会主义法制统一的法律基础。现行《宪法》第五条第三款规定，一切法律、行政法规和地方性法规都不得同宪法相抵触。所以，宪法不仅仅是行为规则，也是仲裁规则，包括根据宪法的规定对法律、法规立法权限划分中出现的各种价值矛盾和冲突，依据一定的法律程序进行裁决。

但是，应当看到，尽管近年来从中央领导到普通老百姓，宪法意识都有了一定程度的提高，不过，究竟如何依据宪法来作为评价人们行为是非对错的标准，如何根据宪法的规定来正确地划分法律、法规之间的立法权限，这些问题不仅在实践中没有很好地加以解决，在法理上也没有认真地加以研究。由此造成了两张皮的现象：一方面法律、法规突出强调宪法的重要性，另一方面在立法实践中却又将宪法束之高阁，宪法的法律功能和作为仲裁规则的作用没有受到应有的重视。这种形式上重视宪法，实质上轻视宪法的现象不仅反映在司法审判实践中不将宪法作为人民法院审判案件的法律依据，而且还反映在立法中既肯定宪法的规范指导作用，又在设计具体的立法制度，特别是立法权限划分机制时将宪法的规范作用搁置一边。以《立法法》为例，第八十七条规定，法律、行政法规、地方性法规、自治条例和单行条例、规章如果存在“下位法违反上位法规定”的，由有关机关依照本法第八十八条规定的权限予以改变或者撤销。也就是说，该条规定确立了“下位法不得违反上位法”的立法原则。但是，仔细考虑这一原则，实际上是违反了现行宪法规定精神的。现行宪法规

定，法律、行政法规和地方性法规不得与宪法相抵触，因此，判断法律、行政法规和地方性法规是否有效的标准应当以是否符合宪法的要求为核心。如果按照《立法法》第八十七条所确立的“下位法不得违反上位法”的立法原则，一旦符合宪法的法规与违宪的法律发生冲突，也应当要求法规服从法律，很显然，这样的立法原则忽视了宪法的权威。

所以说，不从宪法的规定出发来理顺立法权限划分中的各种法律关系，就不可能从根本上解决目前存在于法律、法规立法权限划分中的价值矛盾和冲突。而要基于宪法确立法律、法规立法权限划分中的各项法律关系，就必须从完善最基本的宪法制度入手。

当前，在对法律、法规立法权限划分进行合宪性评价的过程中，最需要建立的宪法制度是宪法适用制度和宪法解释制度。由于长期以来中国在具体的宪法实施过程中缺少上述两项制度，使得人们对人民法院在司法审判中适用宪法的合法性产生怀疑，而全国人大常委会虽然依据宪法享有解释宪法的职权，但却在实践中从未正式地行使过宪法解释权，故在如何将宪法适用于具体的案件和具体的法律事实问题上，没有一套有效的法律程序和机制。最高人民法院也好，全国人大常委会也罢，在具体的实践中，总是尽量绕开宪法来解决问题，这样做不仅使宪法作为法律的功能和作为仲裁规则的作用无法得到有效的发挥，还很容易给人们形成一个错误的印象——似乎宪法问题不能碰，只有全国人大常委会说了算。结果，本来依据现代宪政的基本精神作为公民权利武器的宪法，由于启动宪法的法律功能和发挥宪法作用的机制被国家机关牢牢控制，公民的宪法权利在与国家机关所享有的宪法权力的对抗过程中处于劣势地位。另外，从法理上来看，将宪法适用于具体的案件与宪法解释还不完全是相同的宪法制度。宪法适用主要解决宪法对具体的案件和当事人生效的问题，宪法适用的效力只针对具体的当事人，而宪法解释是对宪法条文的释义，所产生的效力是对不特定的公民个人和组织的。宪法在司法审判中适用无疑会涉及宪法解释，但是在现行宪法已经明确了宪法解释权属于全国人大常委会的情况下，各级人民法院，特别是最高人民法院在审理具体的民事、刑事和行政案件过程中适用宪法根本不存在任何法律上的障碍。如果案件当事人或者是人民法院对在司法审判中适用宪法需要对宪法进行解释的事项不清楚或者是不能作出肯定性结论的，就可以由最高人民法院依据《立法法》第九十条的规定，通过向全国人大常委会提出违宪审查请求的方式来解决在司法审判中适用宪法需要对宪法进行解释的问题。

总之，宪法适用制度不建立，宪法解释制度不启动，宪法就不可能作为仲裁规则来评价人们的行为，法律、法规立法权限划分也就不可能得到合宪性意义上的法律评价，宪法就只能永远束之高阁。宪法只有在解决具体问题、具体价值矛盾的过程中才能真正地发挥其规范指引作用。有了具体的宪法适用制度和宪法解释制度，不论是法律、法规立法主体之间的立法权限的冲突，还是法律、法规在具体立法事项上的矛盾，都可以通过宪法适用和宪法解释来妥善地加以解决。当然，要能够使宪法被正确地加以适用以及对宪法作出合理的解释，宪法所确立的基本国家制度和社会制度本身也应符合法治原则和现代宪政的基本精神。如果宪法所确立的基本国家制度和社会制度自身或相互之间存在着严重的价值矛盾，这样的宪法即使适用于具体的司法审判实践，也不可能依据有效的程序作出自圆其说的解释。因此，将合宪性的概念引入法律、法规立法权限划分领域，不仅要强调“依据宪法”的要求，更重要的是要突出合宪性中的“宪法”应当是符合现代法治原则和宪政基本精神的宪法原则和宪法规定。

（二）以宪法为依据，改革立法体制，建立科学的立法权限划分机制

作为专门解决法律、法规立法权限划分问题的《立法法》仍然不能很好地解决这些问题的最重要的原因之一，就是以《立法法》为基础建立起来的立法体制本身的合宪性就存在问题。从目前国外法治国家的立法状况来看，没有一个国家制定了像中国这样的以划分立法权限为目的的专门的《立法法》。由于中国现行宪法本身没有区分清楚制宪权、立法权以及立法权与其他性质的国家权力之间的界限，所以，在《立法法》自身的立法权限的合宪性都存在疑问的情况下，要依靠《立法法》来正确地、有效地界定法律、法规立法权限划分的原则和标准，不仅在法理上是困难的，在实践中也难以付诸实施。因此，解决法律、法规立法权限划分中价值矛盾和冲突的思路还应当回到合宪性评价中来。

应当说，现行宪法关于立法权限划分的规定是比较系统的、全面的，但是，从合宪性的要求角度来看，也存在着对立法权限划分模糊不清和自相矛盾的地方，这些问题概括起来包括：

（1）制宪权和立法权没有区分开来。

尽管现行宪法未明确“制宪权”的概念，但是，对包含了制定宪法、解释宪法和修改宪法在内的制宪权中的部分内容，如修改宪法的权力和解释宪法的权力，宪法作了明确规定。宪法规定全国人民代表大会有权修改宪法，全国人民常务委员会有权解释宪法。然而宪法还同时规定，全国人民代表大会有权制定和修改法律，全国人民代表大会常务委员会有权制定、修改和解释法律。所以，很明显，现行宪法所设计的“制宪权”主体与“立法权”主体在逻辑上是

存在交叉的，这样，从法理上来看，就很难解决全国人民代表大会及其常务委员会所行使的“立法权”是否合宪。因为从立法权限上来看，对全国人民代表大会及其常务委员会行使立法权是否合宪的判断权仍然在全国人民代表大会及其常务委员会，故全国人民代表大会及其常务委员会很难作出自己所享有的立法权限是否违宪的判断。

（2）立法权概念设置的不对称。

现行宪法只确立了“国家立法权”的概念，而没有明确说明在“国家立法权”之外是否还有其他性质的立法权，所以，除了全国人民代表大会及其常务委员会依据宪法享有“国家立法权”之外，其他国家机关是否可以依据宪法享有立法权，或者是其他性质的国家机关依据宪法享有的是什么性质的立法权，现行宪法都没有给予明确交代。这样就为界定全国人民代表大会及其常务委员会行使“国家立法权”与其他性质的国家机关行使其他性质的立法权造成了制度上的障碍，使得宪法完全失去了立法权限划分的功能。因此，从宪法规范的角度来看，中国现行宪法并没有建立完整的立法权限划分的概念，而只是通过列举的方式，规定了有关国家机关可以进行的立法活动，除了全国人民代表大会及其常务委员会是依据宪法在行使“国家立法权”之外，其他性质的国家机关依据宪法所进行的立法活动是否具有立法权的依据，宪法没有给予明确说明。所以，其他性质的国家机关所进行的立法活动是依据全国人民代表大会及其常务委员会的授权进行立法，还是依据宪法所规定的立法权限进行立法，这个问题至少在宪法条文的规定上是模糊的。

（3）行政法规的立法依据不很清楚。

现行宪法在规定国务院制定行政法规时，确立了“依据宪法和法律”的原则。从立法权限划分上来看，国务院制定行政法规的依据可以分为三种情形：一是依据宪法制定行政法规；二是依据法律制定行政法规；三是既依据宪法，又依据法律制定行政法规。虽然从宪法和法律条文的依据上很难论证行政法规的立法参考依据，但是，从制宪权和立法权的价值区分可以看到，依据宪法制定行政法规和依据法律制定行政法规，其权限来源不同。如果是依据宪法制定行政法规，那么，这种制定行政法规的立法权限应当来自宪法，具有与全国人民代表大会及其常务委员会依据宪法所享有的国家立法权同等的效力，如果与全国人民代表大会及其常务委员会制定的法律相冲突，这种立法权限之争就必须通过宪法程序加以解决。但是，现行宪法又规定，国务院可以根据法律制定行政法规，从立法权限上看，国务院依据法律制定行政法规，这种立法权限来自于全国人民代表大会及其常务委员会，因此，如果国务院依据法律制定行政法规的立法权限与全国人民代表大会及其常务委员会的立法权限发生冲突，国务院制定行政法规的立法权限就必须服从全国人民代表大会及其常务委员会的立法权限，因为两者之间是授权与被授权的关系。

现行《宪法》第八十九条所规定的行政法规立法依据的含糊性使得国务院从法理上制定行政法规时获得至少两种立法权限，即从宪法获得的立法权限和从法律获得的立法权限。但是，从立法权限划分的原则来看，国务院在什么情况下可以依据宪法制定行政法规，在什么情况下可以依据法律制定行政法规，这两种情形没有法律上的明确区分的话，那么国务院制定行政法规的立法权限就含糊不清，在法理上也无法对国务院制定行政法规的立法权限是否具有合宪性作出科学的判断。

与国务院制定的行政法规的立法权限模糊不清相类似的情况是，根据现行宪法的规定，国务院各部委在发布命令、指示和规章时，其立法权限既可以来自全国人民代表大会及其常务委员会制定的法律，也可以来自国务院制定的行政法规，具体来源于何种立法权限，宪法上没有作出明确交代。这样的规定，也为判断国务院各部委制定命令、指示和规章的立法权限造成了制度上和法理上的困难。

（4）立法权限来源的模糊性。

现行宪法在关于地方性法规制定权限的来源规定上，没有明确说明制定地方性法规的立法权限依据，而是采用了一个非常笼统且模糊的规定，即“在不同宪法、法律、行政法规相抵触的前提下，可以制定地方性法规”。从法理上来看，地方性法规制定的立法权限可以来自于宪法、法律和行政法规三者，因为地方性法规只要避免与宪法、法律和行政法规相抵触就可以。这样的立法权限依据在法理上更是容易造成混乱。上述模糊的规定意味着，地方性法规只要与宪法不相抵触，就可以从宪法获得立法依据；只要与法律不相抵触，就可以从法律获得立法依据；只要与行政法规不相抵触，就可以从行政法规获得依据。至于具体制定某个地方性法规的立法权限来自于何处，根据现行宪法的上述规定，根本无从判断。所以从合宪性角度来看，除非地方性法规是直接依据宪法制定的，否则都不存在合宪性的规范。

当然，从确定立法权限的清晰度来看，现行宪法在自治条例和单行条例的立法权限的规定上是比较清晰的。宪法规定，自治区的自治条例和单行条例，报全国人民代表大会常务委员会批准后生效。自治州、自治县的自治条例和单行条例，报省或者自治区的人民代表大会常务委员会批准后生效，并报全国人民代表大会常务委员会备案。

不难看出，根据宪法的上述规定，由于自治区的自治条例和单行条例应当由全国人民代表大会常务委员会批准后生效，从立法权限上来看，自治区的自治条例和单行条例的立法权在全国人民代表大会常务委员会，而不在自治区人民代表大会及其常务委员会。同样，自治州、自治县的自治条例和单行条例的立法权限也不在自治州、自治县的立法机关，而在省或自治区的人民代表大会常务委员会。所以，从立法权限的划分的原则来看，所谓自治区有权制定自治区范围内适用的自治条例和单行条例的观点是缺少宪法依据的，这一点只有从考察自治条例和单行条例立法权限的合宪性的过程中才能准确地揭示出来。

鉴于现行宪法在确定立法权限划分原则中存在的上述问题，从科学地界定立法权限划分原则出发，要保证法律、法规立法权限划分具有合宪性的基础，或者是可以进行科学意义上的“合宪性”评价，就必须从法理上解决立法权限划分的科学性以及从制度上解决立法权限划分的可行性。为此，可以考虑在立法权限上进行宪法改革，具体建议包括以下 4 点：

第一，将修改宪法的权力改为由地方各级人民代表大会行使，具体方案可以设计为由 3/4 省级地方人民代表大会通过。理由是中国实行的是人民代表大会制度，全国人民代表大会是在省级地方各级人民代表大会基础之上产生的，为了约束全国人民代表大会及其常务委员会行使立法权的活动，应当由省级地方各级人民代表大会来行使修改宪法的权力，这样就可以将制宪权的正当性与人民代表大会制度的正当性有机地结合起来。从目前的宪法设计很难看出全国人大由地方人大选举产生对地方人大来说有什么实质性的意义。

第二，规定国务院只能依据法律制定行政法规，确立国务院作为国家最高行政机关的执行功能。国务院不能从宪法上获得直接的立法权限，否则，就会构成对全国人民代表大会及其常务委员会依据宪法所享有的“国家立法权”的挑战。

第三，规定省、自治区和直辖市人民代表大会及其常务委员会可以依据“宪法”享有“地方立法权”，作为与全国人民代表大会及其常务委员会依据宪法享有“国家立法权”的对应性立法权，从而通过宪法建立明确的法律、地方性法规立法权限划分标准，并以宪法作为划分全国人民代表大会及其常务委员会与省、自治区和直辖市的人民代表大会及其常务委员会享有立法权限的划分依据。由于宪法本身的正当性是建立在人民意志和地方各级人民代表大会的表决之上的，因此，宪法可以科学地、合理地划分“国家立法权”和“地方立法权”。

第四，建立明确的委托立法制度。凡是依据宪法规定不能享有“国家立法权”和“地方立法权”的国家机关，都必须通过享有立法权的国家机关的明确授权才能制定相应的法律规范。

只有将中国宪法所规定的立法权限划分机制与中国宪法所确定的人民代表

大会制度所确立的基本组织原则有机地协调起来，才能从制度上解决中国立法权限划分的科学性，才能保证立法权限划分的合宪性，否则，合宪性判断机制就无法建立。

（三）建立立法权限争议处理机制

在现代法治社会中，宪法规范与其他性质的法律规范一样，在确定法律、法规立法权限划分原则和标准的过程中，都不可能做到一劳永逸，为法律、法规立法权限划分提供一个绝对可靠的原则和标准。因此，法律、法规立法权限划分中的灰色区域总是存在的，法律、法规立法权限划分之间的价值矛盾和冲突是经常性的，因此，指望通过《立法法》从制度上彻底解决这些矛盾和冲突是不现实的，也不符合辩证法的要求。因此，在制度上允许法律、法规立法权限划分之间的价值矛盾和冲突在一定范围内和一定程度上存在是不可怕的，问题的关键是应当在制度上对此设计出一套相应完善的应对机制来有效地化解这些潜在的价值矛盾和冲突。而在解决这些价值矛盾和冲突的过程中，可以更有效地运用合宪性评价的手段来妥善地解决各种价值矛盾和冲突，建立相对稳定和成熟的宪法关系和宪法秩序。目前，在国外采用违宪审查制度的国家中，大多在宪法上规定了立法权限争议机制，在实践中也通过设定专门的法律程序来解决法律、法规立法权限之间的价值矛盾和冲突。

以联邦德国为例，根据联邦基本法第九十三条的规定，联邦宪法法院有权对在联邦法律或州法与本基本法在形式上和实体上是否一致，或州法与其他联邦法律是否一致方面发生意见分歧或怀疑时，经联邦政府、州政府、联邦议院1/3的议员的要求进行裁决。该条规定在实际的司法审判中主要分为两类纠纷：一类是法律法规审查案，即审查法律法规的效力；另一类是机关争议，即审查制定法律法规的机关是否具有制定法律法规的立法权限①。西班牙《宪法法院组织法》第六十条也规定，如果中央政府与自治团体之间发生权限冲突，可以依据宪法法院组织法的规定将有关的权限争议提交宪法法院解决。

中国现行宪法和《立法法》没有设定立法权限冲突中的机关争议处理机制，只是简单地确立了“下位法不得违反上位法”原则以及按照行政层级管理模式而建立起来的立法监督制度。《立法法》第八十八条规定，改变或者撤销法律、行政法规、地方性法规、自治条例和单行条例、规章的权限是：①全国人民代表大会有权改变或者撤销它的常务委员会制定的不适当的法律，有权撤销全国人民代表大会常务委员会批准的违背宪法和本法第六十六条第二款规定

---

① 参见刘兆兴：《德国联邦宪法法院总论》，法律出版社 1998 年 5 月第 1 版，第 249 页。

的自治条例和单行条例；②全国人民代表大会常务委员会有权撤销同宪法和法律相抵触的行政法规，有权撤销同宪法、法律和行政法规相抵触的地方性法规，有权撤销省、自治区、直辖市的人民代表大会常务委员会批准的违背宪法和本法第六十六条第二款规定的自治条例和单行条例；③国务院有权改变或者撤销不适当的部门规章和地方政府规章；④省、自治区、直辖市的人民代表大会有权改变或者撤销它的常务委员会制定或批准的不适当的地方性法规；⑤地方人民代表大会常务委员会有权撤销本级人民政府制定的不适当的规章；⑥省、自治区的人民政府有权改变或者撤销下一级人民政府制定的不适当的规章；⑦授权机关有权撤销被授权机关制定的超越授权范围或者违背授权目的的法规，必要时可以撤销授权。不难看出，根据《立法法》第八十八条所确立的立法监督机制，即便是下级立法机关认为上级立法机关的立法权限缺少宪法依据，在制度上也只能服从上级立法机关的立法意志，根本没有渠道来对上级立法机关的立法权限是否具有合宪性提出质疑。

由此可见，中国的法律、法规立法权限划分体制带有严重的行政管理色彩。在这种体制下，合宪性的价值远远低于行政层级化管理的效力。法律、法规立法权限之间的价值矛盾和冲突的解决不是以是否具有宪法上的依据，而是以法律、法规立法主体在国家行政层级化管理体系中所处的层次和权威来作为处理问题的依据。很明显，这样的制度设计没有把宪法的法律权威放在应有的地位，很容易形成“官本位”色彩很浓的立法体制。为此，建议全国人大常委会在启动宪法解释制度的过程中，设立专门的程序来解决不同立法主体之间发生的立法权限争议问题。

我国民事审判监督制度的检讨与完善

◇范明志[①] 刘学圣[②]

［提要］我国现行民事审判监督制度呈现出种种弊端，民事诉讼法的最后一次修订在一定意义上构建了符合我国当前国情的再审制度，也昭示了未来的改革方向。本文从西方再审制度的借鉴、我国法院对再审改革的探索、再审制度改革中的利益博弈等方面分析论证了我国审判监督制度继续改革的可能路径。本文建议我国民事审判监督制度下一步改革应该在建立有条件三审终审基础上构建真正"补充程序"意义的再审制度。

我国的民事审判监督制度（程序）规定在《中华人民共和国民事诉讼法》（以下简称《民事诉讼法》）第十六章当中。单从法律条文上看，审判监督制度由两部分构成，一是由法定机关（人民法院、检察院）依职权或由当事人申请对再审程序的启动程序（或称为再审立案程序、复查程序）；二是再审程序。根据《最高人民法院关于统一再审立案阶段和再审审理阶段民事案件编号的通知》，法院一般把进入再审之前的复查阶段即再审立案阶段的案件编为"民申字"案号，进入实体再审之后的案件就改为了"民再字"案号。所以，民事审判监督与民事再审是两个不同的概念。但是，由于在我国《民事诉讼法》中，再审程序是作为审判监督程序的内容来出现的，在实践中也很难区分为两个界

---

① 山东法官培训学院副院长，法学博士，教授。
② 山东省高级人民法院四级法官。

限分明的阶段。① 因此，本报告所研究的审判监督制度，包括了再审的启动程序和再审审理程序，但是这个意义上的再审的审理程序，民事诉讼法的规定很明确，也没有引起大的争议，不是本文的研究重点，本文重点讨论的是启动再审程序的"审判监督程序"。

一、民事审判监督制度改革回顾

从审判监督主要执行机构的演变来看，我国现行审判监督制度的发展经历了四个阶段：第一个阶段是从人民法院恢复建立至1986年，人民法院各审判业务庭负责处理申诉案件，法院当时没有专门的信访部门。1982年《民事诉讼法（试行）》颁布之后，外部监督案件也很少，民事案件抗诉制度还没有出现。第二个阶段是从1986年至1998年，各级人民法院设立了告诉申诉庭，专门负责案件的复查和再审工作，复查和再审往往是由同一法官负责。1991年，《民事诉讼法》颁布，民事抗诉制度确立，人民检察院依法对民事案件进行抗诉监督，人大也开始对民事案件以转办、督办、查办等形式进行监督。第三个阶段是从1998年至2007年，各级人民法院陆续设立立案庭和审判监督庭，实现再审立案（案件复查）与再审的分离，简称立审分离。2000年11月，最高人民法院设立了立案庭和审判监督庭。这一阶段，申诉案件增多，人民法院的审判工作受到的外部监督也越来越多。第四个阶段是从2007年年底至今。2007年10月，全国人大修订了《民事诉讼法》，规定了申请再审的案件，由上一级人民法院受理，导致最高人民法院和高级人民法院受理的民事申请再审案件急剧增加，立案庭和审监庭需要进一步扩大规模，甚至一些地方开始设立第二个立案庭和审监庭。

（一）《民事诉讼法》修改的原因

《民事诉讼法》修改前，随着申诉信访的持续增长，民事审判监督制度的

---

① 在人民法院的审判实践中，立案庭负责对申请再审案件的复查，认为需要再审的，就移交审判监督庭审理，但是仍然是由审判监督庭审理后裁定进入再审程序。因为民事诉讼法规定必须是"确有错误"的生效判决才可以再审，这里就出现了一个无法解决的矛盾：立案庭如果认为确有错误就裁定案件进入再审程序，那么一旦与审监庭意见不一致，案件就无法处理，即审监庭可能对"确有错误"的案件作出维持原判的审理结果。如果立案庭不作出再审裁定，案件就没有合法地进入再审程序，审监庭进行实体审理就没有合法依据，审限也无法计算。所以，在实践当中往往是审监庭在对案件进行实体审理完之后，认为需要改判的，才裁定进入再审，而此时再审的程序也已经进行完毕，故案件真正进入再审的时间是模糊不清的。

缺陷和问题逐步暴露出来，引起了社会的广泛关注。其主要缺陷表现为无限申诉、无限再审，可以归纳为五个无限：主体无限、时间无限、次数无限、审级无限、条件无限。[①] 如果将审判监督制度作为整个诉讼体系中的一环，审判监督制度的缺陷就表现为再审作为一项诉讼法制度上的“恶法性”，即不能体现公正与效率的法律价值，反而产生了两大直接而又明显的冲突，即“实事求是，有错必纠”原则与生效裁判的稳定性之间的冲突，以及审判监督权的扩张与当事人诉权、处分权行使的冲突。这种冲突对人民法院的审判工作和社会都产生了一定的负面作用，成为《民事诉讼法》修改的原因，主要表现在以下几个方面：

（1）妨碍了诉讼正义的实现。作为一种诉讼程序，现有的审判监督制度没有体现出应有的程序正义。相比而言，一审、二审当事人之间诉讼权利与诉讼义务配置的合理性没有得到延伸，诉讼权利义务严重失衡，一些非诉讼主体的组织也参加进来，致使审判监督尤其是再审立案处于失范的状态。巨大的申诉案件数量本身并不是最可怕的，可怕的是那些案件得到再审立案或者改判，并不都是通过正当的诉讼程序达到的。现有审判监督制度没有给公众提供一个规则化、正当化的程序，所谓“有效”的因素往往是法外的，或者是利用法律缺陷的手段。人们有理由怀疑，那些常年在法院接访室外排队的人群中，能有多少受到审判监督制度的关照。当一种活动缺失规则时，就成了权力和利益的决斗场，遵守规则者往往成为不幸者。

（2）扰乱了正常的诉讼秩序。突出的表现就是再审本来是两审终审的救济和补充程序，应该对两审终审起一种补救作用，事实上它却破坏了两审终审制度。当前存在如此庞大的申诉、上访群体，根据最高人民法院的统计（见表1），[②] 近年全国各级法院受理了数量巨大的申诉案件，虽然也有其他方面的原因，但是现行审判监督制度的误导不可小觑。失范的审判监督制度总是让败诉的一方存有希望，他们总是希望在下一场并不规范的博弈中获得胜利，哪怕是仅仅为了拖延被执行的时间，这就成为其坚持不懈、持之以恒进行申诉的动力所在。所以，在现有审判监督制度下，人民法院一方面不得不尊重当事人的申诉权利，另一方面，在申诉大军的围剿之下，人民法院不得不疲于应付，导致案件终审不终，案结事未了，二审终审徒有虚名。这种情况持续到 2007 年《民事诉讼法》修改时仍未改变。

---

① 参见最高人民法院副院长沈德咏在 2001 年 2 月 20 日上海全国部分法院审判监督工作研讨会上的讲话，载沈德咏主编：《审判监督指导与研究》2001 年第 2 卷，人民法院出版社 2002 年版。

② 《最高人民法院公报》2003 年 4 月第 20 页。

表1 2003年全国法院处理告诉申诉来信来访情况统计表

处理来信（件）	接待来访（人）	信访总数（件、人）	其中			
			告诉	申诉	非诉	其他
577 319	2 449 051	3 026 370	1 461 854	332 640	305 474	926 402

（3）影响了司法的权威性。权威不仅仅来源于正确性，更来源于确定性。在制度设计上，当前的自我否定性的审判监督制度造就了终审判决不确定的现实可能性，而在实践中申诉成功的个例无疑加重了公众对法院终审判决不确定的怀疑。这种效果的直接后遗症就是造成了社会民众对司法公正的怀疑，进而与司法腐败逻辑地联系起来。一旦法院判决失去了对公众的权威，则不论判决书理由如何充实，结果如何公正，司法活动某种程度上都会受到无休止的质疑和抨击。司法是社会公正的最后一道防线，当这道防线不牢固时，民众对法律的信仰就会动摇，“不被信仰的法律，犹如僵死的教条”。这种对司法权威的破坏甚至违反了世贸组织（WTO）的要求，即透明度原则，也在一定程度上影响了我国在世界经济舞台上的形象。

（4）浪费了司法资源和其他社会资源。一方面表现为司法资源的巨大浪费，人民法院不得不拿出惊人的人力、财力去应付日益庞大的申诉大军。根据最高人民法院最近十年来的统计，全国各级人民法院每年审理的案件大约从500万件升至1 000万件，而进入再审程序的案件，一直比较稳定，大约占当年审结案件的比例为0.2%～0.4%，而最终被再审改判的案件占总结案的比例为0.06%～0.3%，近年每年新增申诉信访约10万人（件）。① 根据现行审判监督制度，为了实现最多0.3%的案件的个别正义，从理论上讲，投入的司法资源应当与这0.3%的案件数量大致相适应，但实际上却可能付出了对潜在的100%的案件进行审查的劳动（每一起案件都存在被提起再审的可能），从经济学的角度来看，投入与产出严重失衡。据不完全统计，全国高级法院和中级法院中立案庭负责接待申诉的人数加上审监庭的人数，一般都要高于一个民事审判庭的人数，有的法院甚至专门成立了信访接待办公室。在当前人民法院审判资源本来就紧张的情况下，将如此大比例的人力资源用来“擦屁股”，无疑是一种巨大的浪费。另一方面，由于申诉毕竟不同于上诉，虽然没有诉讼费的花费，但是申诉的成本往往比上诉费用高出很多，差旅费、律师费以及所谓的活动费对当事人来讲不能不是巨大的负担。在这种千军万马争过独木桥（启动再

① 本段中的数据根据最高人民法院的各年工作报告公布的数据计算得出。

审）的游戏当中，可能唯一受益的就是律师了。

（5）滋生了一定的腐败现象。审判监督程序毕竟不是正常诉讼程序，作为审判主体，人民法院不愿意过多地自己去发现自己的“错案”，所以，申诉的当事人不得不利用一切可能的资源去敲开再审之门，法院、上级法院、检察院、人大、党委、政府、高级领导甚至新闻媒体，在现有体制下，都有可能被作为启动再审程序的砝码。在这种活动中，虽然一些机构打着监督的旗号，但是实际上已经在一定程度上蚕食着司法权。在上述机构当中，有的虽是法定的申诉机构，但是由于没有明确、公正的操作程序，对其制度上的约束就大打折扣，腐败也就因此而生；而有的根本就不是法定的申诉机构，甚至其根本就不可能有听取双方当事人意见的机会，但是现行法院管理体制却可以让其在启动再审程序方面发挥一定的作用，这种缺乏理性的权力扩散和运作，可以逻辑地推断出腐败的存在和扩散。

（6）弱化了法律的调节功能。法律是社会关系的调节器。司法就是通过法律适用解决社会关系的矛盾和纠纷，从而维护社会关系的正常化。在按照法律程序终审裁判后，纠纷各方的权利义务关系应因终审裁判而确定下来，以利于社会经济活动的继续运行。但是，我国审判监督制度的最大弊端就在于不断的申诉、再审使当事人之间的权利义务关系处于一种不确定状态，败诉的一方总是千方百计寻找各种途径将已经终审的判决推翻，而现行的再审制度和较差的审判独立性恰恰为这种努力提供了各种各样的机会和希望。所以，法院终审判决的既判力受到了严重的威胁，而再审之后的裁判结果仍必然存在败诉的一方（除少数的调解结案的以外，且不论调解的正当性），那么新的一轮申诉、再审可能就开始了。一个案件先后裁定、判决达到 10 余次，历经 10 年并不是天方夜谭。[①] 法律对社会关系的调节功能弱化了。

（二）改革民事审判监督制度的各种观点

对于我国审判监督制度的弊端，社会各界尤其是人民法院早有认识，改革的呼声此起彼伏，全国各地人民法院已经作出了很多积极的探索，有的富有成效。最高人民法院曾多次召开会议研究审判监督工作，并以会议纪要的形式规

① 在审理李阿显与陈平权离婚案件及围绕离婚的房屋分割纠纷，湖南省长沙市两级法院为两案审理了 12 次（包括申诉复查），其中中院就审理了 5 次，天心区法院审理了 7 次，作出判决书、裁定书、驳回通知书等 13 份，直至 2001 年长沙中院作出（2000）长中再字第 107 号再审判决，该案历经 18 年之久（1983—2001 年），最后又回到第一次的调解结果。参见马文庆：《诉讼十八年，裁判十二次——一起反复申诉、反复再审的离婚案件引发的思考》，载沈德咏主编：《审判监督指导与研究》2001 年第 3 卷，人民法院出版社 2002 年版，第 284～289 页。

范、改进法院的再审工作，关于审判监督制度的调研也进行了多次，并出台了《关于规范人民法院再审立案的若干意见（试行）》等文件。人民检察院、人大、理论界对该项制度的调研和改革意见也不断涌现。综观学界、实务界、社会民众的观点，可以把审判监督制度改革的意见分为如下四种：加强、取消、三审、完善。

（1）加强。综合来看，加强审判监督制度的理由主要有两个：

一是为了提高一、二审的质量。该观点认为在我国公民普遍缺乏诉讼意识甚至“厌讼”的情况下，申诉量的日升月涨未尝不是一件好事，它可以促使我国公民法律意识的增强；一、二审质量不高才是造成申诉量大幅上升的主要原因，因此，降低申诉量的根本出路在于提高一、二审质量，故应加强民事审判监督制度以确保一、二审的质量。我们认为，“厌讼”是中国法律文化，中国百姓并不喜讼，但是巨大的申诉量并不意味着中国百姓的法律意识的增强，相反，这恰恰印证了厌讼的心理特征——一旦诉讼，决不认输。所以，当前的申诉数量不能验证申诉活动的正当性，而且将申诉数量的上升归结为一、二审质量不高也有失公允。以基层法院为例，根据山东高院的统计，近五年来基层法院审理的民事案件被二审改判、发回、检察院抗诉改判和再审改判的数量和在全部审结案件中所占的比例都是非常低的（见表2）。同时，这种观点也没有看到申诉量在近几年尤其是2003—2007年突涨而之前并不突出的现象，所以，我们在寻找申诉量近年大幅上升的原因时，虽然不可避免地要考虑审判质量这一重要因素，但是现行再审制度造成的无限再审这一巨大的“尾巴”，更应成为申诉量急剧上升这一反常现象的极有意义的注脚。

二是为了减少司法腐败和权力必须受到监督，应加强人民检察院的民事抗诉和加强人大的个案监督。这种观点分别主要来自于检察院和人大系统，[①] 也可以称为加强外部监督。但是从有关统计数字来看，因审判人员贪污受贿、徇私舞弊而枉法裁判的案件虽然有，但数量非常少，从山东、江苏省的法院来看，一般没有，有的也只是一两起。看来问题不在于此类案件数量的多少，而在于其暴露出来后的新闻效应。但是，作为个别问题，这种现象没有达到立法意义上的普遍性，故尚不足以作为改变诉讼制度的充分理由。对于权力必须受到监督的理由，从逻辑上看是没有什么问题的，但是，是不是就能因此推断出监督，尤其是介入式的监督就一定能够减少腐败呢？介入式的监督是指监督者直接行使被监督者的权力，我们认为检察院的民事抗诉和人大的个案监督由于

① 参见邱学强：《论检察体制改革》，张智辉：《法律监督三辨析》，均载《中国法学》2003年第5期。关于人大个案监督，我国大部分省市人大有相关的规定。

在实际上具备了启动再审的效力，因而属于介入式的监督。这种介入式的监督一方面将通过监督而行使的审判权置于一种没有监督或者监督更少的境地；另一方面也通过监督扩散了审判权，而腐败始终追随着权力，扩散权力只能扩散腐败，转移权力只能转移腐败，决不能消灭腐败。个案监督越发展，滋长腐败的危险也越大。① 因此，加强对个案的外部监督的观点并不可取。

表 2　近年山东省基层法院民事案件质量状况

项目＼年度		1999	2000	2001	2002	2003
结案数量		466 205	443 781	434 397	434 722	472 854
上诉改判	数量	2 617	3 286	3 507	3 331	3 636
	比例	0.56%	0.74%	0.81%	0.77%	0.77%
再审改判	数量	687	740	793	683	639
	比例	0.15%	0.17%	0.18%	0.16%	0.14%
抗诉改判	数量	117	176	227	172	180
	比例	0.03%	0.04%	0.05%	0.04%	0.04%
超审限未结	数量	12	33	0	1	8
	比例	0.003%	0.01%	0	0.000 2%	0.002%

（2）取消。持这种观点的占极少数。一些学者或实务界人士认为，我国民事诉讼法上的再审制度，与西方法治国家中的再审制度有着本质的不同。我国的再审制度是为了纠正生效判决的错误，是对原判决的再审查，这样就导致了终审不终的问题，而在西方法治发达国家，再审的前提并不是原审判决确有错误，而是看是否出现了法定的条件，而对法定条件的规定均没有涉及原审判决的错误，所以它们几乎没有我国民诉法意义上的再审制度。在当前世界范围内都在提高诉讼效率的大环境下，为适应市场经济的迅速发展，取消再审制度未尝不可。我们认为，这种观点过于激进，对诉讼效率的追求与纠正错误裁判之间并不存在绝对对立的关系，任何国家对诉讼效率的追求都没有否定错误的裁判应当纠正这一公正的应有之意。在我国诉讼制度不发达、法官素质有待于提高、民众的法律意识仍相当落后的现实情况下，取消审判监督制度一方面至少

① 关于个案监督可能转移腐败问题，更多论述参见陈斯喜：《冲突与平衡：人大监督与司法独立》，载《人民司法》2002 年第 6 期。

不能得到我国当前申诉数量的支持，另一方面也无法解决取消后的制度真空问题。

（3）三审。建立三审终审制，严格限制再审程序，在当前学术界及实务界都有不少的支持者。三审终审制的优点是错误裁判得到纠正的机会多于两审终审制；综观当今世界上传承大陆法系的多数国家和地区，案件审理一般实行三审终审制；实行三审终审制是现代司法的发展趋势；实行三审终审制有利于审判监督制度改革，不会增加第三审法院的工作量。也有学者建议建构多元化的审级制度。①

（4）完善。不改变现有两审终审的体制，将现有审判监督制度改造为一种规范化、正当化的诉讼程序。相比较而言，这种方案以现行法律规定为基础，在不改变现有法律的前提下进行改革的做法更加符合现阶段的实际情况。继续保留两审终审外加再审程序的诉讼模式，比三审终审制或三审终审外加再审程序，更要节省司法资源，更为减少诉讼成本，更能满足司法效率的现代化要求，因而更具有可行性。②事实上，《民事诉讼法》的修改基本采纳了这种并不激进的改革方案，在不改变现有制度的基本框架的前提下对其具体内容进行了符合现代民事诉讼要求的改造。

（三）我国各级人民法院对民事审判监督制度改革的尝试

鉴于民事审判监督制度的种种弊端，从维护人民法院生效裁判的既判力和坚持程序正义的原则出发，我国地方各级法院围绕审判监督制度的改革与完善，进行了有益的尝试，这些尝试，成为现阶段民事审判监督制度改革的重要成果。以下是几个有代表性的做法：③

（1）最高人民法院《关于规范人民法院再审立案的若干意见（试行）》（2002 年 9 月 10 日，法发［2002］13 号）。该司法解释吸收了理论界的研究成果，并参考了一些地方法院的成熟做法，其中涉及民事审判监督的主要内容有：规定了人民法院决定或裁定再审应当经过复查认为符合再审立案条件这一

---

① 参见杨永波、张悦：《建立一审终审与三审终审相结合的审级制度》，载《法律适用》2003 年第 4 期。山东省高级人民法院研究室：《审判监督制度改革与有条件三审终审制的构建——关于审判监督制度改革情况的调查报告》，载《人民司法》2003 年第 2 期；章武生：《我国民事审级制度之重塑》，载《中国法学》2002 年第 6 期。

② 更多论述参见江苏省高级人民法院审判监督庭内部文件：《尊重审判工作规律，深化审判监督改革——审判监督改革实施情况报告书》。

③ 该部分涉及的文件来自于各法院的内部文件。最高人民法院《关于规范人民法院再审立案的若干意见（试行）》公开发布。

程序；规定了再审申请人或申诉人申请再审或者申诉应当提交的材料不按规定提交的，人民法院不予审查；规定了上下级法院之间在受理再审申请或申诉时的协调问题；规定了再审立案的实质条件；规定了再审的案件一般经过两次依照审判监督程序审理均驳回申诉后不再进入再审程序。该司法解释最大的成绩是开始变无限再审为有限再审。

（2）山东省高级人民法院《关于再审案件改判的若干意见》（2001年5月31日，鲁高法［2001］182号）。该意见对刑事、民事和行政案件的再审改判标准作出了规定，关于民事案件再审改判标准，主要有以下内容：规定在原审认定事实错误、原审认定事实不清，证据不足、原审依据的主要事实发生变化、再审时发现有足以推翻原判决、裁定的新证据、原审适用法律错误等情况下需要改判时，必须以“影响裁判结果或者处理结果”为条件，并且规定了“证据不足”、“新证据”、“主要事实”、“适用法律错误”等的具体含义。关于调解协议，除违反自愿、合法原则外，调解协议的内容损害国家、集体或者第三人利益的，也应当依法纠正。上海市第二中级人民法院《关于刑事、民事再审案件改判的若干规定》中也有大致相同的内容。山东高院针对因抗诉引发的规避上诉缴费及逃避执行等情况，对一审不上诉而是通过抗诉程序引起的二审，一律收取诉讼费用。此外，《山东省高级人民法院关于审判监督庭职责范围》规定了审查听证制度，在依照审判监督程序对民事案件审查时，通知申请人、被申请人或有关组织参加听证，围绕申请的理由和陈述的事实举证、质证、申辩，由主持听证的法官进行认证。一些中级法院还据此制定了听证规则，如《青岛市中级人民法院审判监督程序民事案件审查听证操作规则（试行）》。

（3）江苏省高级人民法院《关于适用审判监督程序若干问题的意见》（2002年7月24日，苏高法［2002］246号）。该意见规定了申诉、申请再审的受理与案件复查，提起再审的条件，再审裁判以及附则等内容，关于民事再审，主要有以下特色：再审复查原则上由作出生效裁判的人民法院负责，特殊情况下可以由上一级法院进行，不但减轻了上一级法院的再审工作压力，在客观上也体现了对原审法院独立性的尊重；审查实行书面审查与听证审查相结合，对于事实清楚，法律关系明确，不需要听证审查的，可以书面审查；对于因适用法律错误而引起的再审，必须是导致裁判结果“重大错误”的情形。江苏省高级人民法院《关于民事再审程序证据问题的暂行意见》（2002年12月13日，苏高法［2002］381号），该意见对再审程序中的举证、质证和认证规则作出了规定。

（4）湖北省高级人民法院《民事申请再审案件复查听证暂行规则（试

行)》、上海市高级人民法院《民事申请再审案件复查听证操作规范》，对复查听证的基本原则、适用范围、操作规程以及听证后案件的处理作出了规定。上海市还制定了"复查听证通知书"和"听证须知"，对听证过程中申请人和被申请人的权利保障进行了探索，使再审程序中的复查听证制度进一步完备起来。

（5）安徽省高级人民法院《关于审判监督工作的暂行规定》（2002 年 6 月 3 日，皖高法［2002］188 号）。该规定关于民事再审的规定有以下特色：再审案件原则上由作出生效判决的法院进行，同一审级对同一案件一般不得重复再审，但上级法院指令再审的除外；规定了再审案件的审理范围应把握的原则：由当事人启动的再审案件，审理范围应当确定在原审范围内，申请人诉什么审什么，不诉不审，法院依职权启动的再审案件，应在原审案件的范围内全案审查，但上级法院有明确审查范围意见的除外；再审案件的法律适用，程序上适用现行法，实体上适用行为时的法律，法律另有规定的除外；该规定对一审不上诉而通过抗诉启动再审案件的诉讼费收取也作了规定。

（6）深圳市中级人民法院《关于申诉和申请再审的若干规定（试行）》（2002 年 10 月 11 日深圳中院 2002 年第 20 次审判委员会讨论通过）。该文件规定申诉和申请再审程序应当遵循有限、效率和立审分离的原则，明确提出了变无限再审为有限再审的主张，有以下几点值得注意：规定再审应当向作出生效裁判的法院提出，作出生效裁判的法院是基层法院，当事人直接向中级法院申诉或申请再审的，中级法院不予受理；当事人向同一法院只能提出一次申诉或申请再审，当事人对驳回申诉或申请再审仍不服的，可以向上一级人民法院申诉或申请再审；本级人民法院或上一级人民法院已经基于该申请人的申请驳回申诉或申请再审，或者已经依照审判监督程序再审过的案件，当事人仍申诉或申请再审的，不予受理；案件审查期间，当事人申请暂缓执行，应当提供足额可供执行的财产为担保，由人民法院审查决定是否暂缓执行。

以上我国部分法院的改革探索表明，审判监督制度的改革在我国实务界已经进入操作层面，而且提出了一些具体可行的改革对策。民事再审从指导思想到具体规则，都出现了明显的变化。严格再审的条件，限制再审的次数，成为实践中改革的主要方向。但是，仅仅着眼于具体规则的完善，不从制度上解决问题，并不能完全实现审判监督制度改革的目的，而且，单纯的限制再审，是否就符合程序的正当性原则？是否带有人民法院的本位色彩？再审制度的改革，一方面要进一步完善民事诉讼中的纠错机制，另一方面，要避免这种纠错机制的异化。为此，必须从民事诉讼的本质入手，充分尊重当事人的处分权，使当事人在启动再审程序方面享有更加明确具体的法律权利和义务，才能将审判监督制度改造成为具有程序正当性的诉讼制度。

（四）《民事诉讼法》的修改情况

2007 年《民事诉讼法》的修改使民事审判监督程序出现如下五个方面的变化：①

（1）明确向上一级人民法院申请再审。原来规定可以向原审法院或上一级法院提出申请再审。10 余年审判实践证明：对申请再审进行双重管辖带来了混乱。上下级法院相互推诿、当事人多重申请，导致多头申诉、反复申诉、重复立案、相互矛盾，浪费了资源，增加了讼累，影响了稳定。西方实行三审制的国家大都以原审法院管辖为原则，且不以纠错为目的，这显然不适合我国国情，因为我国再审事由包括事实、实体和程序错误。由上一级法院管辖，可消除当事人顾虑、增加权威性，也有利于法律统一适用。

（2）再审事由明晰化、法定化。再审事由是确定裁判既判力的边界，也是区分再审与三审的根本界限。西方法治国家的再审事由必须局限于原审所没有涉及的事由，如果是当事人在上诉时已经提出来的事由，则不进行再审。对于上诉时自愿没有提出的理由，也不受理再审申请。《民事诉讼法》修改所确定的再审事由，是近年来我国民事再审经验的总结，也为提起再审划定了范围。②

（3）规定再审事由的审查程序和审查期限。原来的《民事诉讼法》未作规定，造成了再审久拖不决，当事人长期申诉。修改后的《民事诉讼法》第一百八十一条规定了 3 个月的审查期限。第一百八十条规定了审查程序：当事人申请再审的，应当提交再审申请书等材料。人民法院应当自收到再审申请书之日起五日内将再审申请书副本发送对方当事人。对方当事人应当自收到再审申请书副本之日起十五日内提交书面意见；不提交书面意见的，不影响人民法院审

---

① 参见孙祥壮：《民事审判监督程序的修改与配套司法解释任务》，载《法律适用》2008 年第 4 期，第 17 ~ 21 页。

② 修改后的《民事诉讼法》第一百七十九条规定：当事人的申请符合下列情形之一的，人民法院应当再审：（一）有新的证据，足以推翻原判决、裁定的；（二）原判决、裁定认定的基本事实缺乏证据证明的；（三）原判决、裁定认定事实的主要证据是伪造的；（四）原判决、裁定认定事实的主要证据未经质证的；（五）对审理案件需要的证据，当事人因客观原因不能自行收集，书面申请人民法院调查收集，人民法院未调查收集的；（六）原判决、裁定适用法律确有错误的；（七）违反法律规定，管辖错误的；（八）审判组织的组成不合法或者依法应当回避的审判人员没有回避的；（九）无诉讼行为能力人未经法定代理人代为诉讼或者应当参加诉讼的当事人，因不能归责于本人或者其诉讼代理人的事由，未参加诉讼的；（十）违反法律规定，剥夺当事人辩论权利的；（十一）未经传票传唤，缺席判决的；（十二）原判决、裁定遗漏或者超出诉讼请求的；（十三）据以作出原判决、裁定的法律文书被撤销或者变更的。对违反法定程序可能影响案件正确判决、裁定的情形，或者审判人员在审理该案件时有贪污受贿，徇私舞弊，枉法裁判行为的，人民法院应当再审。

查。人民法院可以要求申请人和对方当事人补充有关材料，询问有关事项。

（4）延长特殊再审事由的申请再审期间。在尊重原来2年申请再审期间的基础上增加了特定事由（只有2种）的申请再审期间。《民事诉讼法》第一百八十四条规定：当事人申请再审，应当在判决、裁定发生法律效力后二年内提出；二年后据以作出原判决、裁定的法律文书被撤销或者变更，以及发现审判人员在审理该案件时有贪污受贿，徇私舞弊，枉法裁判行为的，自知道或者应当知道之日起三个月内提出。

（5）明确检察院抗诉的三点内容。一是抗诉事由进一步具体化，与当事人申请再审事由一致起来。二是明确"上级抗"原则和接受抗诉的人民法院（同级接受）。三是明确抗诉案件的裁定进入再审的期限。《民事诉讼法》第一百八十八条规定：人民检察院提出抗诉的案件，接受抗诉的人民法院应当自收到抗诉书之日起三十日内作出再审的裁定。

二、民事审判监督制度的改革余地

（一）现行民事审判监督制度仍未完全克服原有弊端

《民事诉讼法》的修改对于完善我国的民事审判监督制度意义重大，在一定程度上建立了诉讼程序意义上的再审制度，这种进步具有历史意义。但是，基于我国司法制度的历史国情，这次《民事诉讼法》的修改也只能是阶段性的、修复性的，它消除了我国民事审判监督制度中的诸多缺陷，如无限再审，但是这一次改革并不是彻底的改革，从诉讼理念和司法体制方面分析，我国现行民事审判监督制度还存在以下两个方面的问题：

首先是"纠错"的再审理念仍占主导地位。实事求是的哲学思想要求人们通过认识的不断反复和深化来探究客观事物的本来面貌，从认识论的角度来讲，实事求是是科学的认识论的基本原则。有错必纠则是在实事求是的基础上，在探究客观事物的本来面貌的过程中，随时纠正错误的认识。我国宪法也规定了公民的申诉、控告权利，一心一意为人民服务的长期指导思想都是现行再审制度的内在支持者。但是问题在于，这种思想或理论能否直接拿来适用于法律程序，换一个角度来说，就是法律程序是不是应该按照科学研究的路径来达到所谓完全实体正义的目标。程序正义的独立性早已成为西方国家的法治原则之一，也已经为我国学界所承认。从根本上说，这种企图将科学研究的方法直接引入诉讼程序的理论是导致现行再审制度弊端的思想基础之一。《民事诉讼法》的修改在一定程度上削弱了这种理念，但是从几乎泛化的再审条件上，我们可以看出，这种理念仍然在再审诉讼中根深蒂固。

其次是再审程序仍然定位为一种泛化适用的程序。我国民事诉讼法将再审定位于审判监督，泛化了再审的条件，除了当事人申请，在客观上造成了似乎凡是具有监督职能的机构都可以通过启动再审程序从而实现其“监督职能”，从而将本来是属于诉讼程序的再审制度异化成了程序外的国家机关权力的分工问题，而这种情况并没有通过民事诉讼法的修改得以多大改变。由于缺乏相应的启动再审的法定程序和条件，只要发现符合《民事诉讼法》第一百七十九条规定的条件，就可以提请法院进行再审。这就使提起再审的条件变得过于宽泛。尤其对于检察机关的抗诉，人民法院应当作出再审定裁定，而无须进行审查。因此，在实践中申请再审程序启动就呈现出一种普遍现象，而不是再审所应该呈现的“个别”、“补充”特征。

同时，现有行政化的法院管理体制尚未改变，地方保护主义甚至司法权地方化已经成为我国司法制度中的一大顽疾。它在审判监督制度中一方面表现为，地方权力对启动再审程序的不正当干预，① 以国家机关之间的权力监督代替了诉讼法意义上的正当程序；另一方面表现为，人民法院面对这些外来的“监督”时，很少能理直气壮地拒绝。当然接受监督不一定影响案件的实体处理结果，但是，再审程序的启动甚至对案件的复查就已经破坏了当事人诉讼权利和诉讼义务的平衡，就已经违背了程序正义。法官的素质问题也尚未彻底解决。由于历史的原因，我国的法官在20世纪90年代，还基本上是以转业军人为主。现在法官队伍的素质有了进一步的提高，但是与法官职业化的要求相比，差距还是非常大，直接影响了案件的质量，也影响了当事人及社会民众对法院判决的信任程度。没有被信任的法官，就没有被信仰的法律。在西方法治国家，很少有人对法官的判断指手画脚，原因之一就是社会公众对法官的信任。也无怪乎在当前我国法官素质尚不理想的情况下，法院的判决难以取得公众的信服。这也是影响民事再审改革的重要因素。

（二）民事审判监督制度的程序化改造尚未完成

现行民事审判监督制度还不是一种正当化的诉讼程序，主要表现在以下几点：

（1）审判监督的主体不全是诉讼主体。民事诉讼主体包括人民法院和当事人，检察院在特殊情况下也可以作为民事诉讼主体（虽有争议）。除此之外就

① 在某省法院审判监督庭重点查办的案件中，2001年、2002年、2003年上半年由地方人大、人大代表、政法委、信访部门等要求查办的案件分别占再审案件总数的68.7%、49.8%、82.9%。

不应当再有其他主体介入到民事诉讼中来。从严格意义上讲，审判监督只是法定机关（法院、检察院）对错误裁判进行纠错的制度。对法院确有错误的裁判进行纠正，最有资格提出的应当是案件当事人，然而在实践中我们经常看到的却是法院在接到人大代表、党政部门、有关领导的函件、电话，或者是案件在新闻媒体炒作之后才启动再审程序，这样就造成了一种审判监督程序法外运行的“潜规则”，正当化的再审程序尚未建立起来。

（2）再审立案没有法定的程序。我国民事诉讼法将“确有错误”作为启动再审的条件。但是，“确有错误”是一个实体结论，需要一个具体的程序来支持，也就是说，必须在对原判决进行完复查之后才可能得出这个结论，当然也可能是相反的结论。这个结论是对原生效判决的一个否定，因此从性质上说，这是一个非常严肃的结论，因为它推翻了已经发生法律效力的判决。那么，从程序与实体配置的基本关系来说，应当是越重要的实体结论，就越需要严格的程序来保障。令人遗憾的是，这样一个严肃的实体结论，在我国民事诉讼法中没有规定相应的程序。对当事人来说，其申诉并没有具体的法律来规范和支持，申诉的受理、审查的期限、审查的方式、结论的形式等在法律上都是空白。在当事人缺乏可以发动再审程序的有力法律工具的情况下，当事人作为再审程序的发动者的角色就只能是陪衬性的。检察院和人大进行的个案监督，也没有寻找到审查案件的正当程序，事实上，也不可能找到这种程序，因为一般来讲，这种否定生效判决的程序应当比一审、二审诉讼程序更加严格，对审查者的素质要求更高。如果赋予检察院和人大执行这种程序的权力，那就意味着人大和检察院的人员具备比现在法院的法官更适宜做法官的素质，并且要在人大和检察院建立执行这种程序的法庭等设施，实际上这是不可能的。作为法定启动再审的主体，法院和检察院启动再审均没有时间上的限制，检察院只要抗诉，法院就应当再审。法院可以自己主动发动再审，撤销其认为确有错误的裁判，不仅上级法院可以通过再审撤销生效的裁判，原审法院也可以通过再审撤销自己作出的裁判。所以，不管谁来启动民事再审程序，都没有正常意义上的法定程序可循。

（3）与二审终审的关系尚未厘定。法院裁判体现了司法对纠纷的最终解决意见，涉及国家法律的权威。在我国目前的情况下，由于法治传统、司法体制、国民法律素质以及法官素质等因素的制约，司法并不具有足够的权威性，在国民意识中，“生效裁判是不可动摇的”这一基本观念并没有形成。生效裁判是否可以改变在一定程度上取决于当事人是否拥有足够的启动审判监督程序的社会资源。当本来出于纠错目的而设立的制度被异化成为部分掌握优势资源的社会成员手中的工具时，这一制度便不可能实现它最初的设计目的。所以，即使审判监督制度的正当性得到确认，也会不可避免地成为生效裁判既判力和司法权威性的最大否定者。以各种方法维护生效裁判的稳定性和既判力以确保司法的权威性，这是世界各国通行的做法。虽然各国都不会任由确有错误的裁判恣意横生，也设立了相应的纠错机制，但这种纠错不是无限的，而是有条件的、有限制的，是以不影响法院的权威为前提的。修改后的《民事诉讼法》虽然实际上限制了申请再审定的次数，但是并没有厘定与二审终审的关系，过于宽松的申请再审机制决定了现有民事审判监督程序缺乏诉讼程序应有的法律权威。

因此，实现我国审判监督制度进一步改革，必须确立完全诉讼程序意义上的再审诉讼程序。用司法权的程序性来保证司法权的公正性。将审判监督制度确立为一种诉讼程序意义上的再审诉讼程序，并不缺乏法律依据，因为我国民事诉讼法是将审判监督制度作为一种诉讼程序来定位的。人民法院处理案件无论在何种阶段，都必须遵循一定的程序，程序是保障司法公正的基础所在。如果在程序内司法公正尚不令人满意，那么没有了程序，司法公正更是海市蜃楼。

三、西方法治中的再审制度及启示

再审制度主要是程序方面的规定，是保证司法公正的一种技术手段，与政治制度、意识形态虽然有一定的联系，但是联系较为间接，因此，我国法域之外的再审制度具有较大的借鉴性或参考性。通过考察十余个法域的再审制度来看，不同法系、不同国家的再审制度虽有差异，这与当地文化、历史传统有一定的渊源，但是，它们有不约而同的相似性，这说明对于再审制度，其定位、理论基础均已在世界范围内的法律界形成大体上的共识。以下按照再审制度所涉及的主要方面予以论述：

（一）再审事由的限制①

同属于大陆法系的我国台湾与澳门②，法国③、德国和日本④的法律规定的再审制度虽有区别，但是在再审事由上却十分相似，以台湾为例说明。《台湾地区民事诉讼法》第四百九十六条规定了提起再审之诉的实体条件，共十三种情形，分别是：一、适用法规显有错误者；二、判决理由与主文显有矛盾者；三、判决法院之组织不合法者；四、依法律或裁判应回避之推事参与裁判者；五、当事人于诉讼未经合法代理者；六、当事人知他造之住居所，指为所在不明而与涉讼者。但他造已承认其诉讼程序者不在此限；七、参与裁判之推事关于该诉讼违背职务犯刑事上之罪者；八、当事人之代理人或他造或其代理人关于该诉讼有刑事上应罚之行为，影响于判决者；九、为判决基础之证物系伪造或变造者；十、证人、鉴定人或通译就为判决基础之证言、鉴定或通译为虚伪陈述者；十一、为判决基础之民事或刑事判决书及其他裁判或行政处分，依其后之确定裁判或行政处分已变更者；十二、当事人发现就同一诉讼标的在前已有确定判决或和解、调解或得适用该判决或和解、调解者；十三、当事人发现

---

① 该部分的台湾、澳门以及国外有关法律条文均引自沈德咏主编：《最新再审司法解释适用与再审改革研究》，人民法院出版社，2003 年第 1 版。

② 《澳门地区民事诉讼法》第六百五十三条规定：基于下列之依据，方可对已确定之裁判提起再审之诉：一、透过已确定之判决显示出上述裁判系因法官或参与裁判之任一法官渎职、违法收取利益或受贿而做出者；二、透过已确定之判决确认法院之文件或行为、陈述或证言又或鉴定人之声明出现虚假情况，而该将予再审之裁判可能因此等虚假情况而做出者；但在做出该裁判之诉讼程序中曾就该等虚假问题进行讨论者除外；三、有人提交当事人不知悉之文件或提交当事人于做出该裁判之诉讼程序中未能加以利用之文件，而单凭该文件足以使该判决变更成一个对败诉当事人较为有利之裁判；四、该裁判所依据之认诺、请求之舍弃、诉之撤回或和解，被已确定之判决宣告为无效或予以撤销；五、认诺、请求之舍弃、诉之撤回或和解因违反第七十九条及二百三十九条之规定而属无效，但不影响第二百四十三条第三款规定之适用；六、显示出未有做出传唤或所作之传唤属无效，以致有关诉讼及执行程序又或仅有关诉讼因被告绝对无参与而在被告不到庭之情况下进行；七、该判决与先前做出、对当事人构成裁判已确定之案件之另一裁判有所抵触。

③ 法国《民事诉讼法》第五百九十五条规定：再审申请仅能依以下理由提出：一、如原判决做出后，发现该判决是由对其有利的一方当事人欺诈所致；二、如原判决做出后，发现由于一方当事人所为，一些具有决定性作用的文件、字据被扣留而未提出；三、如发现判决系以其做出后经认定或经裁判宣告属于伪造的文件、字据为依据；四、如发现判决系以其做出后经裁判宣告为伪证的假证明，假证言、假宣誓为依据。在所有情况下，仅在提出再审申请的人自己无过错，未能在原裁判决定产生既判力以前提出其援用的理由时，再审申请始予受理。

④ 德国对再审之诉分为取消之诉和回复原状之诉。取消之诉亦称无效之诉，是以原判程序上的规定为理由而提起的再审之诉；回复原状之诉则是以原审判决损害当事人实体上的权利为理由提起再审之诉。我国台湾的诉讼制度在很大程度上受到了德国诉讼制度的影响，故德国对提起再审之诉的理由与台湾的大体相当（在德国没有因适用法规错误这一再审事由）。日本的诉讼制度也深受德国的影响，再审的条件也没有很大的差别。

未经斟酌之物证或得使用该物证者，但以如经斟酌可受较有利益之裁判者为限。该条之下的第四百九十七、四百九十八条规定：不得上诉于第三审法院之案件，除前条规定外，其经第二审确定之判决，如就足影响于判决之重要证物未斟酌者，亦得提起再审之诉。为判决基础之裁判，如有前二条所定之情形者，得据以对该判决提起再审之诉。

单从条文上来看，台湾对地区可以提起再审的法定事由规定得比大陆还要多，但是，事实上在台湾提起再审之诉的比例却很低。究其原因，我们可以发现在四百九十六条中明确规定：当事人已依上诉主张其事由或知其事由而不为主张者，不在此限。该规定就明确了再审的范围局限于原审所没有涉及的事由，如果当事人在上诉时已经提出来的事由，则不再审理。这与大陆地区可以对任何事由（只要证明原审确有错误）均可以提起再审相比，有明显的优越性：首先，维护了法院判决的稳定性和权威；其次，正确地确定了再审的地位，即再审不是对原审判决的监督，再审的对象不是原审判决，而是法律规定的特定的情形，原审判决的权威就没有受到损害；最后，给当事人提供了明确的法律指引和法律预期。所以，从这个角度出发，可以看出，台湾对再审的定位是正常诉讼程序的补充。

同为对原判决的不服申诉手段，上诉和再审具有一定的共同性，但是，再审之诉没有普通上诉所具有的、作为其特征的移审效力和确定阻断效力，也就是说，上诉具有使案件向上一级法院转移审理并且使原有判决不发生法律效力的功能，但是再审之诉没有。所以，对于再审之诉就没有必要重复给予当事人主张同一事由的机会，同时，对于在上诉时没有提出的不服原审判决的理由或没有涕泣上诉的当事人，也没有必要通过再审再次给予一次救济的机会。如果允许再审之诉提出原上诉已经提及或自愿没有提及的事由，则破坏了上诉程序的规则，并可能导致再审诉权的滥用，使对方当事人的权利处于不稳定的地位，司法之权威也就受到破坏。

美国作为判例法国家，没有像大陆法系那样系统的再审制度。所以，美国联邦《民事诉讼规则》第五十九条第一款只是笼统地规定了再审的理由：重新审理可对以下案件的全部或部分当事人及全部或部分争点：①在陪审团审理的诉讼中，重新审理的理由是从前被美国法院在诉讼中根据普通法所承认的任何理由；②在非陪审团审理的诉讼中，重新审理的理由是从前美国法院在诉讼中根据衡平法予以认定的任何理由。基于对非陪审团审理的案件提出的重新审理申请，法院可对登记的判决进行审理，收取补充性的证言，变更事实认定和法律上的结论，或作出新的事实认定和结论，并且裁定登记新的判决。[①]

再审事由的实质就是再审审查的对象。在我国，将再审从“纠错”的目的范畴里抽出来的可能性还不大，我国的法官素质低、错案数量大等实际情况还不允许纠错机制的落空。这将是我国审判监督制度进一步改革最困难的地方。修改后的《民事诉讼法》以罗列的方式规定了再审的条件，取代了原来“确有错误”的规定，但是，显然目前这种情况与上述其他法域的再审条件并非出于同一目的。

（二）再审提起之期限

德国、日本、我国澳门和台湾地区的民事诉讼法对再审之诉提起期限的规定大体一致。《台湾地区民事诉讼法》第五百条规定：再审之诉，应于三十日之不变期间提起（澳门地区、法国为六十日）。该项期间，自判决确定时起算。但再审之理由知悉在后者，自知悉时起算。再审之诉，自判决确定时起，其再审之理由发生于判决确定后者，自发生时起已愈五年者，不得提起。

美国各州对申请再审的时间规定不尽一致，但是一般规定申请再审应当在判决作出登记后半年或一年之内提出，也有的规定，某些判决的再审申请只能在合理的时间内提出来。对判决后的救济（post judgment relief）作出时间上的限制，是为了保障判决的终局性（finality）。这些严格时间限制的唯一例外是，法院对案件的审理缺乏属物管辖权或属人管辖权。如果法院对案件的审理是在没有审判权的基础上进行的，这个缺陷一经发现，就可以申请再审，不受时间的限制。[②]

我国法律中的再审与其他法域的再审不是同一概念，我国的再审是针对生效判决的纠错程序，在其他法域中，再审更多的是针对案件出现的特定情况或条件的补救程序。在实践中，对于当事人申请再审的期限也没有大的争议，[③]两年的时间也与我国的一般诉讼时效相一致，故对当事人提起再审的期限没有修改的必要。

（三）再审之受理法院

就再审案件专属于特定的法院管辖而言，通常再审案件只能由某一特定级别的特定法院享有管辖权，因而并不发生上下级法院之间就再审案件进行指令

---

① 白绿铉、卞建林译：《美国联邦民事诉讼规则 · 证据规则》，中国法制出版社 2001 年版。

② 节选自汤维建著：《美国民事司法制度与民事诉讼程序》，中国法制出版社 2001 年版。

③ 在实践中，对由法院或检察院依职权启动再审没有时间限制争议较多。

再审或者是提审之情形。这样的管辖权设计，显然是为了避免再审案件管辖权上的多级化、重复化，从而使再审案件的发起亦受到管辖权方面的特定限制。为法律所特定的享有再审案件专属管辖权的法院，一般可有以下几类：①

（1）由作出原生效裁判的法院管辖。既然再审是针对生效判决而言，因而再审由作出生效裁判的法院管辖，可以尽快地审查再审理由成立与否，以使再审案件及时地得到裁处。如《日本民事诉讼法》第四百二十二条第一款便规定："再审专属作出经声明不服的判决的法院管辖。"《澳门地区民事诉讼法》第六百五十八条规定："再审上诉须于将行再审之裁判之卷宗所在法院提起，但须致予作出原裁判之法院。"

（2）由案件一审或者原审法院管辖。无论原生效裁判是否经过二审，甚至是三审，再审案件皆有可能由原审法院管辖。这样设计管辖权的目的，显然是考虑再审案件所具有的"一事二讼"之特性。从某种意义上而言，再审便是就某一获得形式上既判效力的案件请求重新审理的行为，既然是重新审理，那么赋予原审法院再审案件的管辖权，并无不妥。如《德国民事诉讼法》第五百八十四条第一款便规定："再审之诉专属于作出第一审判决的法院管辖。"而《日本刑事诉讼法》第四百三十八条亦规定："再审的请求，由作出原判决的法院管辖。"

（3）由就同一事件作出前后生效裁判法院的共同上级法院合并管辖。如《日本民事诉讼法》第四百二十二条第二款便规定："对审级不同的法院就同一案件所作的判决，其再审的诉讼由上级法院合并管辖。"

（4）由最高法院专属管辖。如《法国刑事诉讼法》第六百二十三条第二款规定："（再审）复核申请应当送交最高法院全体会议指派的一个由五名法官组成的委员会，（或复核法庭）选举刑事审判庭的法官担任主席……"该条款显然意味着再审复核只能由最高法院行使管辖权，但这是指刑事案件。在比利时，无论刑事还是民事案件，都是由最高法院行使启动再审决定权的。②

（四）再审之诉的效力

除俄罗斯联邦外，大多数国家和地区都规定再审之诉不具有中止原生效判决的效力。如《澳门地区民事诉讼法》第六百六十条第四项规定："再审上诉不具有中止效力。"在日本，再审之诉当然不具有上诉所具有的阻却原审判决的效力，只有在一旦执行则可能发生不可弥补的损失时，法院才可以依当事人

---

① 参见虞政平：《再审程序有限性之法律表现》，载中国民商法网 www. cccl. com。

② See *Introduction to Belgian Law*, Edited by Hubert Bocken and Walter De Bordt, 2001, p. 106.

的申请，以决定命令提供或不提供担保而暂时停止强制执行。

这一点对我国具有较明显的借鉴意义，因为，在我国的申诉中，有拖延诉讼等不良申诉动机的不在少数。我国《民事诉讼法》第一百八十五条规定，按照审判监督程序决定再审的案件，裁定中止原判决的执行。一些败诉的当事人想方设法使案件进入再审程序，就可以达到拖延诉讼甚至转移财产的目的。所以，进行审判监督制度改革，必须规定申请再审或申诉的当事人必须履行完生效判决确定的义务，或提供担保，并以此显示再审的定位是原审判程序的补充程序。

四、民事审判监督制度改革中的利益博弈分析

（一）博弈理论之应用于审判监督制度改革

1944 年，著名数学家冯·诺依曼与著名经济学家摩根斯坦出版了《博弈理论与经济行为》一书，标志着博弈理论的诞生。博弈理论与法律分析的切入点在于，法律分析同博弈理论一样，是以人的行为为研究对象的。法律是根源于现实生活的，是对现实生活中人们行为模式的确认和矫正，这种确认和矫正尽管不是全部的，却是最重要的，以至于它构成了人们行为的基本规则。而博弈理论在一定程度上，可以说是解决了某种行为之所以成为人们（或者说大多数人）的选择的依据。其中的一部分，或者说，对其中的一部分行为的分析，正是解决了法律要确认或者矫正的前提。

将博弈理论运用于对再审制度的分析，其根本目的并不在于观察再审制度运作的过程中参与人是如何进行博弈的，而是通过对博弈过程的观察，发现影响再审制度运行的因素，以及这些因素在何种程度上对民事再审制度的存在或运行构成了挑战。

民事审判监督程序区别于其他程序的显著特点在于，它的对象是已经发生法律效力的裁判文书，而这样的裁判文书可能是一审中作出的，也可能是二审作出的；可能是就实体问题作出的，也可能是就程序问题作出的。但无论如何，它不针对具体争议，尽管它也同时解决争议，因为从程序上讲，案件经过两个不同审级的法院审理后，就已经终结，剩下的问题就是如何实现生效裁判文书确定的内容。只是由于生效裁判文书被证明确有错误，因此有必要通过某种途径予以更正。

（二）民事审判监督程序博弈中的参与人及其利益博弈

1. 民事审判监督程序中博弈的参与人

从可能性讲，民事审判监督程序中博弈的参与人有案件当事人、律师、人民法院、人民检察院、立法机关、党政机关、新闻媒体等。如果以参与博弈的恒定性来分类，上述参与人可分为恒定的参与人和非恒定的参与人，恒定的参与人指当事人和法院，在所有的民事审判监督程序中，离开当事人或者法院的参与，博弈就无法进行。其他参与人是非恒定的参与人，审判监督程序的进行并不依赖于他们的参加。如果以参与人之间的相互关系来分类，可以分为监督的参与人和被监督的参与人。监督的参与人是法院以外的参与人，他们参与审判监督博弈是以监督者的身份出现的，在他们中间又可以分为法定的监督者和非法定的监督者。法定的监督者是指检察院，根据民事诉讼法的规定，检察院是监督机关，有权对确有错误的民事判决依照审判监督程序提起抗诉；其他监督者是非法定的监督者。

2. 审判监督制度中博弈参与人的角色、利益及对改革的启示

审判监督博弈的参与人与诉讼参与人是两个不同的概念。前者是指一切可能对程序的启动和运行施加影响的个人和组织，后者是指当事人、代理人、证人、鉴定人、翻译人员等实际参与诉讼程序的个人和组织。下面对审判监督制度中博弈参与人进行逐一分析：

（1）当事人。当事人是直接受生效裁判文书约束的人，更是相关民事争议的直接利害关系人，因此，当事人是最有权启动再审程序的人，也是审判监督博弈中恒定的参与人。《民事诉讼法》第一百七十八条规定："当事人对已经发生法律效力的判决、裁定，认为有错误的，可以向原审人民法院或者上一级人民法院申请再审。"

一般情况下，民事诉讼是一种对抗性的活动，当事人之间如果不是矛盾激化，不会选择诉讼作为解决纠纷的方式，而诉讼的结果往往是使得一方当事人的主张得到支持，因此，民事诉讼从理论上讲，是一种必然有一方不满意的诉讼，而对于不满意的诉讼结果，提起申诉就成为当事人的一个选择方案。在这个意义上，败诉的当事人是启动再审程序的最积极的参与者，而胜诉的当事人则是启动再审程序最坚决的反对者，二者的角色因诉讼结果不同可以相互转换。

现实中当事人对不满的生效裁判是否提起再审一般取决于如下因素：一是裁判结果对其而言不公正的程度，如果裁判结果并非不可忍受，那么提起再审的诱惑力就明显降低了；二是提起再审其愿望能够被满足的可能性，如果提起再审，但结果并不会如其所愿，则再审就没有什么意义；三是其在通往满意结

果的路途中可资利用的资源状况，如可借助有关党政部门、人大、新闻媒体等案外因素向法院施加压力的可能性。

因此，在审判监督制度改革的时候，应当结合当事人提起再审所考虑的所有因素设计一个新的程序，既要促使当事人接受人民法院的生效判决，又可以在符合条件时给当事人一个公开化、正当化的救济途径，避免当事人借助其他力量来启动再审程序，并减少当事人不必要的讼累。同时，应设立再审申请收取诉讼费制度，对于经审查予以再审立案的，在裁定再审后即退回所收诉讼费；对于经审查驳回申诉的，不退回所收诉讼费，以避免当事人滥用诉权。

（2）律师。经过改革，我国律师的性质是社会法律工作者，属于自由职业者，其赢利性质逐渐显现。在法治发达国家，律师是法律职业共同体的重要成员，是法官的主要来源之一，其与法官、检察官构成了具有共同的法律职业素质、思维方式以及对法律的崇高信仰等特点的共同体，从而在国家政治生活、社会生活中发挥着重要的作用，也成为这些国家法治发达的重要因素。然而在我国，由于法律职业建设起步较晚，法官和律师在职业尊严、物质待遇、政治待遇等方面尚不一致，目前双方之间也很难说存在那种互相尊重、相互配合、融洽协作的关系。尽管法律职业的从业标准已经因国家统一司法考试的实施而统一起来，但法律职业共同体的构建仍然不是指日可待的。

由于律师定位于为当事人提供法律服务，维护当事人的利益，那么，就不能强求把私法的公正与效率的责任直接落实到律师的身上，虽然在现代司法制度下律师是实现公正必不可少的条件。律师作为专业的法律从业人员，善于发现法律制度中的缺陷，并利用这种缺陷为当事人及自己谋取最大的利益（从制度的角度而言，这不是律师的过错）。现实情况是，一小部分律师利用现有再审制度的欠规范性，从再审诉讼中获得了大量的收益。在再审案件的代理上，协议风险收费的比例远高于其他案件。有些律师为了达到胜诉或者拖延的目的，有时扮演了有违职业操守的角色①。从整体上说，再审制度改革将增强再审的规范性，减少律师在再审中的无规则活动，故在一定程度上将削减律师的再审案件业务量，这对于竞争日趋激烈的律师界来说，当然不是好消息。

因此，律师自身的角色和利益关系决定了其不可能成为再审制度改革的有力推进者。在设计新的再审诉讼程序时，应将提起再审的条件法定化，启动再审的程序公开化，根除律师暗箱操作的环境，也使各种权力不再成为律师业务的资源，从而促使律师之间的平等、公平竞争，保障我国律师业的健康发展。

① 法官与律师之间的相互关系在我国甚至成为一个问题，以至于2004年3月19日，最高人民法院和司法部联合下发了《关于规范法官和律师相互关系维护司法公正的若干规定》。

（3）法院。我国《民事诉讼法》规定人民法院是再审程序的法定启动者。[①] 尽管法律赋予了法院依职权启动再审程序的权力，而且在已经启动的再审程序中，法院是恒定的参与者，但从法院的自身利益来看，法院不会成为再审活动的积极参与者，这是因为，再审程序的进行不符合法院的“天性”，与法院的内外利益相冲突。

从外部来讲，法院是唯一的司法裁判者，理论上它应是水平最高的，不容置疑的，然而生效裁判被变更或者撤销却是法院审判权威的损害，并向社会传达了一个信号，即法院的判决并不具有最高权威性，因为它仍是可以改变的。这对法院审判活动的正当性和权威性构成了挑战，削弱了法院作为社会纠纷的最终解决机构的地位。

从内部来看，裁判虽然是以法院的名义作出的，审判权的行使，是通过审判人员的活动体现出来的，生效裁判的变更或撤销直接影响到审判人员的利益。如果一个裁判被改变或者撤销，那么这个裁判的作出者的年终考核可能就受到影响，甚至其职务升迁、福利待遇都会与此挂钩，因此，审判人员从自身利益的角度出发是不愿看到再审程序的启动的。尽管再审案件由其他审判人员审理，但同事关系等仍会影响案件的再审。另外，法院内部设立了审判监督庭，如果不对案件作出处理，其工作实绩和业务考核就会受到影响，因而法院内部无形中就产生了紧张关系。同样的情形在法院系统上下级之间也存在。法院上下级之间虽然是监督与被监督的关系，但维护上下级法院关系的考虑在作出再审决定的过程中也有不可避免的影响力。

因此，在再审程序的运行中，法院在整体上不是积极的参与者，其他参与者出于各自的利益考虑，会积极参与审判监督博弈，从而把矛盾的焦点集中到法院，使法院成为压力的集中承受者，在这种情况下，法院的行为就成为再审活动的核心，并且不可避免地受到其他参与者的影响。在法院人员关于再审制度改革观点和文章当中，严格再审的条件，减少再审案件的数量，将无限再审改为有限再审就成为其主要观点。[②] 联系审判监督制度的弊端来看，这种观点

---

① 我国《民事诉讼法》第一百七十七条规定：“各级人民法院院长对本院已经发生法律效力的判决、裁定，发现确有错误，认为需要再审的，应当提交审判委员会讨论决定。最高人民法院对地方各级人民法院已经发生法律效力的判决、裁定，上级人民法院对下级人民法院已经发生法律效力的判决、裁定，发现确有错误的，有权提审或者指令下级人民法院再审。”

② 参见景汉朝、卢子鹏：《论民事审判监督程序的重构》，载《法学研究》1999 年第 1 期；何岸：《论司法改革与民事检察监督》，载《人民司法》2001 年第 3 期；最高人民法院已经出台了《最高人民法院关于人民检察院对不撤销仲裁裁决的民事裁定提出抗诉人民法院应否受理问题的批复》等 10 余个有关不予受理检察院民事抗诉问题的批复。

确实具有一定的合理性，但是，在当前的裁判质量下，如何确定“有限”的程度？如何避免“有限”被异化为限制？如何体现“有限”的程序正当性？限制再审的观点虽然发现了问题的根源，但是其解决方法却带有一定的法院本位的色彩。

由于法院在再审程序中的消极被动作用，因此在设计新的再审诉讼程序时，应废除法院依职权启动再审的程序；[①] 在对再审诉讼程序定位上，一方面要维护生效判决的既判力和权威，另一方面也必须充分注意人民法院对当事人申诉权利的保护和对外来干预的抵抗能力，从而保证人民法院在诉讼中的中立地位，做到这一点的关键是制定再审立案审查的详细而又具体的程序，如公开听证、合议制、证据规则等。

（4）检察院。根据宪法和法律规定，检察院是法律监督机关，负责对法院审判活动的监督。[②] 最近几年，检察院加强了对法院的民事审判监督，并将抗诉率和抗诉成功率作为考察检察人员工作业绩的一个标准，因此，从履行法定义务和彰显工作实绩的角度看，检察院应当是再审程序的积极参与者。但是民事案件与刑事案件最大的不同之处在于，民事案件是以当事人的意思自治为基础的，是否提起再审是当事人自由处分的权利，国家机关（包括检察机关）没有权力也没有义务为当事人的利益启动再审，因此，检察院启动民事再审程序，应以当事人的意志为前提。然而现行法律赋予检察院的是依职权提起抗诉的权力，因此，在这里检察院参与审判监督博弈的利益无形之中就扩大了。从检察机关人员的文章中可以看出，检察院系统对于民事抗诉制度基本持支持态度。[③] 但是，从近年情况来看，全国的检察院民事抗诉成功案件在人民法院审

---

① 废除法院依职权启动再审程序的理由还有：1. 法院依职权启动再审违反了司法的被动性原则，是对当事人处分权的侵犯；2. 人民法院主动再审导致诉审合一，破坏了法院的中立立场，造成法院的社会角色的冲突；3. 从实践看，法院如何去发现生效判决的错误也没有正当程序，数量也非常少，缺乏制度的普遍性。

② 我国《民事诉讼法》第十四条规定：“人民检察院有权对民事审判活动实行法律监督。”第一百八十五条规定：“最高人民检察院对各级人民法院已经发生法律效力的判决、裁定，上级人民检察院对下级人民法院已经发生法律效力的判决、裁定，发现有下列情形之一的，应当按照审判监督程序提出抗诉：（一）原判决、裁定认定事实的主要证据不足的；（二）原判决、裁定适用法律确有错误的；（三）人民法院违反法定程序，可能影响案件正确判决、裁定的；（四）审判人员在审理该案件时有贪污、受贿，徇私舞弊，枉法裁判行为的。地方各级人民检察院对同级人民法院已经发生法律效力的判决、裁定，发现有前款规定情形之一的，应当提请上级人民检察院按审判监督程序提出抗诉。”“地方各级人民检察院对同级人民法院已经发生法律效力的判决、裁定，发现有前款规定情形之一的，应当提请上级人民检察院按照审判监督程序提出抗诉。”

③ 参见李少波：《如何认识民事检察监督制度——与黄松友同志商榷》，载《人民检察》2000 年第 9 期，邱学强：《论检察体制改革》，载《中国法学》2003 年第 5 期，等等。

结的案件总数中所占比例大约只有千分之一。

检察院的定位在审判监督制度改革中是一个难点，因为它涉及了国家权力的重新分配。问题的关键在于检察院的民事抗诉书是否具有启动再审程序的法律效力。当前对这个问题的探讨大都是从检察院的监督职能上来论述的。我们认为，这是角度上的错位，检察院的监督职能与其是否具有启动再审程序的权力之间没有必然的关系，甚至可以说是两种不应该相关的权力。如果民事抗诉书具有启动再审程序的法律效力，法院就没有必要另行裁定案件进入再审程序，检察院的民事抗诉书就像当事人的二审上诉书一样，可以当然地引起新一轮的诉讼程序，而没有必要由人民法院再下一个再审裁定书。也就是说，检察院就具备了裁定案件再审的权力。裁定案件再审是一种典型的审判权，而不是检察权，这就意味着检察院越位行使了审判权，是对审判权的介入。监督与介入是矛盾的，监督就不应该介入，介入后反而应成为被监督的对象，如果既监督又介入，那么谁来监督介入的行为？而且从权重的角度来看，裁定再审在实质上是要推翻生效判决，应该比作出生效判决更加符合审判的内在要求。因为当前民诉法规定的提起再审的条件是“确有错误”，是不是确有错误应该是审判的结果（法院的职能）而不是监督的结果（检察院的职能）。从另一个角度来看，检察院的抗诉如果具有启动再审的法律效力，不但会影响法院的司法权威，而且还会违反一个更上位的法律原则，即法律面前人人平等原则，经过检察院抗诉的就会有一种优先进入再审的特权，与当事人自己申诉相比，这种特权是不合理的。所以，检察院的民事抗诉书不应具备启动再审的法律效力。①这不是否定检察院对审判活动进行监督的权力，而是要将这种权力放在正确的位置。我们认为，应当将检察机关的民事抗诉作为法院必须对生效判决进行复查的条件，通过人民法院再审立案的正当程序来决定是否进入再审，从而维护审判权与检察权的分工和当事人适用法律平等的基本原则。

（5）立法、党政机关。立法机关是指各级人大及其常委会。根据宪法和人大组织法有关规定，立法机关对司法机关有监督权，但其对法院的监督是通过选举院长，任免有关人员，质询，听取工作报告等形式实现的。《立法法》的

---

① 认为检察院法律监督不应包括对启动民事案件再审的理由还有：①如果检察院的法律监督包括对民事案件的审理的话，检察院就应该对所有的民事审判活动进行监督，包括一审和二审活动，否则就是失职；②如果检察院和当事人的观点不一致，比如，检察院认为某案（不涉及国家和公共利益）应提起再审，而当事人拒绝出庭申诉，应如何处理？③不利于维护检察院的权威与形象，一方面由于案件结果的不确定性，如果案件被维持原判，检察院启动再审给相对人造成的损失问题难以处理，就有可能遭到当事人的非议；另一方面，检察院提起民事抗诉无法摆脱与对方当事人的利害关系，这样有损检察院的社会威望。

出台否定了人大的个案监督，但是人大代表对个案的监督却与日俱增。

党政机关之所以参与到再审的博弈中来，很大程度上是当事人到党政部门的结果，由于体制、传统文化等的影响，在人们的潜意识中，并不把法院作为一个解决纠纷的最终机构，相反，党政部门在人们的潜意识中仍处于“青天”的地位。司法实践中常见的情形是，当事人对法院生效裁判不满，便通过种种途径到党政部门等机关上访，甚至出现了“拦车喊冤”的一幕。出于化解社会矛盾，维护政府形象的考虑，党政部门往往会要求法院启动再审程序。但是，党政机关有时要求启动再审并非完全是出于正当考虑。最高人民法院发现，来自立法机关的案件监督往往带有个人过问案件的色彩。也有些监督是由于当事人和有关人员私下交往的结果，少数公职人员利用自己的影响力向法院施加压力，要求启动再审程序。在最高法院有关领导的讲话中，我们也可以看到人大代表不当过问案件的痕迹。①

问题的难点在于如何对待人大代表的个案监督。虽然这一方式没有明确的诉讼法依据，但是法院受到的影响较大，不能排除人大对法院评议的权力因素影响。我们认为，即使在当前数量较大，人大代表对个案监督也不应该作为启动再审的法定程序规定下来。因为再审的启动须以对生效判决的否定性判断为前提，在没有经历诉讼程序的前提下，人大代表对案件的判断是无法保证其正确性的，人大代表从职能、专业分工来说也不适宜深入地介入案件纠纷。我们认为人大代表对法院的监督应着重于法官职业操守、法律制度的优劣和法律的运行环境上。在制度设计上，与其将公正寄托于没有经过法律训练又没有程序保证的任意决断，不如寄托于经过法律训练又有程序保证的法官。

与检察院的法律监督一样，人大代表的监督也应该是非介入式的，不能越俎代庖。从诉讼程序上来说，人大代表也不应该成为民事诉讼的主体。但是，为了体现人大的监督机关的性质，在新的再审诉讼程序的设计上，可以将人大代表的个案监督与检察院的民事抗诉一起，列为人民法院进行案件复查的条件，既体现了其监督职能，又体现了权力分工。

（6）新闻媒体。新闻媒体是舆论宣传的主体，不是案件的当事人，也不是再审程序的启动者，然而新闻传播的规律决定了新闻媒体的报道与分析必须考

---

① 例如，最高人民法院审判监督庭庭长纪敏2002年9月26日在云南省审判监督工作会议上的讲话中就提到：“……不得不承认，一部分人大代表过问个案，有的就是关系案、人情案，有的人大代表本身就是案件的律师，有的是一方当事人的领导，他们将代表身份和当事人身份交替使用。”“目前人大代表过问个案越来越厉害、越来越广泛，有的代表本来是一个人提的，但还串联其他代表。这些都是不正常的。”参见沈德咏主编：《审判监督指导与研究》2002年第4卷，人民法院出版社，2003年，第15页。

虑特定主题的选材价值及其可能的影响，甚至包括了对媒体知名度、销量的影响，而再审案件由于其争议性强往往比较容易符合新闻媒体选材的要求，所以新闻媒体能够凭着自身的视角，在其兴趣所及的范围内，个别案件可能会成为其关注的对象。新闻媒体独特的调查力量和取证方式，加之其独有的“眼球吸引”优势，使其在审判监督博弈中处于独特的地位，“舆论杀人”、“民愤审判”都是新闻媒体威力的体现。在设计新的再审程序时，尽管在现实中存在新闻媒体的不正当影响，但是这种影响之所以能够发挥作用，不是新闻媒体的过错，而是人民法院缺乏抵制这种影响的能力。这个问题应该由人民法院组织法和新闻法来解决，不应进入再审程序的内容。

在当前法院独立审判地位还缺乏有力的外部保障，法院内部审判人员素质又有待提高的现实情况下，再审的启动及其结果就更容易受到上述因素的影响①。上述分析为我们勾勒出了审判监督制度改革的基本方向，包括：建立公开、公正的再审立案程序；禁止再审的诉权滥用；废除人民法院依职权决定再审的程序；检察院基于当事人申诉提起的抗诉和人大代表个案监督不当然启动再审，等等。按照程序正当化的要求设计新的再审程序成为现行审判监督制度改革的必然选择。

上述关于民事审判监督程序参与人及其利益博弈的分析，说明了民事审判监督程序的进一步改革，应该能够超脱各方的利益博弈，从诉讼程序完善的本身、从建设公正高效权威的社会主义司法制度的高度来设计，避免不应有的部门利益和行业利益的参与，才能真正将我国的民事审判监督程序改革成为符合司法规律、有利于司法公正的诉讼制度。

五、我国民事审判监督制度进一步改革展望

虽然《民事诉讼法》修改才一年多的时间，但是《民事诉讼法》修改后的司法实践已经就如何进一步改革我国的再审制度提出了明确的要求，无论是从理论上完善的角度，还是从最高人民法院和各高级人民法院受理数量巨大的再审申请的实际情况来看，我国的民事再审制度将面临一次更为彻底的改革，而且改革的方向与上一次民事诉讼法的修改并不相同。我们认为，构建有条件三审终审制和完全“补充”意义上的再审制度将成为我国民事审判监督制度改革

① 关于外部因素对法院审判活动的影响，参见［日］棚赖孝雄著，王亚新译：《纠纷的解决与审判制度》，中国政法大学出版社 1994 年版，第 158～204 页。

的方向。这一步改革应该在《民事诉讼法》全面修订之时完成，成为构建我国现代民事诉讼制度的重要组成部分。

（一）有条件三审终审制在我国已经试水

在这次以解决“申诉难”为目标的《民事诉讼法》修改活动中，对司法实践一个突出的影响就是，对于形式上符合民事诉讼法第一百七十九条规定的再审事由的，上一级人民法院应当审查是否进行再审立案。表面上看这是对原有审判监督制度的完善，但是从实际运转来看，这已经构成了一个新的诉讼制度——有条件三审终审制度，即案件的二审判决为一般发生法律效力的判决，但是，一旦案件被上一级法院立案再审，就进入了“第三审”程序。之所以说目前的审判监督程序更像三审程序而不像再审程序，是因为再审本身应该作为一种例外性的、补充性的诉讼程序出现，而目前由于法定的再审形式条件如此易于满足，导致再审申请成为二审之后一种普遍的现象。虽然三审终审的说法没有在法律上浮出水面，但实际上三审终审在我国已经试水了。

看起来这似乎不是这次民诉法修改的初衷，但是这种修改也不是闭门造车，而是我国民事司法实践的客观要求，是解决“申诉难”的必然应对之策。实际上这样的制度运行在实践中产生的一个最有利于审判机关的影响就是，人民法院通过广泛审查再审申请，走出了对自己的错误视而不见的批评圈子，只是付出的代价过高：高层级法院不得不调出相当比例的法官从事再审立案审查工作，二审胜诉的当事人不得不再一次经受诉讼的磨砺。但是不论怎么说，司法的终极目标是公正，为了司法公正，这些代价尚没有引起过多的非议。从法律的稳定性、改革的连续性、法院对于公众要求的妥协性来看，当前这种再审制度将继续运行下去，而随着实践时间的不断磨砺，其“有条件三审终审”的本来面目也必将为更多人所认识。

（二）构建真正的再审程序将会水到渠成

走出审判监督的误区，再审应定位于一种真正的诉讼程序（相对于上访式申诉），一种补充性的诉讼程序（相对于一、二审程序），一种纯粹性的诉讼程序（相对于权力运作的申诉），而这种再审制度的本来之意并没有在这次民事诉讼法修改当中得以充分体现。构建真正的民事再审程序在于将使再审从“纠错”走向“补充”，趋向于对案件新情况的补救性的处理。正如有学者指出，这是一种基础置换与制度重建。① 但这应当成为我国民事审判监督制度改革的

① 参见张卫平：《基础置换与制度重建》，载《法学研究》2003 年第 1 期。

方向所在，在目前看来，这是一项极其艰难的工程，但是，《民事诉讼法》的修改让它在不远的将来会水到渠成。如果有条件三审终审制度得以建立，那么在此基础上建立理想的再审制度就不再困难了，检察机关的角色、法院自我启动再审程序、人大代表的监督等都将不再成为构建再审制度的内容，因为，这些都将被保留在三审之中，而没有理由出现在再审程序之内。从民事审判监督程序参与人及其利益博弈的角度来看，建立在有条件三审终审制度上的再审制度完全可以从制度上超脱各方参与人的利益博弈，从而成为社会各界的一致观点和行动。

全国人民代表大会会议制度研究

◇蔡春红[①]　万其刚[②]　苏东[③]

[提要] 全国人民代表大会的会议制度是否健全、完善，直接关系到全国人大职权的行使，进而关系到全国人大在我国政治、经济、文化等社会生活中作用的充分发挥。在了解、分析全国人民代表大会会议制度现状的基础上，笔者以全国人民代表大会议事规则为主，兼及现行《宪法》和《全国人民代表大会组织法》，并借鉴发达国家议会议事规则和会议制度，对全国人大会议制度进行全面研究，并提出相应的改进建议。具体内容包括：全国人大会议的准备工作、会期制度、会议形式、会议的审议、询问和质询、信任或不信任投票、特定问题调查、罢免和弹劾、会议期间的专门委员会、会议的表决等。

一、绪言

根据《宪法》规定，全国人民代表大会是最高国家权力机关。人大作为民意机关[④]、代议机关[⑤]，集体行使职权集体决定问题。也就是说，人大一切决定的形成或作出，都必须经过集体合议之后才能具有相应的法律效力，而不能由

---

① 蔡春经，经济学博士，法学硕士，国家行政学院经济学部研究员。

② 万其刚，法学博士，全国人大常委会办公厅研究室干部。

③ 苏东，法学硕士，中国民主法制出版社编辑。

④ 关于民意机关的提法，在我国有不同意见，但人民代表大会制度在本质上就是一种民意机关。见刘政：《关于人民代表大会制度研究中需进一步探讨的几个概念和提法问题》，《中国法学》1991 年第 3 期。

⑤ 就人民代表大会制度的实质来说，它显然也是一种代议民主制。李秋生先生指出：“中国全国人民代表大会作为中国的代议机构植根于中国大地，与中国的政治、经济、文化状况息息相关。”见李秋生：《中国全国人民代表大会——具有中国特色的代议机构》，载王晓民主编：《议会制度及立法理论与实践纵横》，华夏出版社 2002 年版，第 2 页。另参见白锐：《浅议代议民主制的理论与实践》，《中共宁波市委党校学报》2003 年第 5 期，第 27 ~ 31 页；田穗生等著：《中外代议制度比较》，商务印书馆 2000 年版。

个人或者少数人说了算。对全国人民代表大会来说，集体行使职权的组织形式就是通过每年一次的代表大会，而代表大会的主要内容就是审议、决定议案和报告。所以，全国人民代表大会的会议制度是否健全、完善，就直接关系到全国人大职权的行使，进而关系到全国人大在我国政治、经济、社会、文化等生活中作用的充分发挥。值得指出的是，全国人民代表大会会议的议事规则及其相应的制度，事实上也是我国根本政治制度——人民代表大会制度的一个重要内容。[①] 换言之，全国人大会议制度并不仅仅是一个如何开会的问题，也是我国人民代表大会制度与民主法制中的重要组成部分。在这一意义上，认真研究全国人大会议制度，是十分必要的，也是非常重要的。

随着我国人民代表大会制度的不断发展完善，全国人大会议的举行也日益规范化、制度化、法制化。其重要标志，就是现行宪法颁布之后不到一个星期，五届全国人大五次会议就于1982年12月10日审议通过了《全国人民代表大会组织法》；七届全国人大二次会议也于1989年4月4日审议通过了《全国人民代表大会议事规则》，这就使最高国家权力机关的工作纳入了制度化、法制化和程序化的轨道。尤其是《全国人民代表大会议事规则》在《全国人民代表大会组织法》第一章“全国人民代表大会会议”规定的基础上，作了进一步细化的规定，即对全国人大会议的举行，议案的提出和审议，审议工作报告，审查国家计划和国家预算，国家机构组成人员的选举、罢免、任免和辞职，询问和质询，调查委员会以及发言和表决等作了较为系统的规定。这些规定对开好全国人民代表大会会议起了积极作用。

不过，伴随着我国民主法制建设的逐步加强，《全国人民代表大会组织法》和《全国人民代表大会议事规则》等的一些规定已不能适应现实需要，急需对其进行修改、完善。事实上，近些年来，安徽省、天津市等地方已根据《立法法》等法律的规定和现实情况，对本省（或市）人大或其常委会的议事规则进行了修改。

然而，目前对全国人民代表大会会议制度的研究，除了针对《全国人民代表大会议事规则》所作的介绍和评述外，还缺乏全面、系统、深入的研究，而只是在相关的研究中有所涉及。比如，对有关预算的审批[②]、全国人大监督权的行使等方面的研究，就涉及全国人大会议的议事规则及其相应的制度。但这还远远不够，因为现行的全国人大会议制度还存在不少亟待解决的问题，需要

---

① 参见刘政：《我国人民代表大会制度的特点及其历史发展》。刘政、程湘清著：《人民代表大会制度的理论和实践》，中国民主法制出版社2003年版，第3页。

② 李诚、张永志：《当前人大在预算监督中遇到的问题及其改革对策》，蔡定剑、王晨光主编：《人民代表大会二十年发展与改革》，中国检察出版社2001年版，第319～342页。

进一步作深入的研究，以适应人民代表大会制度与民主法制建设的现实需要。

因此，本文拟根据我国民主法制建设与人民代表大会制度运作的实际情况，以全国人大议事规则为重点，兼及宪法和全国人大组织法，并借鉴发达国家议会议事规则和会议制度，对全国人大会议制度进行全面深入的研究，为其修改完善建言献策。这里需要说明两点。第一，虽然全国人民代表大会会议的议事规则及其相应的制度是我国人民代表大会制度的一个重要内容，但就全国人大会议制度来说，核心问题是一个如何开好会议从而行使职权的问题。基于此，本文围绕全国人大会议的主要环节，着重研究全国人大议事规则，发现其中存在的问题，并提出相应的改进方案和措施。第二，由于本文属于对策研究，需要考虑这些方案和措施的可行性、可操作性，而这难免会使有的地方显得过于琐细。

二、全国人大会议的准备工作

全国人民代表大会会议的召开，需要做好方方面面的准备工作。会议的准备工作包括组织准备、文件准备和会务准备。这里只谈组织准备和文件准备。

（一）关于组织准备

根据全国人大组织法和全国人大议事规则的规定，组织准备工作主要包括：提出会议议程草案，提出主席团和秘书长名单草案，决定列席会议人员名单，组织代表团，审查代表资格等。要开好全国人民代表大会会议，这些准备工作都是很重要的，必须认真做好。其中，最重要的工作无疑是会议议程草案的提出。提出会议议程草案的工作，是由全国人大常委会来做的。《全国人民代表大会组织法》第二条规定，全国人大常委会应当在全国人大会议举行前一个月，将开会日期和建议大会讨论的主要事项通知全国人大代表。全国人大议事规则也作了类似的规定。最近10多年来，全国人大常委会都是在12月份的常委会会议上，作出一个关于来年召开全国人民代表大会会议的决定。该决定的主要内容就是对代表大会会议的议程提出建议，然后以此来通知全国人大代表。这一点是应当加以坚持的。同时，也应适当考虑把一定数量代表（如一个代表团）提出的议案列入会议议程，而这是需要在大会会议期间由主席团来决定的。这样做，可以使人大代表所提出的一些具有重要内容的议案能够在代表大会上进行审议，从而可以发挥全国人大代表的作用，进一步调动代表的积极性。

（二）关于文件准备

除了组织准备、会务准备以外，更为重要的是会议文件的准备，这是提高会议的审议质量、发挥全国人大会议作用的前提条件。因为就我国现阶段人大代表的素质和人大代表个人没有单独的助理人员的实际来看，有关机关或部门要为代表履行职责提供各种文件和相关资料，才会有助于人大代表审议各项议案。文件准备包括两个方面。

（1）应为人大代表提供尽可能详细的文件及其相关的辅助材料。这在政治、经济、社会、文化发展日新月异的今天，是极其必要的。所以，会议文件的准备应当更加全面、细致。在我国，《立法法》和议事规则只对法律草案提出的形式等作出了规定。即除了明确要求应当提出法律草案文本及对法律草案的说明以外，还规定应提供必要的资料。根据全国人大议事规则第二十二条和全国人大常委会议事规则第十四条的规定，这些有关的资料，由提案人和有关的全国人大专门委员会、有关的全国人大常委会工作部门提供。为了便于人大代表审议，这应作扩充性规定，即不仅法律案应提供必要的资料，其他议案也应提供必要的资料。

（2）应按规定将这些文件或材料尽早发给人大代表，使其有充分的时间进行阅读，了解并熟悉相关情况，为正式审议做好准备。对此，《全国人民代表大会组织法》第二条已作了规定，《全国人民代表大会议事规则》第六条则进一步规定："全国人民代表大会常务委员会在全国人民代表大会会议举行的一个月前，将开会日期和建议会议讨论的主要事项通知代表，并将准备提请会议审议的法律草案发给代表。"《立法法》第十五条重申："常务委员会决定提请全国人民代表大会会议审议的法律案，应当在会议举行的一个月前将法律草案发给代表。"但从这些年的实际情况来看，全国人大常委会的办事机构通常并没有按规定将法律草案提前发给代表。究其原因，主要是提前发给人大代表的法律草案在大会正式审议时往往已作了修改（有的可能还是较大的修改），因此，有关部门从便于人大代表审议的角度出发，就不再提前将法律草案发给人大代表。笔者认为，除了要严格执行"一个月前"进行通知的规定以外，还应对这一条的规定加以扩充，即提前发给代表的文件不应局限于"法律草案"，而应该包括会议将要审议的主要文件，包括政府工作报告（稿）、国家预算和预算执行情况的报告（稿）、常委会工作报告（稿）等文件。哪怕这些文件在正式开会时已作了修改，也应提前发给代表。这样，给代表的会议通知不仅是形式上的，也是内容上的。而且，这样做也是充分尊重代表的知情权的需要。为此，一方面，需要在修改《全国人民代表大会议事规则》时加以考虑，作出规定；另一方面，需要在实际工作中努力创造条件，尽量做到这一点。

顺便指出，为了使全国人大代表能够更好地审议国家预算和预算执行情况的报告（稿），一方面除了将这一报告（稿）提前发给人大代表外，另一方面，还可以效法常委会对提请代表大会审议的法律案事先进行至少一次审议的做法，让代表大会之前的一次常委会先对国家预算和预算执行情况的这一报告（稿）进行审议，并将审议意见连同报告本身一起提请代表大会审议，从而为代表大会审议工作做更为详细、有效的准备。

三、全国人大会议的会期制度

会期是指“在一年的某个时期议会有法定权力召集会议处理自己的事务”①，或者说，“是立法机关在一定时期内开会的间隔及每次开会的时间的制度，这种制度通常由宪法或法律加以规定，自集会之日起，至闭会之日止”。因为在一般情况下，“立法机关集会应有固定的时间，这样才能够保证集会的正常进行”②。的确，会期制度是会议制度的重要内容，它不仅直接关系到会议的成功与否，也牵涉到国家财政预算的审批等实质性问题。全国人大会议的会期制度包括每年召开的次数，每次会议开幕和闭幕日期，会议时间长短等。

1982年《宪法》第六十一条规定，全国人民代表大会会议每年举行一次，如果全国人大常委会认为有必要或者有五分之一以上的全国人民代表大会代表提议，可以临时召集全国人民代表大会会议。《全国人民代表大会组织法》第一条规定，每届全国人民代表大会第一次会议，在本届全国人民代表大会代表选举完成后的两个月内由上届全国人大常委会召集。这为全国人大会议的会期制度作了原则性规定，但没有对会期制度的其他内容作出规定。全国人大议事规则对会期作了更具可操作性的规定。

（一）关于全国人民代表大会的开幕时间

就会议开幕的时间来说，相当长一段时间以来并不确定。有的年份在春季召开，有的年份在夏季召开，有的年份则在冬季召开。然而，这种不严格的会期制度却是有宪法依据的，比如，1975年《宪法》、1978年《宪法》都规定：“全国人民代表大会每年举行一次；在必要的时候，可以提前或者延期。”直到

① 田慧生、陈延庆主编：《各国议会制度概况》，吉林人民出版社1991年版，第43页。

② 吴大英、任允正、李林著：《比较立法制度》，群众出版社1992年版，第354页。

1985 年六届全国人大三次会议才又在第一季度召开，从此固定下来，并直接体现在《全国人民代表大会议事规则》中。其中，第二条规定，全国人民代表大会会议于每年第一季度举行。

1995 年以来，全国人大会议一般是在 3 月初召开，3 月中旬结束。但我国的财政年度是从 1 月 1 日开始的。也就是说，有将近四分之一的财政年度未经全国人大会议审议、批准就已经在事实上执行了。所以，近些年来一直有人主张，从批准国家的年度计划和预算的角度来看，在我国计划期和财政年度开始前的某一时间，例如 12 月的某一时间，召开全国人代会会更合适。① 但反对意见则认为，我国目前的信息渠道、统计方法、统计汇总手段、计划和预决算体制、有关报告的起草等各方面都还存在着制约因素，实际上还无法做到这一点。② 这一意见有一定道理。

随着经济、科技、计划体制、财政体制、统计方法和手段的发展，尤其是信息化技术的发展和广泛运用，以及有关部门工作水平和专业人员素质的提高，逐步将全国人民代表大会的召开日期提前至年初，甚至 12 月份，应当说是可行的。实际上，为了逐步做到全国人民代表大会的开幕时间与国家计划和财政年度尽量一致，全国人代会前几年的召开时间，每年都提前了 5 天。但是，到 1995 年就相对固定在 3 月 5 日开幕，而没能继续提前。至于有关报告的准备，应该不成问题。一方面，在现代信息技术日益发达的今天，国务院及其有关部门（财政部、国家统计局等）、最高人民法院、最高人民检察院完全可以把起草工作报告等相关工作提前，另一方面，即使因为统计等工作无法把有关数据弄得十分准确，有关报告也还可以适时进行调整。而根据《宪法》第六十七条的规定，在全国人民代表大会闭会期间，全国人大常委会有权审查和批准国民经济和社会发展计划、国家预算在执行过程中所必须作的部分调整方案，在实际工作中也是按照这一规定来做的。

（二）关于全国人民代表大会持续的时间

会期长短也是同样重要的，“因为它是任何一个国家议会所作贡献的一个明显标志”③。到目前为止，我国还没有对全国人民代表大会会议应当开多久进

---

① 参见王汉斌《关于〈中华人民共和国全国人民代表大会议事规则（草案）〉的说明》，《全国人民代表大会常务委员会公报》1989 年第 2 期；陈寒枫：《国家立法机关会议制度和议事程序比较研究》，载宪法比较研究课题组编：《宪法比较研究文集（一）》，南京大学出版社 1993 年版，第 347 页。

② 参见陈寒枫：《国家立法机关会议制度和议事程序比较研究》，载宪法比较研究课题组编：《宪法比较研究文集（一）》，南京大学出版社 1993 年版，第 347 页。

③ 田慧生、陈延庆主编：《各国议会制度概况》，吉林人民出版社 1991 年版，第 46 页。

行规定。所以，每次会议的持续时间是不一样的，短的开5天、8天，长的超过20天，而最长的则开了26天。最近10多年来，会期一般是15天左右，但似乎有越来越短的趋势。

在西方一些国家，议会会期一般都比较长。如美国国会每年1月3日正午开会，7月31日休会，到10月中旬闭会，众议院年均开会天数为144天，参议院为152天。英国议会每年开会两次，第一次从1月或2月初开始，到7月末或8月初休会；第二次从10月末或11月初开始，延续到圣诞节前夕结束，年均天数为170天。法国国民议会每年也召开两次会议，第一次从10月2日开始，会期80天；第二次于4月2日开始，会期不超过3个月。其他国家议会会期，日本为150天，加拿大为148天，瑞典为120天，以色列为111天，葡萄牙为108天，新西兰为100天。[①]

通常情况下，我国全国人大的会期为10～20天，加上全国人大常委会的会期往往也不会超过60天。对于这样的会期，存在不同看法。主要有两种意见。一种意见认为，目前全国人大会议的会期是符合我国国情和实际的，且与资本主义国家议会的会期制度有着明显不同。[②] 另一种意见认为，会期的长短在一定意义上反映了立法机关在国家政治生活的地位和作用。会期过短不利于人大充分行使职权。所以，应考虑适当延长全国人大会议的会期。[③]

我们认为，对于中国这样一个大国来说，60天左右的会期无疑是太短了。实际上，按宪法的规定，我国全国人民代表大会所享有的职权在世界各国议会或代议机关中也许是最大的，是"最高国家权力机关"，"一府两院"由它产生，对它负责，而"一府两院"却不能反过来制约监督全国人大。[④] 同时，在世界各国议会或代议机关中它的任务恐怕也是最为繁重的，然而，会议时间却是最短的。正是由于全国人大会议日期过短，就不仅使得全国人大代表在会议期间提出的议案（包括质询案）无法被列入大会会议议程，使得本该由它行使

---

① 引自刘政、程湘清著：《人民代表大会制度的理论和实践》，中国民主法制出版社2003年版，第74页。但这里的具体天数，有一些出入。见蔡定剑著：《中国人民代表大会制度》，法律出版社1998年版，第430、431页。

② 陈寒枫：《国家立法机关会议制度和议事程序比较研究》，载宪法比较研究课题组编：《宪法比较研究文集（一）》，南京大学出版社1993年版，第345、346页。另见刘政、程湘清著：《人民代表大会制度的理论和实践》，中国民主法制出版社2003年版，第74页。

③ 刘政、程湘清著：《人民代表大会制度的理论和实践》，中国民主法制出版社2003年版，第74页。

④ 这也许与我们曾一度奉行"人大至上"不无关系。关于这一点，参见周叶中、江国华：《82年宪法与中国宪政》，《法学评论》2002年第6期；夏勇：《中国宪法改革的几个基本理论问题》，《中国社会科学》2003年第2期；万其刚：《质疑"人大至上性"》，《人大研究》（甘肃）2004年第1期。

的职权只能旁落①，改由全国人大常委会或其办事机构或者其他部门去行使，而这样的结果就是民主精神未能得到很好发挥的体现。而且会期过短还导致全国人大的其他一些职权也无法行使。因此，从全国人民代表大会能充分行使职权的角度看，全国人民代表大会的会期可适当延长，如延长至20天甚至30天。这样，关系国计民生的种种重大问题都可以提请全国人大会议审议决定，这是发扬人民民主，实现人民当家作主的必然要求。那么，至于为什么只延长到20或者30天呢？主要是基于这样的考虑：如果会期过长，在目前全国人大代表数量不减少的情况下②，就不仅效率低下，而且开会的成本太高。这里所说的成本，不仅是指所花费的人力、物力、财力，而且由于会议是在春暖花开的日子里召开的，所谓“一年之计在于春”，对作为兼职的人大代表来说，就有很多事甚至是本职工作的“正事”需要筹划、需要去做，这样他们在参加会议时就很难自始至终，尤其是其中的省委书记、省长等党政领导干部就会更难于坚持开完整个会议。而延长到20或者30天，不仅使目前的议案能得到更为充分的审议，而且也可以把其他重大问题提交代表大会来审议，比如南水北调工程、上万亿的经济刺激计划等。

四、全国人大会议的形式

全国人大会议的形式是指全国人大在举行会议时的具体组织形式。目前，它包括主席团会议、大会全体会议、代表团会议、小组会议等。《全国人民代表大会议事规则》第十二条规定，代表团审议议案和有关报告，由代表团全体会议、代表小组会议审议。需要说明的是，根据全国人大常委会议事规则的规定，常委会会议还有联组会议。

（一）关于主席团会议

《宪法》第六十一条规定，全国人民代表大会举行会议的时候，选举主席

① 比如，宪法和法律所规定的法律解释权长期以来就是虚置（很少或几乎不使用）的或者实际旁落了（由全国人大常委会法制工作委员会、行政机关或司法机关进行了大量的解释）。见蔡定剑、刘星红：《论立法解释》，《中国法学》1993年第6期；周伟：《宪法解释案例实证研究》，《中国法学》2002年第2期。

② 彭真同志指出，由于全国人大代表人数较多，曾经设想减少人数，但是，“我国国大人多，有五十多个民族，两千多个县，各阶级、各阶层、各民族、各地方、各方面、各政党在全国人大中都需要有适当数量的代表，人数少了不行”。彭真：《论新时期的社会主义民主与法制建设》，中央文献出版社1989年版，第111页。也可另见该书第163页。

团主持会议。全国人大组织法、全国人大议事规则等有关法律进一步规定，主席团第一次会议推选主席团常务主席若干人，推选主席团成员若干人分别担任每次大会全体会议的执行主席；主席团常务主席召集并主持主席团会议，而主席团第一次会议由全国人民代表大会常务委员会委员长召集。

大会主席团第一次会议需要决定的事项基本上是有关大会会议程序的，主要是决定：①副秘书长的人选；②会议日程；③表决议案的办法；④代表提出议案的截止日期；⑤依法应列席全国人大会议以外的人员名单，等等。而大会主席团在举行第一次会议以后，其职责主要是：①提出议案和决定其他提案主体提出的议案是否列入会议议程；②负责提名由全国人大选举的全国人大常委会组成人员和其他国家机构领导人员的人选；③依法提出罢免案、质询案、组织特定问题调查委员会的议案等。

从上述规定和实际运作来看，主席团是大会会议的一个领导机构、决策机构[①]，而它的决策要做到比较科学合理，就需要在作出决定之前充分发扬民主，尤其是要充分发扬党内民主。这是因为：①从主席团的组成人员来说，绝大多数都是党的高级领导干部；②从实际运作看，中共全国人大常委会党组在决策过程中起着重要作用，接受中共中央的领导[②]；③前几年，党就提出要通过发扬党内民主，积极推动人民民主的发展。党的“十六大”报告明确指出：“党内民主是党的生命，对人民民主具有重要的示范和带动作用。”[③] 党的“十七大”报告进一步指出：“要以扩大党内民主带动人民民主，以增进党内和谐促进社会和谐。”[④] 所以，要改革和完善党的领导方式和执政方式，领导体制和工作制度，扩大党内民主，以进一步推动人民民主。这也是开好主席团会议乃至全国人大会议的前提和保证。而且，党的十六大、十七大报告都明确提出，要规范党委与人大的关系，支持人民代表大会依法履行职能。这些都为进一步理顺党与人大的关系指明了方向。

（二）关于大会全体会议

大会全体会议是代表大会举行会议的基本形式，也是代表大会行使职权最

---

① 关于大会主席团作为主要的立法决策主体的情况，可参看朱力宇、张曙光主编：《立法学》，中国人民大学出版社 2001 年版，第 164 页。

② 参见朱力宇、张曙光主编：《立法学》，中国人民大学出版社 2001 年版，第 166、167 页。江泽民同志在 2001 年的“七一”讲话中对人大、政府等的党组提出过明确要求。参见江泽民：《在庆祝中国共产党成立八十周年大会上的讲话》，人民出版社 2001 年版，第 34 页。

③ 参见《中国共产党第十六次全国代表大会文件汇编》，人民出版社 2002 年版，第 50 页。

④ 参见《中国共产党第十七次全国代表大会文件汇编》，人民出版社 2007 年版，第 49、50 页。

重要的形式。概括地说，它主要有两个方面的任务：①听取各种工作报告和法律等议案的说明；②投票选举和表决工作报告等议案。这些都是非常必要的，但大会全体会议对议案的审议却很少或者几乎没有，尽管《全国人民代表大会议事规则》第十四条规定："主席团可以召开大会全体会议进行大会发言，就议案和有关报告发表意见。"而且，第五十条已对大会发言有了明确规范。不过，在该议事规则颁行以来的10多年时间里，全国人大会议几乎还没有举行过大会发言。主要原因：①由于全国人大会议会期偏短，在开会期间举行全体会议的次数偏少，进行几乎没有时间进行大会发言。相应地，就使会议的审议质量受到影响。②从全国人大会议的实际情况看，主席团会议的职权过大，其直接影响就是：人大代表所提出的各种议案几乎不可能被列入大会会议议程，宪法和法律所赋予的职权无从得以实行，这显然既不利于调动人大代表的积极性和主动性[①]，也是有违集体行使职权的民主本质的。

笔者建议，要在延长会期的前提下，适当增加大会全体会议次数，比如增加两个半天专门用于大会发言。这在目前有一定难度，主要是人大代表的数量过多[②]，但在不减少代表数量的情况下，适当增加大会会议次数，并实行大会发言，也是可行的。鉴于以往常委会全体会议上委员的发言在一定程度上成了"自由发言"[③] 这一现实情况，应规定全体会议的发言至少有一次必须围绕所审议的议题来进行，这之后才能"自由发言"，即"可以就议题以外的人民群众普遍关心的有关问题发表意见、提出建议"。[④]

（三）关于代表团会议

全国人大代表按照选举单位组成代表团。代表团在每次全国人民代表大会会议举行前，讨论全国人大常委会提出的关于会议的准备事项；在会议期间，对大会的各项议案进行审议，并可以由代表团团长或者由代表团推荐的代表，在主席团会议上或者大会全体会议上，代表代表团对审议的议案发表意见。会议期间代表团还可以提出属于全国人大职权范围内的议案。

---

① 然而，在事实上，全国人大各项工作的开展与各项职权的行使都离不开人大代表积极性和主动性的发挥。

② 根据《选举法》第十五条的规定，全国人民代表大会代表的名额不超过3 000人。2003年2月底，第十届全国人民代表大会实有代表为2 984人；2008年2月底，第十一届全国人民代表大会实有代表为2 987人；2009年3月，第十一届全国人民代表大会实有代表为2 985人。

③ 这一提法来自蔡定剑先生。见蔡定剑著：《中国人民代表大会制度》，法律出版社1998年版，第451页。

④ 蔡定剑著：《中国人民代表大会制度》，法律出版社1998年版，第451页。

代表团审议议案和有关报告，由代表团全体会议、代表小组会议审议。以代表团名义提出的议案、质询案、罢免案，由代表团全体代表的过半数通过。目前，代表团会议存在的一个重要问题就是，省（市、区）的党政一把手在审议政府工作报告时，往往把会议变成汇报过去一年的工作、安排和部署新一年工作的“四级”干部会。这是应当改变的。一要多给非领导干部尤其是来自基层的人大代表一些机会发言；二要分清主次，要以审议政府工作报告等议案为主。

（四）关于代表小组会议

全国人大会议审议议案和有关报告，主要是在代表小组会议上进行的。由于代表小组的人数相对较少，有利于代表充分地发表意见。但不足之处在于，各小组的意见不容易得到交流，从而不利于对议题主要问题的讨论，难以达到集思广益的目的，也就难以形成比较一致的意见，难以达成共识。这一方面可以借鉴常委会议事规则关于联组会议的规定，适当举行联组会议；另一方面，要适当减少小组会议，多召开代表团会议和全体会议。

五、全国人大会议的审议

全国人大要能作出正确的、合乎实际的决定，就需要真正集思广益，需要每一位全国人大代表都认真审议每一个报告或议案。对工作报告等议题的审议过程，是由一系列环节组成的。所以，要提高对各项报告或议案的审议质量，就应从这些相关环节着手加以解决。

（一）审议工作中存在的一些问题

从以往的实践看，人大代表在审议报告或议案时还明显地存在着一些问题。主要有：第一，在代表团会议、代表团小组（或分组）会议上，常常发生人大代表随意打断别人发言的现象。其实，这既是对正在发言的人大代表的不尊重，也不利于会议的正常进行。需要加以规范。第二，有的人大代表事先并没有做充分准备，所以，发言时很随意，而并不能围绕议题进行审议。这应在议事规则中明确规定，发言要围绕所审议议题的（主要）内容，避免即兴式发言。第三，往往是各说各的，没有交锋，没有辩论，特别是没有大会发言，更没有大会辩论，这就很难形成一致性意见，难以达成共识，使得会议的审议质量不高，从而没有为报告或议法案的最后通过提供实质性的意见和建议。

（二）会前准备工作

除了前面提到的全国人大常委会办公厅、法工委和预工委等助理机构要做好会议文件等的有关准备工作以外，人大代表也应做好相应的准备工作。从审议工作报告的实际情况来看，代表在很大程度上就是“学习”工作报告。造成这种情况的原因，很重要的一点就是代表（尤其是来自基层的人大代表）对许多情况并不熟悉。要解决这一问题，首先，要建立健全并严格实行议事公开制度。在国外，“立法机关会议的公开制度，也称为议事公开制度，是关于立法机关公布议程、发表记录、准许旁听等各种制度的总称”①。伴随着我国改革开放的日益深入，党的“十六大”报告明确提出，要“扩大公民有序的政治参与”，“完善公开办事制度”，以及“完善决策机制”，“推进决策科学化、民主化”，“建立社情民意反映制度，建立与群众利益密切相关的重大事项社会公示制度和社会听证制度”。② 党的“十七大”报告进一步明确提出，要“从各个层次、各个领域扩大公民有序政治参与”，“推进决策科学化、民主化，完善决策信息和智力支持系统，增强决策透明度和公众参与度，制定与群众利益密切相关的法律法规和公共政策原则上要公开听取意见”。③ 应该说，这为我国建立健全公民参与制度、议事公开制度等指明了方向。贯彻党的“十六大”和“十七大”的这些精神，需要我们认真研究并建立健全议事公开制度及其相关制度，为人大代表以及全体公民参政议政提供前提条件和制度保障。

其次，人大代表自己必须增强责任意识，努力提高自己参政议政的能力和水平。为此，人大代表不仅在平时的工作和学习过程中要多调查研究，应在平时多进行持证视察，而且有关工作机构也要认真组织代表在会前搞好调查和视察工作。只有知政，才能参政议政。人大代表要为履行职责做好准备，彻底改变目前在很大程度上只是“学习”工作报告等议案的现状。

（三）人大代表要认真审议

目前有相当一部分人大代表在审议工作报告时，仅关注自己本单位、本部门、本地区的情况，或者仅从自己本单位、本部门、本地区的情况出发来谈“学习”工作报告的体会，有的甚至成了对本单位、本部门、本地区工作的布置或安排。这就使得人大代表审议的质量不高，并在一定程度上变成了走过场，从而对进一步完善工作报告的意义不大。这种状况亟须改变。代表们应当

① 吴大英、任允正、李林著：《比较立法制度》，群众出版社 1992 年版，第 363 页。

② 见《中国共产党第十六次全国代表大会文件汇编》，人民出版社 2002 年版，第 31～34 页。

③ 见《中国共产党第十七次全国代表大会文件汇编》，人民出版社 2007 年版，第 28、29 页。

从本单位、本部门、本地区的情况出发，站在国家和民族的高度来审议工作报告，力争多提出一些真知灼见。当然，光靠人大代表的这种“自觉”显然还是不够的，亟须建立健全代表奖惩机制①，不能审与不审一个样，审多审少一个样，而要使人大代表能切实为选民代言，为民族和国家建言。

从审议的形式来看，除了适当召开代表团全体会议和全国人大会议全体会议（相应增加在这两种会议上的“大会发言”）以外，就是要进行辩论。议会“指导机构的主要职能，是负责组织尽可能公正的辩论。这一职能极为重要，因为辩论是议会的生命”②。实际上，早在1956年周恩来同志就指出：“明年还准备进一步允许辩论，当然现在也允许辩论，小组会上就辩论得很热烈，将来在大会上也可以辩论。就是说，人民代表提出的意见，政府要出来回答。回答对了，人民满意；不对，就可以起来争论。资本主义国家的制度我们不能学，那是剥削阶级专政的制度，但是，西方议会的某些形式和方法还是可以学的，这能够使我们从不同方面来发现问题。换句话说，就是允许唱‘对台戏’，当然这是社会主义的‘戏’。我们共产党人相信真理越辩越清楚。我们共产党人要有勇气面对现实，面对错误，有错误就不怕揭露，就勇于承认和改正。”③周恩来在这里不仅指出了实行辩论的必要性，也指出了辩论制度的作用。尽管他所说的“辩论”，在很大程度上指的是“质询”，但在全国人大的各种会议上实行辩论制度，不仅是必要的，也是可行的，有利于对议题的审议，有利于审议质量的提高，这需要研究借鉴国外的有关做法。④

（四）审议意见的处置或办理

以往人大代表审议议案的积极性不高，原因固然很多，其中最重要的一点恐怕就是人大代表的审议意见并未受到有关部门的重视。为了避免这一尴尬，就应对人大代表的真知灼见进行整理并交由有关部门处理。对此，地方人大已进行了有益的探索，就是将代表或常委委员在会议上的发言整理成审议意见，并交政府或“两院”处理。有的地方已对此加以制度化。比如，于2003年6月15日修改后的《安徽省人大常委会议事规则》第十三条规定：“常务委员会组成人员审议议案和报告时提出的意见，经主任会议研究，可以采取《审议意

---

① 关于是否建立代表奖惩机制，有不同意见，限于本文的主题和篇幅，在此不予展开。

② 田慧生、陈延庆主编：《各国议会制度概况》，吉林人民出版社1991年版，第51页。

③ 周恩来：《专政要继续，民主要扩大》，《周恩来选集》下卷，人民出版社1984年版，第208页。

④ 在英国，议会平民院大会辩论的制度就极为健全。参见蒋劲松：《英国议会制度》，载蔡定剑、杜刚建主编：《国外议会及其立法程序》，中国检察出版社2002年版，第39~47页。

见书》的形式交有关机关研究办理，需要作出答复的，有关机关应当在两个月内将办理结果书面报告常务委员会。”

从2003年开始，全国人大常委会办公厅也已开始借鉴地方的做法，将常委会组成人员在审议时的发言整理成“审议意见”，交有关部门处理。2003年4月常委会听取和审议国务院关于防治非典的工作报告，办事机构就将常委会委员的发言编辑整理后，交由国务院有关部门处理。两个月之后，即6月份的常委会上，国务院办公厅就反馈了处理的有关情况，各方面的反应都很好。2003年10月常委会听取和审议老年人权益保障工作情况、小城镇发展和农村富余劳动力转移情况、就业和再就业工作情况等三个报告，并将审议中提出的意见和建议，首次以《常委会组成人员审议意见》的形式印送国务院及其有关部门。这项工作需要进一步加强实践，总结经验，不断规范“审议意见”的整理工作，完善相关程序。如“审议意见”整理出来后，至少应由委员长会议审议通过，再交由有关部门办理，这样才能体现“审议意见”的严肃性。在总结经验的基础上，可以逐步适用于全国人民代表大会会议的审议。

六、询问和质询

（一）关于询问和质询的规定及其现状

质询是指“立法机关成员对于行政事物或其他事物，用书面或口头形式向政府及其他国家机关提出质问、询问，要求它们在法定的期限内作出答复的制度”①。在我国，由于以前的宪法对质询没有明确规定，“一个小组会就可以把国务院的副总理或者部长找去质询，这就把人民代表大会变得不严肃了”②。所以，现行《宪法》第七十三条规定，全国人大代表在全国人大开会期间，全国人大常委会组成人员在常委会开会期间，有权依照法律规定的程序提出对国务院或者国务院各部、各委员会的质询案。受质询的机关必须负责答复。在我国，不仅有质询，还有询问。但从宪法和法律的规定来看，询问和质询是有区别的。质询是“人大通过一定的法律程序，强制被监督对象回答代表或委员提出的问题，代表或委员可以根据回答的情况采取必要措施，以实现一定的监督目的”③。而询问是指人大代表在代表团会议、主席团会议、专门委员会会议上审议议案时对不了解的情况或者不理解的问题，提出疑问，有关机关予以解释

① 吴大英、任允正、李林著：《比较立法制度》，群众出版社1992年版，第369页。

② 张友渔：《关于修改宪法的几个问题》，载全国人大常委会办公厅联络局编：《中华人民共和国宪法及有关资料汇编》，中国民主法制出版社1990年版，第248页。

③ 蔡定剑著：《中国人民代表大会制度》，法律出版社1998年版，第397页。

说明。询问主要是用于审议各种议案时了解情况，不是完全意义上的监督。说到底，质询和询问的根本区别，就是两者的效力不同。这就正如张友渔同志所指出的："小组会可以请有关部门派人解答问题，但那不是质询，没有质询的效力。"①

质询是一种比较严厉的监督形式。实践中，全国人大及其常委会采用的是较为温和的"询问"的形式，而不是"质询"的形式。这与质询制度还不完善是密不可分的。因此，有的学者建议："应用更详尽的法律程序规定质询案的组织规则，质询案的提交期限、准备时限，质询人的提问，被质询人的答复和辩解权利，质询情况的通告和报告等。"② 这是很有道理的，需要在修改议事规则时加以完善。

（二）需要研究解决的三个问题

（1）应科学界定质询的范围。宪法第七十三条、《全国人民代表大会组织法》第十六条和第三十三条、《全国人民代表大会议事规则》第四十二条和第四十四条分别对质询作了规定。全国人大常委会议事规则还将常委会组成人员提出质询案的范围，从国务院或者国务院各部、各委员会，扩大到了可以对最高人民法院和最高人民检察院提出质询案。代表法把全国人大代表质询的对象扩大到最高人民法院、最高人民检察院。一些学者对此提出质疑，认为缺乏宪法上的依据，有违宪之嫌。而且还认为，司法权在性质上不同于行政权，对司法机关进行质询，有损于审判机关独立行使审判权、检察机关独立行使检察权。③ 这个问题值得研究。如果宪法已对质询对象或者范围作了规定，全国人大或其常委会在后来制定的法律中突破这一规定，或者擅自加以扩大，显然是不合适的。

（2）应明确质询的次数。由于受会期及程序等的限制，质询案的答复很仓促，如果质询的提案人对受质询机关的答复不满意，再要进行再答复，从时间上来说就更难操作。但一些地方对两次答复仍觉不满意，便通过地方立法规定了诸如再质询、进行特别问题调查、作出决议等。其用意也许是良好的，却未必能够实行。所以，"可以参照多数国家在质询中所采取的一次答复即行结束

---

① 张友渔：《关于修改宪法的几个问题》，载全国人大常委会办公厅联络局编：《中华人民共和国宪法及有关资料汇编》，中国民主法制出版社 1990 年版，第 248 页。

② 蔡定剑著：《中国人民代表大会制度》，法律出版社 1998 年版，第 398 页。

③ 参见李晓斌：《对"人大"质询法院的质疑》，《法学》1996 年第 9 期；傅林：《宪法对质询制度规定的疏漏及其完善》，《法学》2001 年第 2 期。但有人持反对意见，如刘今定等：《对〈对"人大"质询法院的质疑〉的质疑》，《法学》1997 年第 2 期。

或者两次答复即行结束的办法，对现行法律的有关规定予以修改，明确规定一次或两次答复即行结束质询，不宜继续延伸”[1]。

（3）应进一步规定质询的法律后果。《宪法》第七十三条规定的“受质询的机关负责答复”，从法律后果的角度来看，事实上是混淆了质询和询问的区别。[2] 既然二者在法律效力上是不同的，那么就应明确其法律后果，如罢免等，因而需要细化质询的法律程序，对再次答复不满意的，应启动表决程序、罢免程序，以真正发挥质询制度的职能。

七、信任或不信任投票

信任或不信任投票，是内阁制国家代议机关监督政府的一种手段。“信任投票”是政府为征得议会对某些政策或决策的支持，就该项政策或决策向议会提出要求其投票表决的议案，议会对此议案进行表决，为信任投票。不信任投票是议会不赞成政府的某项政策或决策，为追究政府的责任，提出不信任政府的议案交付表决[3]。我国宪法和法律未对信任与不信任投票作出规定。

在我国，宪法规定全国人大审查和批准国民经济和社会发展计划和计划执行情况的报告、审查和批准国家的预算和预算执行情况的报告，等等，但并没有明确规定全国人大会议要对这些报告进行表决。只是在全国人代大会会议之前举行的预备会议所通过的会议议程中，有对各项工作报告进行表决的“程序”。现在的问题是，既然要由大会对工作报告进行表决，则工作报告既有可能通过，也有可能通不过。然而，我国现行宪法法律还没有对“一府两院”的工作报告在通不过的时候应该怎么处置作出规定。因此，这些年来伴随着一些地方“一府两院”工作报告没被通过，关于工作报告被否决或通不过应该怎么处置的讨论也多起来了。目前比较一致的意见是，宪法或法律应对这种情况作出规定。

（一）要明确表决什么

目前，人民代表大会会议在对各种工作报告进行表决时，所表决的往往并

---

① 高咏沂：《质询和询问专题研究》，载全国人大常委会办公厅研究室编：《人大监督专题研究》，第295、296页。

② 傅林：《宪法对质询制度规定的疏漏及其完善》，《法学》2001年第2期。

③ 陈寒枫：《国家立法机关会议制度和议事程序比较研究》，载宪法比较研究课题组编：《宪法比较研究文集（一）》，南京大学出版社1993年版，第355页。

不是工作报告本身。就是说，会议不是对报告本身的内容进行表决，而表决的是关于工作报告的决议。在这种情况下，如果报告通不过，那么，究竟是报告通不过还是关于报告的决议通不过，就难以界定。因此，为避免这一情况的发生，今后在对工作报告进行表决的时候，应当只对报告本身加以表决。在此基础上，适当改变以往实行的一揽子表决，而将报告分开来加以表决，即对过去一年的工作、下一年度工作的安排或计划分别进行表决，如有必要，再对工作报告进行总体表决。

另外，还应引进修正案先行表决的制度，对有重大争议的部分单独表决，对作了重大修改的部分先进行表决。这些都分别获得通过之后再对其他部分进行表决。

（二）应当明确在什么情况下，人大可以行使否决权

人大对政府及其部门等的工作报告行使否决权，应该十分慎重，且须有宪法依据。这就如学者所指出的："即使大多数人作出的决定也有可能是不理智甚至是不妥当的。为了防止否决工作报告权力运行的无序性和可能导致的滥用自由裁量权，今后立法时应当明确规定哪些情况下可以否决工作报告。"[①] 笔者赞同这种意见。宪法或法律应当明确规定在哪些情况下或什么情况下，全国人大可以否决国务院及其部门、最高人民检察院、全国人大常委会等的工作报告。总的原则应该是，对过去一年的工作不满意，人大才能够行使否决权，从而导致工作报告被否决。而对下一年度工作的安排或打算，一般情况下不应导致工作报告被否决。"因为政府不可能对未来的一切工作安排得周到完美，人民代表大会的重要任务之一是要靠代表们共同出主意想办法安排未来的工作。"[②] 由此也可以看出，今后全国人民代表大会在对国务院的工作报告（以及全国人大常委会的工作报告等）进行表决的时候，不应对所谓的"决议"进行表决，而应对工作报告本身实行表决，并按前述程序予以表决。

（三）应明确工作报告被否决后的处置办法

这应该包括两个方面，即对报告本身的处置和对有关领导人的处置。

（1）就对被否决的报告本身来说，应明确是否重新听取和审议工作报告。2001 年沈阳市中级人民法院工作报告未被人大通过，沈阳市人大采取加开一次特别人代会的做法，审议市法院根据上次人代会上代表提出的审议意见进行整

① 周永坤、朱应平：《否决一府两院报告是喜是忧》，《法学》2001 年第 5 期，第 10 页。
② 周永坤、朱应平：《否决一府两院报告是喜是忧》，《法学》2001 年第 5 期，第 10 页。

改的情况及工作调整后提出的2001年工作安排。对于这种做法，许多人都给予了充分肯定，认为这从法理上讲是合适的，从实践上说也是可行的。[①] 但是，这种做法似乎仍有值得怀疑的地方：①报告被否决，说明人大代表对政府、检察院等在过去一年的工作不满意。而过去一年的工作已然成为历史，即不管怎么进行整改，这一“历史”是改不了的。就此而言，人大再开一次特别代表大会就是没有必要的了。②如果报告被否决，领导人承担政治责任（辞职或被罢免）后，肯定要组成新一届领导班子，让这新一届领导班子对过去的工作进行整改是可以的，并就整改工作情况向人大进行报告也是可行的。但是人大再开一次特别会议专门听取和审议整改报告似乎不可取，当然更不宜再就整改工作情况的报告进行表决。因为如果这一报告又被否决了（至少在理论上是存在这一可能性的），让新一届领导班子来承担责任显然不尽合理。③姑且不说人大是否应该听取和审议法院的工作报告，即使可以听取和审议法院工作报告，也不具有合理性。因为对法院来说，这种所谓的“整改”，其内容是什么？若是该院的行政管理工作，似乎还有必要。但若是该院已经判决或审结的案子（尤其是已经生效的判决），恐怕就无论如何都说不过去，也说不通，实践中也不可行。因此，更为可行的办法是，可由代表大会授权人大常委会在半年之后听取和审议“整改”工作报告，但不表决，并提交下一次代表大会备案或审议。

（2）报告被否决后对有关领导人的处置。基于上述总的原则，人大对工作报告的否决，应该主要是因为对政府在过去一年的工作不满意。换句话说，在过去一年的工作中，政府的行政首长、检察长没有尽职尽责。所以，工作报告被人大否决，他就理应辞职。如果行政首长不辞职，那么人大可以依据宪法法律的规定，提出罢免案，由代表大会全体会议表决。[②]

八、特定问题调查

对国家机关的活动进行调查，是国外议会普遍实行的一种制度。“议会为了进行立法并对政府进行监督，有权组织专门机构对政府的行为进行调查，这一般被称之为‘国政调查权’。”[③] 在我国，通常被称为特定问题调查，它“是

① 曾宪刚：《沈阳中院报告被否决的法律思考》，《中国人大新闻》重要新闻2002年2月9日，http://www.npc.gov.cn/npc/common/zw.php.

② 参见万其刚：《关于代表大会表决工作报告的几个问题》，《人民与权力》（江苏）2004年第4期。

③ 吕艳滨：《西方主要国家议会监督手段之比较》，《环球法律评论》2003年夏季号，第237页。

人大及其常委会依法组织特定问题调查委员会就有关国家机关重大、复杂、疑难的事宜按照法定程序进行监督的一种手段，是国家权力机关实施监督的重要法定形式"①。

现行《宪法》第七十一条规定，全国人大和其常委会认为必要的时候，可以组织关于特定问题的调查委员会，并且根据调查委员会的报告，作出相应的决议。全国人大议事规则第6章专门规定了“调查委员会”。但历史上全国人大没有正式成立过特定问题调查委员会，只成立过特定问题调查小组。1989年7月3日，根据当时正在召开的七届全国人大常委会第八次会议期间部分委员的意见，委员长会议作出了关于成立对胡绩伟委员进行调查的决定，按照这个决定，常委会四位委员组成小组，对常委会委员胡绩伟“委托四通社会发展研究所征集人大常委会委员签名，提议立即召开全国人大常委会紧急会议事件”进行调查，并向委员长会议提出了调查报告。

特定问题调查之所以很少或几乎不用，与它在法律规定上不完善有关。这主要表现在：特定问题调查委员会作为临时性的组织，它的职权和调查方式没有具体的法律规定，尤其是没有规定是否采取调查听证制度，特定问题调查委员会如何组织，以及特定问题调查的结果是什么，等等。因此，可以考虑在法律中对这些问题加以明确，如赋予特定问题调查委员会以诉讼法中规定的发出传票、拘传、搜查证据等强制性权力②；明确人大及其常委会有权组织特定问题调查委员会；特定问题调查委员会的成员从人大代表和常委会组成人员中产生（同时应明确回避原则，即提出特定问题调查动议的代表或委员应主动回避或由有关当事人申请回避，这也同样适用于调查委员会的工作人员）；调查委员会在全面调查的基础上形成报告，全国人民代表大会必须作出决议，而不是《全国人民代表大会议事规则》第四十八条所规定的“全国人民代表大会根据调查委员会的报告，可以作出相应的决议”③。

---

① 曹承锋、鲍挺、朱业生：《特定问题调查专题研究》，全国人大常委会办公厅研究室编：《人大监督专题研究》，第300、301页。

② 这也可以在组织特定问题调查委员会的决定中作出明确授权。

③ 见曹承锋，鲍挺，朱业生：《特定问题调查专题研究》，载全国人大常委会办公厅研究室编：《人大监督专题研究》，第307~316页。

九、罢免和弹劾

（一）关于罢免

罢免是指全国人民代表大会解除由其选举和决定的国家机关主要组成人员的职务。《宪法》第六十三条、《全国人民代表大会组织法》第十五条、《全国人民代表大会议事规则》第三十九条都作了规定。有的论者认为，“我国全国人大及其常委会的罢免制度相当完备和严密”，而且“全国人大及其常委会还建立了比较严格的任免制度、辞职制度、推选制度、决定代理人制度、撤职制度”。[①] 但全国人大的监督工作实践中，很少运用罢免权，而是用了宪法和法律都没有规定的撤销职务权。[②] 如1987年6月23日六届全国人大常委会第二十一次会议根据当时的国务院总理提出的议案，作出了撤销杨钟的林业部部长职务的决定；1989年6月30日七届全国人大常委会第八次会议根据中央军委主席的提请，作出了撤销赵紫阳的中央军委副主席职务的决定。实际上，宪法和全国人大组织法都没有规定全国人大及其常委会有撤销职务权，而撤销职务权是《地方组织法》第四十四条规定的地方人大的职权。

所以，应在宪法和法律中明确人大及其常委会的撤职权的同时，进一步完善罢免权及其行使的规则与具体程序。如人大和县级以上的人大常委会就罢免案依法组织特定问题调查委员会的，在调查期间，罢免案所涉及的领导干部须暂停执行职务；罢免案被通过后，除了解除被罢免的领导干部职务以外，该领导干部在若干年内（如5年甚至10年）不得担任任何公职；如果罢免案被否决，则在该拟被罢免者任期内，不得对其再次提出罢免案，等等。

（二）关于弹劾

所谓弹劾，就是指议会对蓄意违法犯罪的国家机构最高负责人或其他负责人以及某些高级官员按一定程序提出的揭发控诉。在我国，曾规定过弹劾制度。1939年2月陕甘宁边区第一届参议会颁布的《陕甘宁边区各级参议会组织

---

① 陈寒枫：《国家立法机关会议制度和议事程序比较研究》，载宪法比较研究课题组编：《宪法比较研究文集（一）》，南京大学出版社1993年版，第365页。

② 《全国人民代表大会议事规则》第40条规定：“全国人民代表大会常务委员会组成人员、专门委员会成员的全国人民代表大会代表职务被原选举单位罢免的，其全国人民代表大会常务委员会组成人员、专门委员会成员的职务相应撤销，由主席团或者全国人民代表大会常务委员会予以公告。”就是说，这里规定的撤职权，其范围较狭窄。

条例》规定，参议会可以选任、监察、弹劾边区各级政府之政务人员。邓小平同志指出，要健全干部的选举、招考、任免、考核、弹劾、轮换制度。但现行宪法和法律都没有对弹劾作出规定。

那么，是否应该建立弹劾制度呢？主要有两种意见。一种意见认为，建立弹劾制度，是健全我国的民主制度、完善人民代表大会制度的需要，是保证国家机构工作人员廉洁奉公，保障国家干部队伍纯洁性的需要。同时，还认为，应当在宪法中明确规定弹劾制度。因为辞职也好、罢免也罢，仅仅只是解决了领导者的政治责任，即这两种措施只解决了领导者职位的去留，却没有解决他犯罪与否的问题。① 另一种意见认为，我国已有很多监督国家机构工作人员的方式和手段，似乎不必再建立弹劾制度，加之我国并不具备西方国家议会实行弹劾制度那样的社会环境。而且实行弹劾制度，人大及其常委会将不堪重负。②

我们认为，在现有宪法法律规定的架构内，不宜再规定弹劾制度。理由是：且不说类似弹劾这样的制度是否越多越好或者越健全越好，仅从功能上看，国家机关工作人员出现违法犯罪的情况，就可能面临要么辞职、要么被罢免的惩罚，进而可能被移交司法机关，由司法机关定罪量刑。因而，在我国并不是不能解决国家机关工作人员违法犯罪的问题。

十、全国人大会议期间的专门委员会

各专门委员会作为全国人大的常设工作机构，不能行使实体权力，不能直接作出有法律约束力的决定，但“全国人大和它的常委会要加强经常性工作，没有必要的专门委员会做助手，是困难的”③，所以，现行宪法颁布实施以来，我国特别注重发挥专门委员会的作用。专门委员会会议能利用其专业能力为代表大会进行大量的准备工作，行使一定的程序性权力，有利于开好代表大会。《宪法》第七十条规定：“各专门委员会在全国人民代表大会和全国人民代表大会常务委员会领导下，研究、审议和拟订有关议案。”这是专门委员会职责的宪法依据。全国人大组织法还专章规定了“全国人民代表大会各委员会”，明确了专门委员会的组织，细化了它们的职责。

但就实际情况来看，专门委员会的作用发挥得并不好。因此，要探讨在现

---

① 参见周永坤、朱应平：《否决 一府两院报告是喜是忧》，《法学》2001 年第 5 期，第 11 页的注释 2。

② 参见陈寒枫：《国家立法机关会议制度和议事程序比较研究》，载宪法比较研究课题组编：《宪法比较研究文集（一）》，南京大学出版社 1993 年版，第 371、372 页。

③ 彭真著：《论新时期的社会主义民主与法制建设》，中央文献出版社 1989 年版，第 182 页。

行体制下如何进一步发挥专门委员会的作用问题。在目前，全国人大代表的数量很难大幅度减少的情况下，充分发挥各专门委员会的作用就是势所必然的。因为：第一，专门委员会在性质上毕竟不同于全国人大常委会的工作部门（或工作机构），是代表大会的常设工作机构，虽不是权力机构，却是权力机关的组成部分。第二，由于专门委员会的成员一般都是各方面的专家，在专业上具有一定的优势，而要发挥他们的这种优势，就应当更加注重发挥其作用。尤其是在全国人民代表大会会议期间，专门委员会应当而且可以发挥更大作用，协助全国人大开好会议。具体说就是：①向代表大会提出议案的同时，须提出相应的背景材料和辅助资料。②认真审议大会主席团交付本委员会审议的议案，形成全面的审议结果报告，为代表大会审议该议案提供切实的引导和帮助；对财政经济委员会和法律委员会来说，更要做好国家预算和国家预算执行情况的初步审查工作，以及法律案的统一审议工作。③认真审议针对国务院及其各部委所提出的质询案。

还有一个问题，就是各专门委员会的产生时间。在换届的时候，常常是在新一届代表大会开幕之后（也许过一两天）就选举产生财政经济委员会，原因是便于协助全国人大审查国务院提出的关于国民经济和社会发展计划及计划执行情况的报告和关于国家预算及预算执行情况的报告。而其他专门委员会则要等到大会即将闭幕时才选举产生。这样做，既不经济，也不便于这些专门委员会开展工作。建议在换届的时候，各专门委员会应同时产生，且应于大会正式开幕后即选举产生。

十一、全国人大会议的表决

《宪法》第七十五条规定，全国人大代表在全国人大各种会议上的发言和表决，不受法律追究。但《宪法》并未对表决程序、方式等作出明确规定。《全国人民代表大会组织法》第十八条对表决方式作了规定，《全国人民代表大会议事规则》第五十二条、五十三条就表决原则和方式等作了规定。根据规定，全国人大及其常委会是以全体代表或常委会全体组成人员作为计票基准的。具体计票方式分为两种：一是宪法的修改以全体代表的三分之二以上的多数赞成为通过，延长全国人民代表大会任期的议案以常委会全体组成人员的三分之二以上的多数赞成为通过；二是其他议案则以全体代表或常委会全体组成人员的过半数赞成为通过。而开会的法定人数都是其全体成员的三分之二以上。

与西方发达国家议会的表决制度相比较，我国的表决制度还存在一些需要完善的地方。主要是，我国的表决原则过于单一，就是不加区分地都实行绝对多数表决原则[①]，其结果就使得未出席会议、出席会议但未参加投票（未按表决器）、弃权等三种情况无法体现出本来的法律意义，进而与“反对”混为一谈。[②] 这不仅是一个理论问题，更是一个实际问题。比如，1999 年 4 月 29 日，九届全国人大常委会第九次会议在表决公路法草案时，常委会组成人员中有 125 人出席会议，表决结果是，赞成 77 票，反对 6 票，弃权 42 票，这一法案就以一票之差而未获通过。的确，我们很难找到 6 票否决 77 票的理由。因而，这种不加区分的绝对多数的表决原则，在表面上看起来很民主，实质却是少数人否决了多数人的意见。

那么，如何完善我国现行的表决制度呢？

首先，应确定表决制度的原则。一是民主原则。就是要有利于全国人大代表或常委会组成人员自由、充分地表达自己的真实意愿，进而有利于体现大多数人的意愿。二是效率原则。即要有利于提高全国人大及其常委会的议事效率，使议案能及时地通过。三是公开原则。即表决及其结果要公开，便于选民了解人大代表或常委会组成人员的态度、倾向、立场。而这有助于选民对人大代表或常委会组成人员的监督，增强人大代表或常委会组成人员的责任感、使命感。[③]

其次，要根据重要性程度对议案加以区分。大体说来，议案可分为重要议案和普通议案。重要议案包括宪法修正案，重大决定事项，重大人事任免和有关监督方面的议案等。法律案等则为普通议案。

最后，要进一步确定计票基准。对不同议案实行不同的表决原则。一是对重要议案的表决，采取以全体成员为计票基准的制度。宪法的修正以全体代表的三分之二赞成为通过，其他重要议案以全体代表或常委会全体组成人员的过半数赞成为通过。二是对普通议案的表决，采取以出席会议人员的人数为计票基准的制度，即全国人民代表大会全体会议表决普通议案时，以出席会议的代

---

① 所谓绝对多数表决，是指应当与会的全部成员的过半数表决通过。与此相应的是相对多数表决。它是指出席会议的成员或者参加投票的成员、投有效票的成员过半数表决通过。

② 这三种情况的具体含义，参见陈寒枫：《国家立法机关会议制度和议事程序比较研究》，载宪法比较研究课题组编：《宪法比较研究文集（一）》，南京大学出版社 1993 年版，第 384、385 页。另见苗连营：《民主市场的交易规则——以代表机关的议决原则为中心》，《法制与社会发展》2002 年第 5 期，第 17 页。

③ 参见陈寒枫：《国家立法机关会议制度和议事程序比较研究》，载宪法比较研究课题组编：《宪法比较研究文集（一）》，南京大学出版社 1993 年版，第 385 页。

表过半数赞成为通过。[①] 不过，采取以出席会议人员的人数为计票基准的制度，必须提高会议的出席率，并尽量使投票者表示明确的态度。否则，这一制度将会使投票失真。

十二、一些思考与结论

从以上的论述，我们看到，全国人民代表大会会议制度是由宪法、全国人大组织法、立法法以及全国人大议事规则等规定的。这样，要完善全国人大会议制度，仅仅研究、修改全国人大议事规则还是远远不够的。

首先需要明确，哪些制度应由宪法规定，哪些应由议事规则来规定。就是说，应在宪法与其他法律之间划出一条界线，这是全国人大会议制度合法性、合宪性问题必须解决的。换言之，要解决什么样的实体性权力由宪法规定，什么样的程序性权力由议事规则规定。现在，一方面，全国人民代表大会议事规则规定了一些本不该规定的内容，如听取和审议法院的工作报告、质询法院等，因为这些内容宪法并未规定。另一方面有些内容却没有规定，如信任或不信任投票、听证等的程序。当然，这也需要首先在宪法中作出原则规定。这里着重研究两个问题。

（一）全国人大会议究竟应当听取和审议什么报告

《宪法》和有关法律赋予人大听取和审议常委会工作报告及“一府两院”工作报告的职权。就全国人民代表大会来说，听取和审议“一府两院”的工作报告以及人大常委会的工作报告，是依照宪法法律规定，行使监督等职权的一项重要制度。但全国人大究竟应该听取和审议什么工作报告，却是一个有争议的问题。争议主要集中在国民经济和社会发展计划报告和法院的工作报告。一些同志认为，这两个报告都不该再听取和审议了，而应予以取消或废除。

1. 是否应听取和审议“计划报告”

自从我国确定实行社会主义市场经济以来，计划在国民经济中所占的比例明显降低，其地位也与以往有所不同。因此，改变甚至取消“计划报告”的建议和呼声，近年来一直不断。那么，究竟应该怎样看待全国人大听取和审议“计划报告”的做法和制度呢？大致说来，这主要有三种看法：

---

① 见阚珂、汪铁民《对全国人大及其常委会表决计票制度的一些思考》，载《人大工作通讯》1999 年第 10 期。

（1）人大会应当听取和审议政府的“国民经济和社会发展计划”报告。其主要理由是：第一，计划经济仍然是社会主义市场经济条件下宏观调控的重要手段之一。正如邓小平同志所指出的：“计划经济不等于社会主义，资本主义也有计划；市场经济不等于资本主义，社会主义也有市场。计划和市场都是经济手段。”[①] 第二，财政报告中的预算，实际上也是一种计划，即关于收入与支出的计划。所以，不是要取消“计划报告”，而是要坚持并加以完善。当然，就“国民经济和社会发展计划”报告的实际内容来看，其中过多的内容是重复政府工作报告，这是应当加以改进的。

（2）是否取消“计划报告”，不能一概而论，而要区别对待。有的同志根据市场经济条件下政府职能转变的要求，建议将“计划报告”改为“宏观调控工作报告”，即全国人大和省级人大应改听取审议“计划报告”为听取审议同一级政府的“宏观调控工作报告”，而市、县两级可考虑取消审查和批准“国民经济和社会发展计划”报告这一议程，少量有关重大工程建设等内容在政府工作报告中叙述，一并审议。[②]

（3）应取消全国人大听取和审议“计划报告”的做法，并建议代表大会可以不再把国家计委（即现在的国家发展和改革委员会）的“计划报告”列为法定的报告予以听取和审议，进而对宪法的相关规定进行修改。理由如下：第一，在市场经济条件下，国家对经济发展只实行宏观调控，而由市场对资源配置起基础性作用，政府职能发生相应转变，政府对国民经济的管理方式，已从直接管理转变为间接管理，从微观控制转变为宏观控制。在这种情况下，计划不仅数量少，而且在整体上也成了指导性的。第二，从以往的“国民经济和社会发展计划”报告的内容看，它在很大程度上重复了政府工作报告，因而，从实质上看，再花那么多的精力去起草“计划报告”，并提交全国人民代表大会审议，就实属多余。

上述三种意见都有一定的合理性。我们认为，在社会主义市场经济条件下，不再把“国民经济和社会发展计划”报告作为法定报告予以听取和审议，是合适的、可行的。但是，第一，这并不意味着全国人大就不能听取和审议这类报告了，而是可以视情况予以听取和审议。第二，在全国人大举行会议期间，国家发展和改革委员会可以向会议印发一个书面报告，让会议进行书面审议。

顺便指出，国务院编制五年计划甚至十年远景目标纲要，当然是可以的，

---

① 邓小平：《邓小平文选》第三卷，人民出版社 1993 年版，第 373 页。

② 黄启勇：《建议将“计划报告”改为“宏观调控工作报告”》，《人民政坛》2001 年第 5 期。

却似乎没有必要把这类文件当成政府工作报告来提请全国人大审议，因为政府将这类报告提请全国人大审议后，就没有同时提交政府工作报告给全国人大审议。而这将面临一些问题。首先，这类报告究竟是什么性质的？是指令性的还是指导性的？按理说，若这类报告经全国人大审议通过后就应具有法律效力，应得到遵行。但是这类计划（或报告）本身是否具有科学性、合理性还很难界定，即使很科学合理，也将随着社会的发展而变化。而如果要加以改变，那是否还要经过一定的程序？如若不经过相应的程序就加以改变，那么报告本身的效力和严肃性都将受到挑战甚至破坏。其次，如果这种报告本身被代表大会会议否决（在理论上是存在这种可能的），又将引出什么样的法律后果呢？所以，我们建议，国务院可以将五年计划或十年远景目标纲要之类的报告提请全国人大会议审议，但不宜交付大会会议表决，与此同时，国务院应依宪法规定将（年度）政府工作报告提请全国人大审议，并由全国人民代表大会会议进行表决。

2. 是否听取和审议人民法院的报告

这主要有两种意见。反对者认为，法院向人大报告工作的做法及制度应予以废除。理由是：第一，法院向人大报告工作没有宪法依据，宪法只规定法院向人大及其常委会“负责”，而并没有规定“报告工作”；第二，虽然法院组织法和全国人大议事规则、全国人大常委会议事规则都规定了法院向人大报告工作，但这是违反宪法的（或者至少可以说是有违宪嫌疑的），因为普通法律不能修改宪法；第三，法院向人大报告工作的制度，在责任形式上与法院的内部结构有矛盾，因为“法院内部体系实行独立工作与独立责任的原则”，而“院长作为行政首脑，只应对法院的行政事务负责，他不应也无法对具体审判工作负责”；第四，从法院组织形态来看，上级法院无法也不应该干涉下级法院的审判，因为法院系统内部不实行隶属制而实行审级制；第五，法院向人大报告工作，不仅会将法院改革引向歧途，而且会损害法院司法权威。①

赞成者则认为，法院向人大及其常委会报告工作制度只能坚持并完善，而不能废除。理由是：第一，宪法既然规定了法院向人大及其常委会“负责”，则其向人大及其常委会“负责”的形式可以是多种多样的，法院向人大及其常委会报告工作就是形式之一；第二，法院在审判工作中的领导体制是集体负责制，所以，宪法才规定法院向人大及其常委会负责，而且法院院长并不仅仅是法院的行政首长，只负责法院的行政事务，而且还依法行使其他职权；第三，

① 参见周永坤、朱应平：《否决一府两院报告是喜是忧》，《法学》2001 年第 5 期；张泽涛：《法院向人大汇报工作与司法权的行政化》，《法学评论》2002 年第 6 期。

在司法实践中，下级法院主动向上级法院请示案件的具体判决内容，上级法院主动干涉下级法院的审判活动，并不鲜见；第四，法院行政化趋势的强化，根源不在于法院院长向人大及其常委会报告工作的制度，而在于现行的司法体制本身，具体表现在：法院内部的行政司法权和司法审判权并没有真正分开，法院院长在享有司法行政权的同时，在司法审判权上有着广泛的指示权、批准权、决定权等，法官队伍素质不高，法院院长的任命和职能的行使等方面都受制于党政机关；第五，法院权威的树立和维护不是靠否定人大和人民的监督权来实现的，而是靠其依法办案，公正办案来树立和维系的。在现行的司法体制下，法院院长作为法院的法定代表人，向人大及其常委会报告工作是其职责所在。总之，在我国的现实国情条件下，法院向人大报告工作制度只能坚持并加以完善，而不能废除。[①] 有的人还进而主张在修改宪法时，将听取和审议“两院”工作报告增列为全国人大的职权。

我们认为，对全国人大听取和审议最高人民法院的工作报告予以反思，是必要的。如果要保留这一制度，人民法院继续向人大报告工作，那也有一个报告什么的问题，有一个报告怎么写的问题。

3. 根据实际情况听取和审议有关报告

如果全国人民代表大会不再把听取和审议“计划报告”作为法定的议程，那么，可以考虑根据不同时期的具体情况，改为由政府或政府的综合部门就社会发展中的重大问题、人民群众普遍关心的热点难点问题向人大作报告。就是说，这方面的报告不再是法定的报告，即政府或政府的综合部门不是每年都必须向全国人民代表大会会议报告工作，而全国人大也不是每年都要听取和审议这类报告。根据一年的实际情况，这类报告可以是：中国人民银行关于金融工作的报告，公安部关于社会治安的报告，国有资产管理委员会关于国有资产的经营和监管的报告，劳动和社会保障部关于就业的报告，发展和改革委员会关于重大改革举措的报告以及有关食品安全和安全生产情况的报告等。这样，一年中什么问题突出，国务院或其综合部门就可以向全国人大作相关报告，提请全国人大审议。相应地，全国人大也就可以有重点地听取和审议国务院及其部门的工作报告，其效果肯定要比只泛泛地听取和审议像“计划报告”之类的报告好一些。这是时势所要求的。[②]

---

① 张汉昌、郜丽霞：《关于法院向人大及其常委会报告工作制度的法律思考》，《人大建设》2002年第7期。

② 参见万其刚：《对人代会听取和审议工作报告制度的研究》，《法治参考》2004年第2期。

（二）议事规则应规定听证

《全国人民代表大会议事规则》作为全国人大会议制度的重要载体之一，理所当然地应该对会议的程序作出严密的规定。除了上文已经提到的以外，进一步建立健全听证制度乃当务之急。尽管我国已经在价格制定、行政处罚和立法等方面逐步建立了听证制度，并取得了一定效果，如2003年12月10日，广州市人大常委会就《广州市城市市容和环境卫生管理规定》的执法情况举行了“监督听证”,① 但总的来看，听证制度所覆盖的范围还太小，应在一般意义上实行该制度。即人大及其常委会进行重大问题的讨论和决定，均应实行听证制度。不仅立法要进行听证，特定问题调查也应实行听证。为此，要明确听证的范围和内容、主持人的产生和权力、质证和辩护、证据的取得、结论的形成及效力等。

在全国人大的工作中全面建立并实施听证制度，这是落实党的十六大、十七大精神的必然要求。也只有如此，才能使这些工作公开透明，进而促进我国人民民主的完善与实现。

① 有关情况见《广州日报》2003年12月11日第A3版的报道。

中国代表制度改革的实证研究

◇邹平学①

[提要] 本文从实证角度对中国代表制度的发展完善问题进行了深入研究。文章首先界定了代表、代表制度的确切含义，阐述了研究代表制度改革对完善人民代表大会制度的价值和意义。接着对代表制度的现状作了系统的分析，分别就代表的选举产生机制先天不足、非职业化的代表职务不符合代表制度的要求、代表大会的结构存在偏差、法定有效职能虚置、制度运行的外部环境不够理想等问题进行了具体分析，在此基础上，有针对性地提出和论证了改革思路和路径选择，包括完善代表的产生机制、适时扩大直接选举的层面、逐步建立专职代表制、在制度中明确代表行使权力的身份关系、改善闭会期间的代表活动方式、加强对代表的监督制约机制、加强对代表的培训、完善人民代表大会的组织机构和工作程序、完善相关立法等。

一、引言

（一）主题与术语说明

本文的主题是从实证角度研究中国代表制度的改革问题。为避免发生误解或误读，同时，为便于理解本报告的理论价值，有必要对某些概念或者术语作些理论说明。

（1）何谓“代表”。在政治与社会生活中，代表的概念运用于多种场合。英国埃克塞特大学政治学教授 A. H. 伯奇在《代表制度》一书中认为，代表这一术语有三种主要的运用方法，这三种用法是：①表示代表委托人并根据其意

---

① 邹平学，男，1965 年出生，湖南长沙人，深圳大学法学院教授，法学博士，深圳大学当代中国政治研究所兼职研究员。社会兼职：深圳市人大常委会兼职常委法律助理，深圳市仲裁委员会仲裁员，广东博合律师事务所律师。

思而行为的代理人或代言人；②表示代表某个群体、阶层的一些共性的某个人；③表示象征某个群体阶层的身份地位或者某些共性的某个人。[①]

在这里，第一种用法中的代表特指依照委托者意志和立场行事的代理人或代言人，他具有保护或推进由其委托人托付的特定利益的义务，如代理商、民事诉讼中的律师、遗嘱的委托执行人、国会议员、国家派驻外国的大使或公使、国家工作人员等。这种用法具有政治法律意义。第二种用法中的代表是指一种“典范代表”，指由各党派、各行业、各社会组织和团体推选参加各自代表大会的人物，或者是评选的模范、荣誉代表，如各行各业评选的先进个人或标兵等。第三种用法中的代表表明的是具有比拟意味的描述，如以某个人的经济状况说明他所处的某个阶层的经济特点，或者以某个人的某些特质说明他的身份地位。例如，称某某是个典型的农民，就足以代表农民这一阶层的特点；某某是个典型的知识分子，就足以代表知识分子的特点。上述第二、三种用法都是在社会学意义上使用的，姑且称这类代表为“社会代表”。上述三种用法的“代表”意义各不相同。

本文所要探讨的代表是从政治法律意义上使用的，但并不包括第一种用法中的所有部分，而仅仅指“政治代表”中的某一部分。政治代表意味着是在政治制度中通过法律或习惯而具有一个代表的地位或作用。政治代表在近现代政治制度中分为两类，一类是由国家机关任命的工作人员以及由人民直接选举或权力机关选举产生的国家机关的领导人员，如国家元首、政府首脑、法官、检察官及行政机构的公务员等；另一类是依法定程序选举产生的立法机关（或称代议机关、国家权力机关）的成员，有的国家称之为议员，有的称之为人民代表（或人大代表）。后一类中的人民代表即是本文所要研究的代表制度的代表。

那么什么是人民代表呢？有必要进一步分析其本质内涵，剔除不少人对人民代表概念的非本质附加。根据我国宪法和法律的规定，我国存在全国人大代表和地方各级人民代表的区分，这里不分别界定全国人大代表和地方各级人大代表的概念，只分析一般意义的人大代表的基本内涵，因为全国人大代表和地方各级人大代表在本质上并没有什么不同，只是在所组成的代表机关的法律地位和行使职权的内容上存在差异。人大代表的基本内涵包括一个主体性、三个规定性。所谓一个主体性，是指人大代表是国家权力机关的组成人员或主体，因为代表的法律性质或法律地位来源于他们所组成的代表机关。所谓三个规定性，一是指人大代表首先是普通的国家公民。作为公民中的普通一员，代表在任职前、任职中和卸任后都是国家公民，因为根据国家选举法，除了依法被剥

① A. H. Birch. *Representation*, London: Pall Mall press Ltd., 1971, p. 15.

夺政治权利者外，年满 18 周岁的中国公民，不分民族、种族、性别、职业、家庭出身、宗教信仰、教育程度、财产状况和居住期限都有选举权和被选举权，都有被选为人大代表的机会，代表和其他公民一样享有法律赋予的一切权利，承担法律规定的一切义务，谁也不享有法律规定之外的任何特殊权力。二是指人大代表是人民政治上的代言人。人大代表是具有特殊身份的公民，即人民授权的国家工作人员，他要代表人民的意志和利益，以集体的方式行使国家权力，并享有执行职务时的特殊保障，人民意志要转化为国家意志或党的意志要转化为国家意志，必须通过人大代表来直接决定，这是代表的民意性和政治性。三是人大代表是人民公仆，代表要履行特定的法律责任，即要为人民服务，代表和维护人民利益，对人民负责，受人民监督，这是代表的责任性。从上述分析可以得知，人民代表的基本内涵是其主体性、民意性、政治性和责任性的有机结合。主体性是人大代表的前提，宪法和法律赋予国家权力机关的各项职权，要由其主体人大代表集体来行使。人民代表的这种主体地位，集中地反映了人民在国家政治生活中的主人翁地位。民意性、政治性是人大代表的基本属性，人大代表是人民通过直接或间接选举产生的，来自人民，为人民所熟悉和信赖，是人民利益的代表者和维护者，是人民意志的表达者和执行者，肩负着代表人民行使国家权力的重大使命。责任性是人大代表的必然要求，人大代表应当同人民群众保持密切联系，对人民负责，受人民监督。人民有权罢免不称职的代表，以保证他们忠实地履行"公仆"的职责。从上述分析中还可以看出，人大代表不仅是一种政治身份，更是一项崇高的政治职务，它不同于任何其他组织的代表，也不同于先进个人、战斗英雄或者劳动模范这类代表，这些代表都很光荣，但不一定具备人大代表的应有素养。所以，人大代表不是荣誉称号，所谓先进性并不是代表的本质附加，人大代表是人民依据宪法法律选举出来的代表自己行使国家权力的使者，集中代表民意、参加行使职权、忠实履行责任是人大代表的本质要求。

（2）什么是"代表制度"。"代表制度"并不是人民代表大会制度的简称，它是指以人民代表为主体而展开的一系列关于代表的产生（选举）、代表的构成（地域、城乡、职业、阶层、民族、党派、性别、年龄、文化程度等）、代表的职业化、代表与选民或选举单位的关系（沟通互信机制、述职制度与监督惩戒机制）、特定主体身份（代表性）、地位与职权（会议期间和闭会期间的工作任务、议事规则、工作制度、履行职务的保障制度）、代表的政治意识及议政能力和行为（代表的应有素质与议政效能）等各个环节的制度。简言之，代表制度就是关于人民代表这一活生生的政治人的制度。在这里，人民代表是代表制度的主体和核心。

（3）代表制度这一概念与相近易混的概念的联系和区别。前已述及，代表制度与人民代表制度（以下简称人大制度）不是一回事。按照宪法学界的通说，人大制度是我国的政权组织形式，它是我国的一切权力属于人民的体现；人民在民主普选的基础上选派代表，按照民主集中制的原则，组成国家和地方的人民代表大会，作为国家权力机关，集中统一行使国家权力；其他国家机关由人民代表大会产生，受人民代表大会监督，对人民代表大会负责；人大常委会向本级人民代表大会负责，人民代表大会向人民负责，并最终实现人民当家作主的根本政治制度。从人大制度的含义可以看出：人民代表大会是人民代表大会制度的主体和核心。[①] 但人民代表大会和人民代表大会制度又不是一回事。人民代表大会制度是以人民选举产生的人民代表大会为基础的整个政权体系、政权组织制度，它包含了各级人大以及由它产生的其他国家机关的组成、职权、活动原则和相互关系的制度，包含了人大与人民、中央与地方国家机构职能划分关系等的制度。不能把人民代表大会制度仅理解为人大的各项制度，也不能把人民代表大会制度同国家机构的具体组织制度以及其他方面的制度等同起来。人大只是人民代表大会的简称，作为一类具体国家机关，它只是人民代表大会制度的核心和重要组成部分。而人民代表则是人民代表大会即国家权力机关的组成人员或主体。从上述分析显然可以看出，代表制度与人民代表大会制度不是一回事。前者是宏观性的制度，后者是较为微观（或称中观）的制度。

但代表制度与人民代表大会制度又有功能上的联系。这里可从政治制度的系统性来分析。我国学术界对政治制度的理解没有根本性的分歧，但认识角度多种多样，有侧重于广义或狭义的，有侧重于动态或静态的，并大都结合其他

---

① 任何政权组织形式都必须有特定的机构作为主体，它在整个国家机关体系中占据核心或主导地位。正如议会君主立宪制国家议会和政府的关系处于整个国家机关体系的轴心，二元君主立宪制国家君主在整个国家机关权力配置及其相互关系中占有重要地位，总统制国家处于国家机关体系的重心，议会制国家议会在国家政治生活中居于主导地位一样，人民代表大会制度是以代表机关为主体、代表机关处于整个国家机关体系的核心地位。这个特点具体表现在：其一，人民代表大会是全权地、统一地、唯一地行使国家权力的机关，任何其他国家都不是国家权力机关，其他国家机关的权力来源于人民代表大会，严格地说，其他国家机关本身并不执掌国家权力，它们只是根据人民代表大会制定的法律和作出的决议，来行使人民代表大会授予的具体职权；其二，人民代表大会以民主集中制原则来建构国家机关体系、配置国家权力，在人民代表大会统一行使国家权力的前提下划分国家的立法权、行政权、军事指挥权、审判权和检察权，实质是分工不分权，这与三权分立、制约平衡的体制不同，也与既不分权，也不分工，立法、行政、司法集于一身的“议行合一”体制有别；其三，整个国家政权机关是以人民代表大会为基础和核心运转的，其他国家机关都由人民代表大会产生，其他国家机关都对人民代表大会负责，其他国家机关都受人民代表大会监督，人民代表大会与其他国家机关的关系本质上是决定与执行的关系。

诸如政治体制、政治形式、政府体制等概念来探讨和分析。[①] 有的论著将政治制度定义为统治阶级为实现其阶级专政而采取的统治方式的总和,[②] 这是揭示阶级本质的定义法。有的论著从中立的角度定义政治制度，称之为有关公共权力，特别是国家权力运用和实现的方式的总称。[③] 这是揭示内涵的定义法。不过，笔者更愿意把阶级实质作为政治制度的一个必然的前提，而主要从内涵和动态角度理解政治制度。事实上，政治制度就是政治规范体系，政治规范体系就是用来规范政治行为的，政治行为是由具有主观能动性的政治主体（人或组织）来行使的。如英国政治学家 A. H. 伯奇就认为："可把政治制度简单地界定为一套政治行为，这套政治行为与另外的政治行为有功能上的关联，并且具有时间上的连续性。"[④] 故此，我们将政治制度定义为国家性质形之于外的政治表现和实现形式之一，它是在一定历史条件下形成的政治关系和由此决定的一定的政治行为过程的规范体系。从纵向剖析之，规范体系可分为有机联系的根本（基本）政治制度、具体政治制度和特殊规章制度三个层面。政治制度的这种层次性不仅必然反映在社会政治机体的各个领域，而且，决定于国家性质的根本（基本）政治制度，还制约着具体政治制度和特殊规章制度的内容和形式，发挥着凝聚、协调政治制度体系，支配着整个政治制度运作的作用，具体政治制度和特殊规章制度则保障根本（基本）政治制度功能的实现和发挥。政权组织形式正处于政治制度中的根本性、基本性层面，是政治制度的核心，故学术界公认人民代表大会制度是国家的根本政治制度或者基本政治制度，而代表制度处于具体政治制度层面。而且，像代表大会的组织机构制度（如常委会制度、专门委员会制度)、工作程序制度（会议制度、议事规则、个案监督制度、评议制度、执法检查制度等）则处于具体政治制度或特殊规章制度层面。从政治制度的实际运行来看，人大制度与代表制度等具体政治制度或特殊规章

---

① 参见张庆福主编:《宪法学基本理论》，1994 年 3 月第 1 版，第 300、301 页。

② 《北京大学法学百科全书——宪法学行政法学卷》，北京大学出版社 1999 年 12 月版，第 701 页"政治制度"词条。

③ 俞子清主编:《宪法学》，中国政法大学出版社 1999 年 11 月修订版，第 122 页。

④ A. H. Birch. *Representation*, London: Pall Mall press Ltd., 1971, p. 19. 中国也有学者认定制度就是关于人们（包括组织）行为的规则，是关于人们的权力、义务和禁忌的规则。任何一项制度，从国家宪法到乡规民约，都是为人们的行为划定一个可行和不可行的界限，都是为人们的行为确定一些规则。有些制度似乎与人们行为无关，但实际上人们可领会到它对行为的约束。该学者质疑美国新制度经济学家诺思的制度定义，认为制度不宜被定义为博弈的参与者，尤其是组织；也不宜被一概定义为博弈的均衡解。因为并非任何博弈的均衡解都是制度，起码一次性囚犯博弈的均衡解就不能称为制度。如果制度被如此解释，那将表明无人不遵守制度，但这不符合事实。参见张旭昆:《制度的定义和分类》，《浙江社会科学》2002 年第 6 期。

制度具有功能耦合的特点，不可能将其截然割裂开来。道理很简单，如果代表制度不健全，则很难选出适合的代表、培养出色的代表和保障有作为的代表，势必使各个代表构成的人民代表大会在整体上的职权运用和功能发挥方面出现问题，进而将阻碍以人民代表大会为主体、以人民代表大会为核心的人民代表大会制度的优越性的发挥。

（4）本文名称中“改革”一词的含义。本文所持的改革观点比较适中，接近改革一词的原意，也就是在坚持现行代表制度具有本质规定上的合理性的前提下，承认由于受我国社会主义初级阶段比较落后的政治、经济、文化等条件的制约，由于代表制度运行的外部环境、社会政治基础还不十分理想，内在的特殊规章制度、运行程序和工作方式还存在缺陷，代表工作还存在一些深层次的困难和问题，以致阻碍了代表制度功能的发挥，进而在一定程度上消解了人民代表大会制度理论上的优越性。所以代表制度面临着不断发展完善的任务，必须在实践中不断探寻完善代表制度的途径和方法，进而促进人民代表大会制度的完善。所以，本文主张的“改革”思路蕴涵着“坚持”的意思，不具有革命的含义。①

（5）本文名称中“实证”的含义。“实证”是时下很时髦的词语，但其意义同样比较模糊。就其作为一种研究方法或者学术精神来说，实证研究与作为哲学观的实证主义并不能相提并论。实证要求重视从大量实际材料的实证中得出结论，而不是先有理论框架和结论然后再往这个框架里填塞材料和为这个结论寻找依据；实证要求要有问题意识，要捕捉梳理实际问题，解决问题。在代表制度研究中，提倡以实证精神观察事物，处理材料，发现和解决问题，很有必要。客观地检视长期以来的人民代表大会制度研究，涉及代表制度的部分大都存在空谈理论，热衷于原则、原理、本质等层面的讨论，唯书、唯上不唯实，游离于现实，回避问题、回避矛盾的现象十分突出，尤其是关心和关注民众及社会急需解决的问题的意识不强。许多论著都可称为不针对问题、不分析问题、不解决问题的“三不”论著，表现在：一是话题陈旧，一二十年来，人们在探讨同样的话题，而对现实存在的问题和缺陷视而不见、避而不谈；二是议论空乏，一些结论游离于现实之外，对域外相关制度的一些驳斥和排斥，实质是为矢而造的，引不起理智的联想和共鸣；三是分析和研究的问题不是真正的问题，是闭门造车的假问题，因为它不是触及民众最切身相关的问题，存在虚饰浮夸的文风。这样的理论研究得不到民众和社会的关注，没有读者和市场

---

① 在论述中国政治改革的各种主张中，笔者并不赞成一味弃现行各种具体制度不用，盲目主张直接移植、追捧引进外来制度的观点，毕竟本土的制度有其先天的适应性。

是可想而知的。所以，本文以“实证”研究为方法，并不是追求时髦，而是试图“敢于认识”（康德曾誉之为“启蒙运动的座右铭”），真诚地探讨和研究解决代表制度的各种实际问题。为了达到以实证的态度研究代表制度，笔者明确坚持三个认识前提：一是法律法规上规定的东西不等于是现实的东西。二是应当的东西不等于是存在的东西。正如科学研究所揭示的：“应当的东西要过渡到存在的东西，就产生出关于应当东西的新观念。”① 三是事物的逻辑不等于逻辑的事物。②

（二）本文的意义与价值

（1）从实证角度研究代表制度的改革，有助于从动态中把握代表制度运行的一些症结问题。传统研究政治制度包括代表制度的专著大都偏好从原则、体制、规则程序等方面立论，这固然有其优点，但仍失之静态，难以把握动态中的制度运行机制。既然政治制度是一套在规范中运作的政治行为，或者说是一套约束政治行为的规范体系，那么我们围绕人（代表）—政治行为—政治制度这一思路，则有助于把握动态中的代表制度，从理论和实践统一的角度去思考代表制度在理论上需要什么样的代表，要求代表有什么样的政治行为，应当给予这些行为以何种适宜的空间、时间和规则程序，从而实现自己的功能，还包括现实中的代表具有什么素养、为什么具有这种素养、他的政治行为是否畸变、他的政治行为是怎样促进或制约了代表制度应有功能的发挥的等。总之，需要从静态和动态两个方面尤其着重于动态方面去把握代表和代表制度的相互关系，找出理论和实践、应然和实然的差距。

还有一点，传统研究代表制度的论著大都缺乏系统的观点，许多人热衷于探讨代表制度的构成内容，如代表的选举、代表的职业化、代表的职权保障、代表的素质、代表与选民或选举单位的联系等，但大部分成果偏于狭小的一隅，囿于某些具体内容孤立的研究中，喜欢就事论事，没有看到许多因素互为因果，相互纠结，开的药方往往是“头痛医头，脚痛医脚”，治标不治本。系统地、全面地研究代表制度，从代表的产生、职权运作的条件、活动的平台环境、保障制度及培养训练机制、监督制约机制等一系列具有逻辑联系的环节来研究代表制度的成果不多，联系人大制度的改革来探讨代表制度的完善的成果也不多，具有相当深度和水平的成果甚少。因此，本文试图在这方面作出尝试

---

① 科诺瓦洛娃著：《道德与认识》，中国社会科学出版社 1983 年版，第 39 页。

② 参阅马克思《政治经济学的形而上学》，《马克思恩格斯选集》第 1 卷，人民出版社 1972 年版，第 104 ~ 116 页。

和探索。

（2）从实证角度研究代表制度的改革有助于找到完善人民代表大会制度的一条切实可行的路子。从前面的分析可以看出，人民代表大会制度作为一个在一定历史条件下形成的政治关系和由此决定的一定的政治行为过程的规范体系，代表制度处于其具体制度层面，两者具有结构整合、功能耦合的关系。代表制度服务于人大制度，人大制度功能的发挥、优越性的展开与代表制度的健全完善息息相关。现实中的中国人大制度在实际国家政治生活中暴露出的身份错位、内在人员和组织结构的偏差、相当部分法定有效的职能虚置（无效运作过剩、有效运作不足）、应有功能失调、地位的某种边缘化等问题，① 说明它作为政权组织形式的角色定位离宪法法律的要求相距较远，这已经引起党、民众和学术界的极大关注。人大制度的发展完善已经成为我国政治文明建设和政治体制改革的重要内容。笔者认为，要完善人大制度，就要从代表制度的发展完善入手，这可能最具实际意义，政治成本最低收益最大，最符合中国改革规律。

（三）本文的结构

本文的第一部分即“引言”，其内容是作必要的术语说明及文章的价值分析，为后续分析作铺垫部分的。

本文的第二部分、第三部分是基干和重点。第二部分重点分析代表制度实际运行中存在的问题及原因以解决“改革什么”，这是本文的重点问题；第三部分详尽分析和设计改革的路径和方法以解决“如何改革”，这是本文的难点和关键，其中改革路径和步骤的障碍何在、哪些人参与决策、他们的利害关系是什么是该部分要着力回答的内容。

二、代表制度实际运行中存在的问题及原因的实证分析

人民代表是代表机关的主体，按照马克思主义经典作品的观点，无产阶级的代表机关区别于资产阶级议会的三个最根本的特点，或者说具有更优越的地方是：①代表机关应当按照普遍、平等、直接、无记名的原则选举产生；②

---

① 有学者概括人大制度运行中的矛盾和问题有四：一是组织意图与人民（选民）意志的矛盾；二是形式合法性和实质合法性的割裂；三是政治责任和政治荣誉的背离；四是政治工具与政治价值的矛盾。参见王晓敏：《从“贿选”事件频发看如何完善人民代表大会制度》，载《理论探讨》2002 年第 5 期，第 12～14 页。

② 参见《列宁选集》第 1 卷，第 519 页。《列宁全集》第 9 卷，人民出版社 1990 年版，第181 页。

②代表机关应当掌握国家的一切权力，真正成为人民的国家权力机关；[①] ③实现人民对代表和官员的随时撤换制（罢免权）。[②] 但从代表制度运行的实践来看，现实状况与此相距较远。按照事物的逻辑顺序，我们可以具体地分析代表制度每一个运行阶段存在的问题和不足。

（一）代表的选举产生机制的不足

选举是代表制度的逻辑起点，也是代表制度的基础。[③] 观察我国的代表制度，从选举的具体程序开始，就有一些不足。这又包括数个相互联系、相互影响的环节。下面具体分析：

1. 选举组织（公权力）对候选人的确定及选举过程的影响较大[④]

根据我国选举法，间接选举的代表（全国、省级、地级共三级代表）[⑤] 均由所组成的代表大会的常委会主持选举，直接选举的代表（县级、乡镇级共两级代表）[⑥] 设立选举委员会主持选举，县级的选举委员会受本级人大常委会的领导，乡镇级的选举委员会受县级人大常委会的领导。上述可视为法定的选举组织。在实际工作中，选举组织领导都是在各级党委领导下进行的，同级党委要成立换届工作领导小组，选举委员会的成员都由党委、人大、政府的领导干部所组成。所以，各级党委和政府的部门（尤其是组织人事等部门）均对选举的各环节有实质的影响，构成有重大实际影响的“选举组织”。

2. 宪法和选举法长期将直接选举的层面停留在底层，没有随着国家政治经济文化水平的提高和人民群众民主政治意识的觉醒而相应提高

根据宪法和选举法的规定，我国只有县、乡两级人大代表是采用直接选举的方式产生，县级以上的各级人大代表都是采用间接选举的方式选出的。从

---

① 参见《马克思恩格斯全集》第22卷，第274、275页；《列宁全集》，人民出版社1990年版，第13卷，第218、309页。

② 参见《马克思恩格斯选集》第1卷，第335页，第413、414页；《列宁全集》第25卷，人民出版社1990年版，第468页；《列宁全集》第26卷，人民出版社1990年版，第314、315页。

③ 代表的一切权力来源于人民，这是近现代民主政治的通则。当人类历史跨越了小国寡民的直接民主制时，政治管理的模式不管其阶级实质的区别，也不论其外在形式的差异，它总是少数人管理多数人的模式，而且当历史的发展还没有提供条件来消灭少数人管理多数人的模式时，间接民主制的产生便不可避免。代表制度作为间接民主制的表现形式，其作用就在于将多数人的意志和转化为掌握政治权力的少数人的权威，这种转化是通过民主、公开、普遍的选举制来实现的。如果没有这样的选举制度，代表制度就是徒有虚名，不可能发挥作用。

④ 蔡定剑博士对此问题做了详尽和具体的调查分析，参见蔡定剑主编《中国选举状况的报告》第一部分的“四之（二）、（三）”，法律出版社2002年版，第53～59页。

⑤ 具体包括全国人大代表，省、自治区、直辖市、设区的市、自治州的人大代表。

⑥ 具体包括不设区的市、市辖区、县、自治县、乡、民族乡、镇的人大代表。

1953年选举法到1979年选举法之间的20多年里，直接选举的层面一直停留在乡镇级人大代表。众所周知，由于由选民直接行使国家权力不现实，所以才有选举制度的设计。选举导致的是代议制即间接民主制。在已经是选举制的间接民主制下，间接选举的民主性远不如直接选举。政治代表的产生原理在某种程度上与民事委托代理的原理相类似。在民事委托代理关系中，总是会出现所谓的“代理成本”问题。[①] 为了尽量减少这种成本，法律制度设计上就要求代理人不得超出代理权限，未经被代理人的同意，委托代理人是不能私自转让委托的。而且转让委托对原始被代理人而言，二级代理人违背原始被代理人的意志、损害原始被代理人的利益，且增加原始被代理人监督控制的难度和风险（代理成本）更大。转让委托层次越多，这种风险就越大。就此观察代表制度，从标准的政治理论看来，间接选举意味着作为国家权力所有者的人民，对国家权力的行使者所实施的控制是通过某种中间环节来进行的，而这种中间环节本身是需要去控制的，是需要付出控制成本的。而且，实施控制的中间环节越多，控制成本越大，控制的效果也越差。选举实践充分说明，如果人民对自己选出的区县级或乡镇级代表都知之甚少，就更不用说对由代表选出的代表或代表的代表选出的代表有多少了解。如果人民对自己直接选出的区县级或乡镇级代表的监督和制约都十分困难，那他们对由代表选出的代表或代表的代表选出的代表进行监督和制约就难上加难了。

基于现行候选人名额分配模式和确定机制，选举主体（选民或代表）的知情权和了解权严重匮乏，他们除了从官方公布的候选人的简单工作经历及学历情况以及只言片语的职务升迁介绍中获悉候选人的不完全信息外，几乎难以获取对选举至关重要的候选人的政治素养、任期政纲和承诺、参政议政能力等信息资料，所以选举主体的投票带有很大的盲目性和被动性。一些学者就曾专门调查分析了选民厌选心理，认为其深层次的原因在于选举与利益脱节，选出的代表并不能真正代表选民的意志和利益，他们怀疑选举的民主性和公正性，怀疑选举对自身利益实现的实际功效。[②] 据一份权威的调查报告显示，近70%的选民对上一次选举的结果没什么印象。[③]

---

① 即由于委托代理关系中存在激励不相容的缘故，委托代理人有可能凭借信息优势，超越代理权限，牟取个人利益，损害被代理人的利益。

② 参阅蔡定剑主编：《中国选举状况的报告》，第四部分“选民选举心理和行为的调查分析”（汪铁民主持），法律出版社2002年版，第150～198页。

③ 张明澍：《中国“政治人”——中国公民政治素质调查报告》，中国社会科学出版社1994年版，第57页。

（二）非职业化的代表职务不符合代表制度的要求

1. 非职业化的代表职务定位的规范分析

我国现行宪法和法律没有对代表的职务进行明确定位，1992 年颁布的《代表法》第六条规定："代表依照本法的规定在本级人民代表大会会议期间的工作和在本级人民代表大会闭会期间的活动，都是执行代表职务。"第三十一条规定，代表执行职务时，"代表所在单位必须给予时间保障"。第三十二条规定，代表执行代表职务时，"其所在单位按正常出勤对待，享受所在单位的工资和其他待遇"。"无固定工资收入的代表执行代表职务，根据实际情况由本级财政给予适当补贴。"第三十三条规定："代表的活动经费，应当列入本级财政预算。"从以上这些规定可以看出，我国的人大代表是一种业余代表，或称兼职代表①，而不是专职代表。其特点是：第一，代表可以从事任何职业。他可以是工人、农民、政府官员、解放军战士、个体户等，而且和代表职务相比，其他的职业才是"本职"工作。第二，代表本身不是一种职业，因为他不能通过代表工作取得相应报酬，而且代表职务的履行时间十分有限，缺乏连续性。第三，对代表这一职务几乎没有什么职业上的要求，不像公务员条例规定公务员的基本条件，法官法、检察官法对法官、检察官的任职条件有专门要求。当然，如果代表的当选完全由充分竞争的政治市场决定，那也无须明确什么职务要求。综上所述，我国的人大代表是业余代表。

2. 代表非职业化的定量考察

根据宪法关于全国人大常委会委员和地方各级人大常委会委员不得兼任国家行政机关、审判机关和检察机关之职务的规定，加之各级人大常委会委员均是从代表中选出的，似乎可说明法律对担任常委会委员的代表有一定的专职性要求，但这不能由此得出常委会委员都是专职代表，因为只有人大常委会组成人员中的驻会委员（不包括全部委员）才接近专职代表的含义，各级人大所辖的人大各专门委员会也含有一定专职的性质，而占代表总额绝大多数的人大代表仍采用业余代表的形式。

从对中央和地方部分省市的考察中可以看出，我国各级人大的代表专职化不到 5%，非职业化的代表占整个代表的 95% 左右。

3. 代表非职业化带来的弊端

（1）它影响了代表参政、议政、执政的热情，降低了人大的职能，损害了

---

① 严格来说，称我国的代表制是兼职代表制并不确切，因为专职代表制是指代表不能兼任其他公职的制度，兼职代表制是指代表可以兼任其他公职的制度，无论是专职还是兼职，其前提是代表本身应当是一种职业。只有代表本身是一种职业，才可以说他是否可以兼任其他公职的问题。

人大的权威。代表行使职权没有固定报酬，只有少量的开会或活动补助。其工资主要来源于本职工作，没有行使职务的报酬，人大代表行使职权就失去利益动力，必然影响代表积极主动行使职权。现实中不少代表意识不强、职责不清，不愿意出席代表大会，不愿意参加代表活动，甚至把代表活动当成一种负担，其原因恐怕很大程度上在于此。

（2）增加了人大决策成本，降低了代议机关的效率，使得人大决策失误几率增加。代表大多数只能在开会前或开会中熟悉法律草案或其他议案，很难保证所表决事项的科学性。即使在开会时，有的代表还是“身在曹营心在汉”。

（3）由于兼职代表无暇掌握政治信息，平时很少对其他国家机关行使批评建议权，同时由于代表意识不强，在开会时很难对监督对象进行质询，难以形成有效的监督。例如，深圳市人大自产生以来，已有四届人大鲜有质询事例，常委会也没有一件质询事例。

（4）非职业化的代表制也反过来强化了选举的形式主义倾向。因为选民和候选人都缺乏利益动机，无法形成稳定、长期的利益代理表达关系和博弈环境，选民产生“厌选”心理，当选代表没有强烈的责任感和使命感，甚至抱着“无所谓”的态度就不难理解了。

（三）代表活动及权力行使的效能存在名实反差大、权威不高、权力运作真空多的不足

代表选出后，除部分人大常务会委员称得上是专职代表外，绝大部分代表都是业余代表，进一步的问题是，现实给予他们履行代表职务的物质条件、制度环境、保障措施不够。表现在以下五点：

（1）会期过短。正因为代表绝大多数是业余的，这就决定了代表机关不能开太长的会。与世界各国议会会期相比，我国全国人大会期最短，[①] 一般每年举行一次会议，每次 15 天左右；全国人大常委会会议一般每年举行 6 次，每两个月举行一次，每次 4 天左右，代表大会会议及常委会会议全年加在一起也不到 40 天；而地方各级人大会议会期则更短，一般为 5 ~ 6 天。[②] 由于会期短，加之会议议程又十分繁多，大多数代表均没有在大会上发言的机会，加上代表又大多来自生产、工作一线，有的对法律案或决议案中的概念还未来得及理

① 芬兰议会会期为 4 个月，日本、希腊为 5 个月，奥地利、法国、英国为 6 个月，德国为 25 周，美国约 9 个月（1 年内），印度国会每年也不少于 4 个月。

② 更有甚者，有的地方人大还压缩每年一度的人大会议例会会期，美其名曰为提高会议效率、精简会议规模、减少会议成本。参见广东省十届人大二次会议筹备处主任钟启权 2004 年 2 月 8 日《在省十届人大二次会议新闻发布会上的讲话》，广东人大之窗网，http：//www. scpc. gd. cn/rdhy/xw/042. htm。

解，就要投票表决，难免草率。[①]

（2）代表数量过多。据统计，我国全国各级人大代表约320万人。[②] 全国人大代表近3 000人，是世界其他各国议员的数倍以上。例如，上海市本届（第十二届）人民代表大会就有人大代表860人，比美国参众两院议员之和还多出300多人。代表过多给会议组织工作带来了难题。最突出的是，由于代表多，根本不可能用全体会议的形式审议议案，只能采取代表团和小组会议的形式来审议议案。这样虽然解决了发言时间问题，但不便代表广泛、直接地交流，只能按地区划分小组小范围内进行交流，这实质上就是未展开充分讨论，许多代表的意见也得不到充分表达，决策的民意基础不够充分。

（3）会后的代表活动流于形式。会议结束后代表奔赴各自的工作岗位，无暇顾及代表工作，也很难获悉比普通民众更多的政治信息（缺乏平台，既无经费来源，也无秘书助手帮助和办公条件，更何况还没有时间），对被监督主体（政府、两院）的大量决策、执行及其效果没有比民众更多的了解渠道。[③]

（4）代表联系选民或选举单位流于形式。代表尤其是间接选举的代表很少向他们的选举单位汇报自己的工作和人大会议的情况（缺乏制度约束和实现平台），选民或选举单位也就无法有效地监督他们履行职务。现实中几乎没有一个代表因为参政议政水平不足而被罢免的事例，只有因触犯刑律受到法律追究被罢免的例子，这很能说明问题。以上的种种不足形成了非良性循环，代表没能发挥应有作用，他们在民众心目中的地位远远比不上党政官员，民众对代表本身的素质、代表的选举、大会期间和闭会期间的活动情况、如何监督代表也就不会关心关注，反过来代表的现状也无从改善，人大制度的功能发挥自然就受到影响。

（5）物质保障杯水车薪。根据代表法，代表的活动经费列入本级财政。代表执行代表职务，其所在单位按照正常出勤对待，享受单位工资和其他待遇，

---

① 2004年2月召开的广东省十届人大二次会议提交代表审议的省级部门预算草案厚达4厘米，内容比往年细化了很多，但代表们反映，一是不易看懂；二是时间根本不够，看不完。参见周元春：《预算仍不易看懂且也看不完》，载《深圳法制报》2004年2月12日第1版。而令人不解的是本次会议的会期只安排6天，比本届人大一次会议还少一天，媒体正面宣传声称这是为了提高会议效率。

② 参见秦晓：《完善各级人大代表与选民、选举单位沟通渠道的思考》，《人大研究》（兰州）2003年第2期，第4页。

③ 还可以参见2002年1月18日南京《周末》报第1047期关于《四川泸州人大代表曾建余的遭遇》一文；《南方周末》2002年12月26日，曹勇《曾建余：戴罪而被罢免的人大代表》一文，《南方周末》2003年1月16日，黄广明《一个“布衣代表”的现实》文；余世存《“潜江模式”与基层民主的发展——中国基层民主选举民间观察团报告》，公法评论网站 http：//www. gongfa. com/yuscqianjiang-moshi. htm。

无工作单位的给予适当补贴。但在实际操作中，并没有代表的固定职务补贴，只是在组织代表视察时统一发一定补贴，开会期间有为数不多的差旅费，每年可领取一定的资料费。除此之外，代表执行职务没有更多的报酬。

（四）对代表的监督制约机制不完善

代表作为代表人民行使国家权力的使者，理应接受人民的监督。代表素质不理想，固然反映出选举机制存在的问题，但选举后，没有加强对代表政治、业务、能力素质的培养与提高，没有健全完善监督制约机制，也是一个重要原因。但目前，在理论上对代表接受人民监督重视不够，实践中对代表的监督机制也不够完善，具体表现在以下四点：

（1）一些选民和选举单位监督意识比较淡薄，对作为监督主体所享有的权利不甚了解，对代表履行职务缺乏关注的热情，致使监督主体的权利能力和行为能力未能在客观上统一起来。由于代表开会发言不积极，或者“口将言而嗫嚅”，发言不着要领，审议议案准备不充分，代表活动缺席的现象比较普遍。一些地方的国家权力机关要么坚持法不责众，要么顾忌方方面面的关系，要么怕自揭家丑，损害权力机关形象，要么认为法律规定不明确、处理起来难度大，往往大事化小，小事化了，或者听之任之，安之若素。

（2）对监督的内容理解偏颇，比较重视对涉嫌违法犯罪代表的查处监督，而忽视对代表参政议政能力和履行职责情况的监督。以往被撤换的人大代表大都是因为违法犯罪或犯政治错误，极少由于不称职而被撤换的。①

（3）代表与选民以及选举单位缺乏双向沟通渠道，选民的意见、愿望和要求固然可以向代表反映，但代表对此所持的态度以及上述处理结果，选民却往往无从知晓。这样，对代表的监督就无从谈起。

（4）没有专门的监督机构。目前，县级以上地方各级人大常委会虽然都设

---

① 2003 年深圳市南山区区人大换届选举后，发生了某选区 33 名选民联名要求罢免新当选的人大代表的事件，其罢免理由就是该代表“漠不关心群众疾苦，工作严重渎职”。该当选代表还曾作为选区选举工作领导小组组长，参加选举组织工作，没有回避。媒体称之为全国罕见或全国第一例由选民主动提出的罢免案。这起罢免案经区人大常委会审议被否决。参见《南方都市报》2003 年 6 月 3 日 A06、A07 版《选民联名要求罢免新当选人大代表》一文（记者荀骅采写）。无独有偶，2003 年 5 月 25 日，株洲市石峰区映峰居民委员会的 61 名选民向该区人大常委会提交了《罢免要求书》，要求罢免映峰居委会主任袁志良的区人大代表资格，61 名选民们提出了几大罢免理由，其中有该代表以权谋私，不能代表选民的意志和利益，不能模范地遵守宪法和法律，不具备担任人大代表的最基本条件。这一罢免事件，被媒体视为湖南第一起、全国第二起选民要求罢免人大代表的事件。该罢免案也同样被区人大常委会审议后否决。参见人民网地方频道（湖南地方新闻）2003 年 10 月 9 日《湖南首例选民罢免人大代表案：罢免要求被否》一文——http：//www. people. com. cn/BIG5/14576/14997/2125753. html。

有代表资格审查委员会，但大多是临时性机构，且职能有限，闭会期间的代表工作由代表联络机构承担，难以胜任监督重任。地方各级人大作为一级选举单位，也没有专门负责对本级人大选出的上一级人民代表进行监督的机构。

（五）代表制度运行的外部环境尚不理想

（1）在认识方面，尽管20多年来人们对人民代表大会制度的认识逐步提高，但这样那样的模糊认识甚至错误看法依然存在。人大的性质、地位和作用虽然在宪法和法律中有明确规定，但人们在认识上并没有完全到位，以致在实际工作中经常发生人大没有被充分认识和尊重的现象。如社会上把人大看作可有可无，或者是无关紧要，甚至不知道人大是干什么的大有人在；有的人不能充分认识人大在实现人民当家作主中的重要地位和作用，把人大当成“二线机关”，把党政机关当成“一线机关”；有的人习惯于把人大同政协、群众团体相提并论；有的人认为人民代表大会制度仅仅是与人大及其常委会相关的制度。因此，要发挥人民代表大会制度的作用，只是人大的事情，与自己关系不大。

（2）法定职权运作的外部阻力不小。从实践来看，各级人大尤其是地方各级人大因同级其他国家机关的阻碍使得难以有效行使职权的现象屡见不鲜，如在制定地方性法规、作出决议、决定地方重大事务方面，政府领导成员事前不配合，事后敷衍了事。在任免权方面，对属于人大或常委会任免范围的人员不经法定程序就公布任职或随意调离现职。在监督权方面，原则上表示自觉接受人大监督，具体问题上软拖硬抗。

三、代表制度改革的具体路径

代表制度改革的设计思路就是从代表这一政治主体入手的。针对存在的问题和原因，立足点于完善代表的选举产生机制，着力打造代表活动的舞台，提高代表的素质与执政能力，保证代表充分发挥代表作用，是完善人大制度的根本。因为各级代表是各级权力机关的组成人员，他们的素质和执政能力如何直接关系到整个代表大会作用的发挥。

（一）完善代表的选举产生选举机制

从近年来的人大选举实践来看，随着民主政治的发展，一方面，社会各界对人民代表选举程序的公平性、公开性和竞争性的要求越来越强烈，对代表素养的要求越来越寄予厚望；另一方面，选民对组织安排的正式候选人的满意度、支持度逐渐下降，选民联名推荐的候选人以及自荐参选的人越来越多，他们参加选举的热情也越来越高，社会对他们的关注度越来越高。但相应的制度安排落后于形势，以致选举中的各种矛盾和问题主要集中于酝酿、协商、确定候选人，介绍候选人以及竞选活动的规范化等环节上。为此，可采取以下措施：

（1）改进和健全现行代表候选人的提名程序。代议制度的本质在于选民与代表之间是一种委托或代理的关系，存在着政治“契约”，如果没有双方意思表达的充分和合意的最终形成，那么就无法实现代议制度的功能。现行的制度安排始终只有一方的活动空间，要么是政党团体单独或联名提名（组织推荐）、要么是选民或代表联名提名，始终没有被提名者或者意图争取为被提名者的法定活动空间，后者只能决定是否“承诺”，无法发出“要约”，更谈不上双方有一种良性的博弈互动机制。因此，在推荐代表候选人阶段，不妨实行参选人报名制度，让有志者主动宣传自己的政治愿望，主动联系选民或代表争取他们的联名推荐；还应适当限制各政党、团体提名，充分发动选民或代表联名提名，合法提名一律列入初步候选人名单。在酝酿、讨论、协商阶段，必须平等对待各政党、团体的提名和选民或代表的提名，改变硬性规定代表构成和各种比例代表制的做法，拓展选民或代表参政议政的基础。为防止出现候选人太多的情况，还可以提高联名的数量要求，如要求30名或50名选民联名等。尤其应当立法明确选民小组的产生程序、对初步候选人的酝酿程序，允许任何选民、被提名的候选人旁听酝酿的过程，使整个酝酿、协商在公开、透明的程序中运作。

（2）进行制度创新，有两种做法：

一是取消现行《选举法》第三十一条第一款关于选民小组酝酿、协商的规定以及第三十条第二款关于候选人差额比例的规定，引进即刻复选制和候补代表制。现行的有关规定，主要是为了解决候选人过多使选票分散、选举成功率不高、需要反复投票、浪费社会成本的问题，而仅仅完善如何确定正式候选人的环节治标不治本。为解决这一问题，一些国家创造了低价高效的即刻复选制度，如爱尔兰的总统选举、澳大利亚的国会选举以及英国伦敦市长的选举就采用这一制度。学者赵心树在《选举的困境——民选制度及宪政改革批判》一书中介绍了其基本内容①。

所谓候补代表制是指在选举时按照得票多少设立一定数量的候补代表，当

① 参见赵心树：《选举的困境——民选制度及宪政改革批判》，四川人民出版社2008年增订版，第354～360页。

正式代表被罢免或因其他原因出缺时，可依次递补，其任期至原代表任期届满之日为止，它避免了因代表出缺时需要再次举行选举的麻烦，减少了选举成本，因而为一些国家所采用，如瑞典、波兰、匈牙利等。

二是直接采取“预选”方式。1995 年修订的现行《选举法》只规定在县级以上人大选举上一级人大代表时，如果所提代表候选人超过应选代表名额的 1/2，则必须进行预选，即由代表投票产生正式候选人。但对县级、乡镇级直接选举却没有规定“预选”程序，而是采取前述的酝酿协商程序。鉴于这一程序的弊端，不如将预选程序代替酝酿协商程序，让选民直接投票产生正式候选人，不要酝酿，不搞协商，没有组织干预。

(3) 尽快取消城乡代表的每一代表人口数不平等的比例规定，为解决三农问题提供民意机制和制度保障。现实的不平等规定违背了宪法的平等权原则，使城乡不平等，拉大城乡差距，不仅不利于工农联盟，不符合我国是一个农业人口为主的大国的国情，也不符合地域代表制的原则，人为造成地域不平等。例如，它导致了全国人大各省代表团实际代表数与所在省的人口数不一定成正比例的弊端（像十届全国人大湖南省代表团代表人数 118，湖北省代表团代表人数 123，但湖南省的人口却比湖北省的人口多 400 多万，其原因主要是湖北省城市人口比湖南省城市人口多）。有人可能会质疑：如果取消城乡每一代表人口数的不平等规定，如何防止出现有人担心的全国人大将变成农会、农民协会的问题？笔者认为，一方面，随着国家农村城镇化、城市化进程的加快，以及户籍制度改革的加快，人为造成的城市和农村二元分割将不复存在，这个担心是不必要的；另一方面，取消城乡代表的每一代表人口数的不平等比例规定，并不一定会造成所谓农民代表的显著增多（尽管这种增多是合理和必然的），因为，一个人不管其身份是什么，只要他愿意为农民说话，有极强的参政议政能力，并获得了农民选民的支持，他就可以以农村地区和农民选出的代表参加代表大会。

(4) 增强选举的竞争性和公开性，保障素质高的候选人能够当选。改变以往代表候选人与选民或代表的被动式沟通方式，采取主动沟通方式，激发候选人的参政热情、民主意识及政治责任感，建立竞选制度使高素质的候选人能够当选为代表。建议恢复 1979 年《选举法》第三十条关于“各党派、团体和选民可用各种形式宣传代表候选人”的规定，取消现行《选举法》第二十三条关于“在选民小组或者代表小组会议上介绍所推荐的代表候选人的情况”的做法，保留“在选举日必须停止对代表候选人的介绍”之规定，明确肯定竞选制度并规范其方式、方法和程序。我国目前的经济发展水平与科技发展水平，为实行竞选制度提供了较为发达的媒体、网络等舆论技术支持手段。但考虑到发展不平衡的问题，可以允许各省、自治区、直辖市从本地区实际出发，以地方法规的形式规定竞选制度的具体方式方法和程序。

（5）适当推行与扩大界别选举制，使之与地域代表制有机结合。目前我国的界别选举只在人民解放军范围内进行。为优化代表构成，可以适当推进和扩大界别选举的范围，如教育、科技、文化、卫生、宗教、少数民族、归侨、台胞台属等特定界别，使其与地域代表制更好地结合。

（6）改革代表名额分配办法。现在，全国流动人口接近1亿3 000万。这一庞大群体与户籍地之间的互动越来越少，与流入地的联系日趋紧密，但选举法规定，地方各级人大代表的名额按基数代表名额加人口比例代表名额的办法确定，后者又按照户籍人口数确定，这样势必使流动人口群体陷入边缘化的境地，他们无法纳入流入地的体系内部落实基本政治权利。例如，深圳市有超过300万非户籍的常住人口，但深圳市参加第十届广东省人大会议的代表名额仅仅23名，因为这300万人口数没计算在内，只计算了132万户籍人口。显然，无论从落实个人平等的选举权和被选举权的角度，还是推进民主政治化进程方面看，现行规定都不合理。笔者建议，以户籍所在地及经常居所地为统计标准，计算代表名额分配，这样，外来人口多的地方当然应当相应增加代表名额。

（7）区分选举权和被选举权。现行选举法没有区分这两种权利，实际上它们的功能是有区别的，要求也是不应当一样的，世界各国一般都区分享有选举权和被选举权的条件，如年龄方面、居住期限方面等。居住期限的问题前已述及，此不赘述。年龄限制的问题，适可提高候选人的年龄条件，参照《法官法》和《检察官法》的规定，可把当选人大代表的年龄条件规定为不低于23岁。

（二）适时扩大直接选举的层面，直至最终实现全国人大代表的直接选举

直接选举较间接选举有许多明显的优势，目前只在县、乡两级人大实行直接选举，有必要适时逐步提高直接选举的层次，为人大制度打下更为坚实的民主基础。从1953年的《选举法》到1979年的《选举法》，我国直接选举的层次从乡镇级扩大至县级，考虑到中国民主政治发展应当以渐进累积型模式为主要模式，直接选举的层次提高也应循序渐进，先从设区的市、自治州推开，待经验成熟再稳步推进到省、自治区、直辖市层面，最后在适当时期最终实现全国人大代表的直接选举。为便于后面的叙述方便，本文把目前已经实施的县、乡两级人大直接选举概括为基层直接选举，把最终要实现的全国人大代表的直接选举概括为高层直接选举，把介乎于基层直接选举和高层直接选举之间的省

级、设区的市及自治州的人大选举概括为中层直接选举。

(三) 逐步建立专职代表制

1. 建立专职代表制的利害关系分析

建立专职代表制和扩大直选相比较而言，难度应当要小一些，障碍也要小一些。这是因为，这项改革可能是多赢效果：既然专职代表发挥代表作用比业余代表要好，选民肯定支持和拥护这一改革；既然专职代表参政议政水平肯定高于业余代表，履行职务的条件要好于业余代表，在代议机关的影响力要大于业余代表，政治社会地位要高于业余代表，而且专职代表制有利于避免兼职代表制之下的利益冲突，则无论是候选人还是当选代表都会拥护和支持这项改革，它对形成良好的候选人机制也是十分有利的①；既然专职代表有利于发挥人民代表制度的优越性，则决策层也应当乐观其成。

2. 建立专职代表制的路径选择

（1）减少代表名额。现在我国人大代表数量是世界议会之最，从全国人大到地方各级人大，代表总数达300多万。代表机关代表人数过多，不利于代议机关长期地、持续地开展工作，不利于大会充分讨论问题，因为如果给代表充分表达意见的机会，势必导致由于人数众多使议案拖延时间、久而难决，代表机关效率低下；如果要保证代表机关的议事效率，又要维持众多的代表人数，那么代表就不会有充分表达意见的机会，决策的质量又得不到保证。在代表的人数问题上，既要考虑到代表的广泛性，又要考虑到发挥议事效能等诸多因素。专职代表制下，代表具有更高的素质，减少了代表数额，有利于代表发挥个人能动性，充分讨论决定问题，同时也降低了决策成本，节省了大量人力和经费。

（2）代表人数总规模以多少为宜？根据什么标准来规定？我国现行的各级人大的代表人数是根据《选举法》有关规定确定的，《选举法》第十五条第二款规定，全国人民代表大会代表的名额不超过3 000人，名额的分配由全国人民代表大会常务委员会根据情况决定。《选举法》第九条规定，地方各级人民代表大会的代表名额，按照下列规定确定：①省、自治区、直辖市的代表名额基数为350名，省、自治区每15万人可以增加1名代表，直辖市每25 000人

---

① 2004年2月23日，在深圳市三届人大六次会议期间，由郑学定代表领衔提交给会议一份议案《关于进一步完善我市人民代表大会制度的方案》。该方案提出深圳市可试行常委会全体委员和部分人大代表职业化改革，认为这是实现人大对重大事项的实质性审查，加强人大监督，提高人大立法质量，发挥人大代表作用的必由之路。参见《深圳法制报》2004年2月24日第4版“两会聚焦”栏目相关文章。这里所提出的职业化与本文所称的专职化接近。

可以增加1名代表；人口超过1亿的省，代表总名额不得超过1 000名；②设区的市、自治州的代表名额基数为240名，每25 000人可以增加1名代表；人口超过1 000万的，代表总名额不得超过650名；③县、自治县、不设区的市、市辖区的代表名额基数为120名，每5 000人可以增加一名代表；人口超过165万的，代表总名额不得超过450名；人口不足5万的，代表总名额可以少于120名；④乡、民族乡、镇的代表名额基数为40名，每1 500人可以增加1名代表；人口超过9万的乡、民族乡的代表总名额不得超过100名；人口超过13万的镇的代表总名额不得超过130名；人口不足2 000的乡、民族乡、镇的代表总名额可以少于40名。按照前款规定的地方各级人民代表大会的代表名额基数与按人口数增加的代表数相加，即为地方各级人民代表大会的代表总名额。

（3）有计划、有步骤地推行代表专职化。有两套方案：一是先在全国人民代表大会实行专职代表制，自上而下，逐步实行全部人大代表专职化。全国人民代表大会相对于省级人民代表大会及省级以下人民代表大会而言，其负担的职能更多，也更重要，因而更加迫切要求全国人民大会代表有足够的时间和精力熟悉全国各地的情况，而只有代表专职化才能保证这一点。在全国人大代表专职化以后，在省一级实行人大代表专职化可以先在某些条件较好的省份试点，然后自上而下逐步推广。二是在人大常委会所有委员都专职化的基础上，再在其他代表中按比例逐届扩大专职代表的数额，当所有代表都完成专职化后（肯定是较长远的时期），可以考虑取消县级以上各级人大设立常委会的做法（前面已经分析，现行的两级宏观架构有可能导致常委会凌驾于大会之上，如常委会通过的法律案或人事任免案，假如在代表大会上表决，可能不同意通过，从而损害代表大会的最高权威性）。如果考虑到提高直接选举的层次的话，从配套角度考虑，也可以采取直接选举推行到什么层次，就在该层次实行专职代表制，因为在间接选举制下推行专职代表制，意义将有所降低。

（4）为适应代表专职化要求，大大增加例会会期。专职代表制下，人大代表成为一种职业代表行使职权有了充分的时间、精力保障。因此，有可能建立经常性的会议制度以提高人大的议事广度、深度和效率。资本主义国家的议会由于采取专职代表制，议会的例会一般时间较长，我国一旦推行专职代表制，可以参照现行人大常委会的做法，即每两个月召开一次会议，每次会议15至30天，保证每年有大约一半的例会时间，使之胜任代表人民行使国家权力的神圣职责。

（5）大力加强物质保障和法律保障。在西方国家，议员都有相当优厚的职位工资、津贴以保障其能够安心工作，并为其聘请助手和秘书。我国推行代表专职化，代表一旦当选必须辞去原有工作和职务，专心奉职，为使之安心履行职务必须保证代表有优厚的待遇，相关开支应当由国家财政独立统一划拨。据报载，已有一些地方出现了个人选举事务办公室、代表工作室、代表联络点等，这往往是一些具有较强经济实力的企业家代表个人所为，虽然反映出一些代表自身政治意识的觉醒和政治行为的优化，体现了代表专职化发展的趋势，但现有的代表物质保障措施还适应不了发展要求。当有代表为更好地发挥代表作用，需要额外支付其履行职责的物质支出时，以个人财力承担不符合代表这一公共政治职务的本质要求；如果从民间渠道融资，又可能导致"金钱政治"之弊端，所以最终还是要从公共财政支付中找出路。[①] 此外，现实中人大代表执行职务时遭遇迫害、人身侵犯的事不乏其例，所以还应加强言论免责权、人身特别保障权等保障措施。还要完善代表履行职务时相关国家机关、社会团体、企业事业单位和公职人员如何配合的制度规范，明确要求有关机构和人员负有受理代表履行职务的要求，如提供必要的资料和如实回答有关询问，如果不配合甚至阻挠、压制，代表机关可以督请相关部门给予纪律处分。

（四）在制度中明确代表行使权力的身份关系

在人大代表工作的理论与实践中，代表行使权力的身份取向是一个非常复杂和困难的实际问题。代表经过选举产生，分别来自不同的选举单位、选区、行业和党派团体，在身份上具有重叠性，在代表利益上具有多元性。他们作为一定的选举单位或者选区选民选举产生的代表，理应代表和反映他们的利益和意志，但如果特定选举单位或者选区选民的特殊利益和意志与全体人民的利益和意志或者与代表所在的行业、党派的利益和意志或者与代表本人的意志发生

---

① 民营企业家、浙江省义乌市全国人大代表周晓光在2003年10月创立了代表联系点，招聘专家助手处理有关事务，这是第一个全国人大代表联系点，2004年1月，她又在义乌电视台做广告向民间征集议案，此举又被媒体誉为首创。学者毛寿龙在肯定这一事件所表明的政治进步意义时，也指出其可能导致金钱政治的消极后果：因为只有周晓光这样的代表才能支付起这样的成本，可能的结果是人大代表越富裕，越有能力联系选民，提出高质量的议案；人大代表越穷，越难提出高水平的议案。参见《南方周末》2004年2月12日A2版相关文章。

冲突时，代表在议事活动中究竟应当怎样取舍?① 简言之，就是代表在代议机关里究竟应当代表谁的利益，对谁负责，以什么样的身份来行使权力？这既牵涉到代表的代表利益问题，也牵涉到代表的责任问题。其中最为关键的是代表在两难选择的困境下如何判断和抉择，以明确自己的议事活动体现谁的意志、代表何方利益。不解决这个问题，就会影响代表职责的履行，降低代表的使命感和责任感，甚至迫使代表放弃权力的行使，对所议问题不表态，谁的利益也不代表。这样对于人民代表大会的制度建设是十分不利的。如何解决这一问题需要结合理论和实践加以分析研究。

1. 我国代表制度下代表身份关系的几种主张和做法

我国的宪法、选举法、代表法对此规定并不明确，人大工作实践中的主要观点和做法有以下四种：

第一，认为从代表与选民（或选举单位）的关系来说，代表不应是全体人民代表。“在采取地域选举的情况下，每一个人民代表基本上是本选区或本地域的群众意志和利益的代表者。在采取职业选举或按阶层选举的情况下，则每一代表仍是本行业或者本阶层的群众意志和利益的代表者……每个代表联系选民和接受监督往往以本选区为限，外选区是不能对他（她）进行罢免的。”这种观点意味着人大代表由谁选举，从哪里产生，就应对谁负责，为谁服务。这种观点在部分人大代表中颇有赞同者。现在一些人大代表反复强调要代表自己的选区或选举单位，过分强调特定选区选民或选举单位的利益。有些选区、选民或者选举单位对代表提出强制性要求，甚至出现有的代表团要求本代表团的全体代表，在某些表决中要一致采取赞成、反对或弃权的立场。

第二，认为人大代表应代表其所在单位、部门、行业（界别）的利益。理由是人大代表对自己工作和生活的单位、部门、行业最熟悉，各方情况了解得也最多，同所处的群众联系也最密切，最易了解周围群众的意愿和呼声，发现

① 例如，国家决定兴建三峡工程，该工程一旦建成，国家将受益显著。但由于搬迁、移民和水淹等原因，四川、湖北两省的经济会有比较大的损失，那么，在全国人大会议上讨论表决建设三峡工程的议案时，四川、湖北两省选出的全国人大代表是应该赞成，还是应该反对呢？如果从整体利益考虑，似应赞成为好；若从局部利益考虑，又有反对之必要。在这种情况下，他们要作出抉择十分为难。文物部门的人大代表可能会认为三峡大坝的建成会给这一地区的文物资源保护带来不可估量的损失，但大坝在防洪、发电等方面又有显著的经济效益，他们如何抉择表决立场呢？还有，三峡工程确有许多优点，但在战争条件下，大坝若遭到突然袭击将引起洪水泛滥，给下游的人民生命财产带来灾难性后果。这些认识差异分歧都可能使人大代表在判断和表决时颇为踌躇。2003 年下半年渭河流域小洪水暴发大洪灾后，陕西省的不少全国人大就认为 1960 年兴建的三门峡水电站是导致这次大洪灾的根本原因，而三门峡水电站微薄的收益根本弥补不了由此带来的巨大灾害损失，要求将该电站停止蓄水发电，敞开泄水，这势必又将引起各方利益代表的争论博弈。

重大问题和重要情况，因而也能最有效地代表他们的利益。实践中也确实普遍存在这样的现象：人大代表所在的单位、部门、行业的领导和群众，经常通过口头或书面的方式向人大代表提出委托，要求他们向本级人大及其常委会反映他们的意见，促成有关部门解决他们的相关利益问题。

第三，认为人大代表应代表全体人民的利益。无论是直接选举还是间接选举产生的人大代表，也无论是单位、部门、界别的人大代表，只能是代表全体人民的利益。

第四，认为代表一经选举产生，人民就应给予其绝对的信任权，代表也应当较之一般选民有更高的政治素养和参政、议政、督政的能力，他理应具有完全的自由判断和抉择权，在参政议政过程中完全依个人的良知与能力来判断和抉择。他有权采取他认为合理和明智的行为。如果强调一位代表要处处考虑全国人民的意志和利益或要时时受制于选民或选举单位的约束，那何不干脆利用民意测验来决定任何问题，而不需要所谓代表了。

上述四种观点都有一定的合理性，但也不同程度地存在片面和偏颇之处。

第一种观点和第二种观点实际上都是强调代表行使权力时应服从于他的本源身份，即代表应当反映特定选区、选民或选举单位以及所在单位、行业的意见和利益，这是正确的。但由此否定代表也应反映和代表本级行政区域全体人民乃至全国人民的意志和利益，却又过于绝对。从我国现行法律的原则精神和人大工作的实践来看，我国的人民代表不能仅仅代表本选区或者本行业的特殊利益，他也应当在参政议政中立足于全局，把整体利益置于首位，按照全国人民或本行政区域内全体人民的根本利益的要求，履行代表职责。《宪法》第七十六条规定："全国人民代表大会代表模范地遵守宪法和法律……协助宪法和法律的实施。"《地方组织法》第三十七条规定地方各级人大代表："应当和原选举单位或者选民保持密切联系，宣传法律和政策，协助本级人民政府推行工作，并且向人民代表大会及其常务委员会、人民政府反映群众的意见和要求。"代表法也有类似规定。人大代表还负有在自己参加的生产、工作和社会活动中协助执行可能与原选举单位或选民、部门利益相冲突的法律、政策的责任。虽然宪法、全国人大组织法、地方组织及代表法规定了选举单位和选区选民对代表的罢免权力，但立法原意并不是人大代表必须受原选举单位或者选区选民意志的约束。事实上，罢免代表的条件，既要看代表是否关心和维护原选举单位或者选区选民的利益和意志，也要看代表是否立足于全局，维护全国人民的利益和意志，更要看代表有无违法乱纪和严重失职的行为。最后，从实际操作来看，代表事事拘泥于选区的或选举单位民意来行动也有实际困难。

第三种观点的正确之处在于肯定了全国人大和地方各级人大作为权力机关

整体，均应各自代表全国人民或地方各级行政区域人民的意志和利益，而各级人大代表自应服从他所组成的权力机关性质的要求。但这个观点强调整体利益、根本利益，忽视局部利益，中间缺少民主的碰撞，也不利于对全体人民的利益的真实性和有效性的验证和监督。在实践中，整体利益总是比较抽象，不容易把握，局部利益则很具体，若忽视局部利益、具体利益，也会影响整体利益的实现。

第四种观点合理之处在于肯定了代表的主观能动性，而不当之处是不承认代表行为的民意基础的制约力、影响力，不符合我国人大工作的实际情况。

2. 建议立法上明确规定人大代表行使权力的身份性质

为了正确认识代表在行使权力过程中所涉及的复杂利益关系，澄清代表在遇到利益两难取舍时的模糊认识，防止代表行为无所适从的现象发生，以保证人民代表能积极主动、正确合法地行使权力，有必要在立法中明确：①代表身份的重叠性和责任的重叠性。即全国人大作为一个整体代表全国人民，对全国人民负责，其各个组成人员也是代表全国人民、对全国人民负责的一员，根据罢免权的规定，全国人大代表还应当代表选举单位人民的利益，也应对选举单位的人民负责。地方各级人大代表既要对其组成的权力机关所在区域的人民负责，也要对选举产生他的选区选民或选举单位的人民负责。同时，各级人大代表也应注意反映自己所在的生产单位、生活区域或所在界别的利益和要求。②代表议事的自主性和能动性。在代表的各种利益发生冲突时，全国人大代表和地方各级人大代表都没有接受强制性委托的义务，他们均有合法的抉择权，既可站在选举单位或选区或界别的立场上，维护局部利益，也可以不受局部利益的约束，维护国家或区域的整体利益。①

3. 正确处理中共党员代表行使权力的身份关系

完善人大代表行使权力的身份关系，不能回避对党员代表的探讨。人大代表和常委会组成人员中的共产党具有“代表”和“党员”双重身份。一方面，他们作为代表，必须对人民负责；另一方面，他们作为党员，又要对党负责。据统计，目前各级人大代表中党员比例比“文革”前大大增加，一般在70%左右。在党员代表占绝大多数的情况下，党员代表行使权力的身份问题是一个十分普遍、相当重要且敏感的问题，需要认真研究，慎重对待。从理论上讲，中国共产党党员是中国各族人民利益的忠实代表，党性和人民性是统一的，对党负责和对人民负责应当是完全一致的。因此，党员身份与代表身份在本质上

---

① 关于该问题的论证，可参见邹平学：《关于人大代表行使权力的身份的理论与实践》，《中国法学》1994 年第四期。

应该是统一的，但实践中也存在不一致的现象。例如，党委对本地区作出的重大决策，建议人大及其常委会讨论或由人民政府提请人大及其常委会审议，一般情况下都能顺利通过，但个别时候也因意见分歧而导致暂时不能表决；党委推荐的重要干部，由人大主席团或一府两院提请人大及其常委会选举或任命，大多数能够当选或通过，也有个别的不能当选或通过。在党员代表的两种代表意识的统一方面，也有不一致的现象：某些党员代表常常以党员身份活动于会议内外，以很强的党员意识支配自己的言行，代表意识却有所弱化；在大会、小组发言中有所顾忌，不敢在非党员代表面前评议政府工作，或是在分组讨论中把非党代表的意见"顶"回去。近年来，随着人民代表大会的政治、法律地位的提高，人民代表的权利得到进一步尊重，代表的整体素质也有所提高，这些都促进了代表们的代表意识的觉醒和提高，促进代表参政议政的积极性和水平的提高，党员代表也真正履行起作为代表的神圣职责。但与此同时，有些党员代表在代表意识的迅速提高中，党员意识却有所下降，影响了党员代表双重身份的有机统一，特别是一些党员代表对坚持和加强党的领导的认识不深，对"民主"的理解片面，党内纪律放松，过分的代表意识导致了党员与党组织之间的不一致的行为，影响了会议议程的顺利进行。也有一些人认为要求党员代表严格服从党组织的指示，积极贯彻党委意图的做法有悖于人代会发扬民主的原则，势必将人民代表大会变成党员代表大会。这种模糊认识对党员代表正确行使权力也有不利影响。

笔者认为，我国的国家权力机关包括最高国家权力机关和地方各级权力机关，都是中国共产党领导下的人民权力机关。党对人民权力机关的领导，直接关系着党对整个国家领导的成败。而党员代表如何做到双重身份的有机统一，也是党对权力机关领导的一个重要内容。人大代表和人大常委会组成人员中的党员，在关系党和国家利益的重大问题上，政治上必须同党中央保持高度一致，按照"个人服从组织，少数服从多数，下级服从上级，全党服从中央"的原则，严格遵守党的纪律，维护党的统一，维护党对权力机关的领导地位。同时，执政党也应当带头贯彻落实"依法治国，建设社会主义法治国家"的方略，依宪治国，依法执政。在具体工作中应注意以下四个方面：

第一，要进一步扩大党员代表对党内事务，特别是关于人事安排方面的参与程度，充分发扬党内民主。如果人大常委会党组了解到党员代表对党委提出的建议或党委决策后通过人民政府提出的议案意见分歧很大，应认真研究，郑重地向党委提出来，请党委重新考虑，先在党内统一认识。只有党内民主发扬好了，人大决策与党的决策才可能有机统一。

第二，加强人代会中党组的建设，在党内要制定相应的党员代表的活动规则，通过一定的组织措施加强纪律约束。加强思想政治工作，严格按照民主集中制原则，力争将对人民负责和对党组织负责有机结合，达到双重身份的统一。

第三，要尊重党外人士的意见。代表中党员占多数，这是执政党的地位决定的。但绝不能用党内的多数去压党外的少数，只能在法律范围内依靠自己的影响力，运用全体党员代表的整体力量去带动和说服党外代表接受自己的主张。

第四，最为重要的是要在宪法和法律范围内办事。人大及其常委会在行使职权的过程中，如果多数党员代表不同意党委的建议，应该尊重他们的民主权利，不能简单地要求他们表明一致的立场。即使党委的建议是正确的，也不宜匆忙交付表决。审议表决前，党组应进行必要的宣传解释工作，通过从上到下、从党内到党外的思想政治工作，说服党员代表。如果党委的建议确有不当之处，则为了人民的利益，党应本着坚持真理、修正错误的原则，敢于正视自己的失误，充分听取大多数人的意见，坚决果断地予以改正，尊重权力机关的职权，以保证人大的决定和决议建立在民主和科学决策的基础上，真正体现这一党对国家政治生活的领导的最本质内容，即组织和支持人民当家作主。

（五）改善闭会期间的代表活动方式，加强对代表的监督制约机制

（1）实现代表履行职责的公开化。要增加人大会议及常委会会议的透明度，人大的公报、工作刊物应向社会公开发行，群众可以随时查阅。在制度上要建立群众旁听大会和常委会会议的程序与方法，利用网络技术建立快捷、高效的信息交流平台，一方面使社会各界能够便捷地在网上浏览查询人大工作信息，提出意见，参与相关问题的调查，办理有关事宜，另一方面各级人大也可以在网上即时发布通过的法律法规、需要征求群众意见的法律法规草案，反映人大工作动态和信息，公开征集议案。①

（2）建立代表接受选民委托的制度。任何公民或社会团体组织都有权通过书面或口头的方式向代表提出委托，代表负有义务向本级人大及其常委会反映这些委托，应当在立法中规定所有委托对代表行为没有强制约束力。

（3）建立代表述职制度。应明确规定一定的时间、提供一定的场所和必备的物质条件，让代表向选民或选举单位作述职报告，听取选民或代表的询问、批评或建议。这样，代表的活动就置于选民或其他代表的监督之下，可以据此

① 据《浙江日报》2004年5月26日的报道，5月25日浙江省人大常委会办公厅和中国联通有限公司浙江分公司签署了“中国·浙江人大”门户网站建设协议。该网站于2004年年底正式开通。

判断他是否具备了代表素质，并促使代表尽职尽责。目前，尤其要对间接选举的代表每年安排一定时间回原选举单位参加述职。可在每年一次的代表大会上，要求出席上一级人大会议的代表回选举单位述职，一半以上的代表对其不满意应当依法罢免。当然，在完全实行直接选举及人大会议会期大大延长的时候，此时的述职主要是回选区向选民述职。此外，我国全国人大有相当数量代表本身并不居住在选举单位所在的省、自治区或直辖市，如居住在北京的相当多的党政高级领导其代表候选人资格是分配到各个省、自治区或直辖市，由这些地方的人大选举。在一定的时期，这样做有合理性和现实需要，但在今后条件成熟时，应当改变这一做法，要求任何选举单位选举产生的代表必须是居住在选举单位所在的地区，这是近现代代表制的原则要求。

（4）建立健全代表视察、走访制度。现行的视察、走访比较多地流于形式，注重宣传效果，难以发现实际问题。因此必须做到保障代表的法定职权之行使，赋予其视察、走访的时间条件和物质条件，在法律上规定被视察、走访单位的配合义务。当然，也要规定代表在视察、走访中不得直接处理问题。

（5）建立代表约见制度。现在许多地方人大有代表约见制度，但流于形式，一般每年举行一次，每次两三天左右，其余的所谓约见，大都由常委会机关干部代劳，事实上，人大机关干部接待来访的法律性质和法律后果与代表接待来访是不同的。必须建立长期的代表约见制度，分期分批安排代表参加约见，保证每一个代表每年有相当的时间接见选区选民，当然，这与代表的专职化是分不开的。

（6）建立代表回避制度。现在人大立法中已经出现立法腐败现象，监督也有从代表自身特殊利益出发进行监督的苗头，应当在制度中规定：代表在立法和对政府、法院和检察院及国家工作人员的行为进行监督时，应当遵循回避利益冲突原则。在具体制度设计上，可以借鉴诉讼法的有关规定，凡人大代表或常委会组成人员与所决定的事务或问题的处理有利害关系，就应当自行申请回避；有关机关和个人也有权申请该代表或常委会组成人员回避。是否回避由大会主席团或委员长会议、常委会主任会议决定。当然，如果完全实行代表的专职化，每一个当选代表必须辞去其他的任职或职务（如党政职务、企业事业单位的职务等），专心从事代表职务，真正建立其避免代表职务发生利益冲突的机制，则不需要建立代表回避制度。目前，在地方人大工作中，已经有个别地方的人大注意到这个问题，开始研究建立代表回避制度。根据新闻媒体报道，成都市的第十四届人大常委会听取了关于《成都市人民代表大会建议、批评和意见办理规定（草案）》的说明并对其进行了审议。该规定草案设计了代表回避制度，内容包括：代表本人或其近亲属的诉讼案件；代表本人作为一方当事人的代理人、辩护人的诉讼案件；其他与代表本人或其近亲属有利害关系的事项等，都需要回避。对于以上事项，代表可以按照法定程序办理或者通过其他渠道反映。[①] 该草案如果获得通过，将是国内第一部规定有关代表回避制度的法规。当然，代表回避制度到底应当包括什么内容还是值得进一步研究，如回避什么？如何界定利害关系？如何回避？是否立法事项、监督事项、提出建议批评事项都要回避？程序上如何决定回避？等等。

（7）建立代表行为惩戒制度，对代表的违法、渎职和不作为等行为进行惩戒。现在有些代表，违反代表法、选举法的规定，或者进行贿选，或者收受贿赂为他人谋取不正当利益。有的从事与代表的诚实、信用原则相违背的活动，作出有损人大制度的行为；有的利用代表身份在社会上从事不正当行为。为此应当健全惩戒制度，可以建立专门的代表监督机构，县级以上地方各级人大常委会可考虑将代表资格审查委员会改为常设性的代表监督委员会，或另设代表监督委员会，其职能就是受理对代表的指控；听取被指控代表的申诉并组织调查、组织听证会，提出调查处理报告；受理罢免议案的初审并提出审查报告；受理当选代表的拒任和已选代表的辞职；受理对代表的质询，等等。

（8）完善罢免制度。一是要明确罢免标准，树立科学的代表行为价值观念。罢免的范围不能仅限于极个别严重违法乱纪的代表，还应当包括那些无视选民意愿、严重脱离群众、无能力履行代表职责的“拍手代表”、“举手代表”等。二是要着重完善罢免程序。罢免代表具有相当的政治影响，涉及选民和代表的双重权利保障，必须根据严格的程序来进行。现行的罢免程序存在法理性的不足，既然选民根据选举法启动了罢免程序，而选举法并没有赋予人大常委会任何审查选民提出的书面罢免案的权力，对于公权力而言，“法无授权则无权”，由它来否决选民的罢免要求并不妥当。即使它可以进行形式审查（如选民联名的人数及其真实性、是否书面提出、是否与代表执行职务有关、是否属于受理范围等），也不能进行实质审查，因为实质审查的权力在选民大会，正确的做法应当是召开选民会议，由选民来决定是否通过罢免案。完善程序具体可从罢免案的提出程序、受理程序、受理机构的组成原则和回避原则、形式审查（听证会程序）、告知程序、申辩程序、召开选民大会会议罢免程序等方面入手。

（9）加强对代表的培训，提高其执政能力。美国国会每届都举办新当选议员的培训班，课程内容有国会记录、制定预算方面的知识。前苏联各级政府也很注重对代表的培训教育，主要形式是送代表去大学苏维埃建设系学习，以及

① 参见2004年6月10日《深圳晚报》A28版“今日中国·新闻超市”相关报道。

举办各种讲习班、讲座，使代表学习宪法、法律、政策、经济学、管理学、决策学等方面的知识。我们也要借鉴这些先进做法，以各种有效形式组织代表学习马克思主义国家学说及社会主义民主法制建设的理论，学习法学、经济学、管理学、决策学等必要的知识。

（六）加强和完善人民代表大会的组织机构和工作程序

代表是组成代表大会的“细胞”，代表大会的组织机构健全，工作程序完善，也必将有利于代表发挥代表作用。有必要从以下三个方面进一步加强、完善：

（1）加强和完善各级人大常委会的组织机构和工作制度：①优化常委会的人员结构。党的“十六大”报告正式提出“优化人大常委会组成人员的结构”[①]。一是要优化年龄结构。现在各级人大常委会组成人员的年龄结构偏向老龄化，平均年龄远远高于政府、法院、检察院组成人员，使得人大工作活力不够，影响常委会工作的稳定性和连续性。必须逐步降低人大常委会组成人员的平均年龄，从长远看，人大常委会组成人员的年龄应当与在党委、政府、法院、检察院、军队任职年龄要求一样，适当增加相当数量至少能够任满两届的年轻委员，形成“两头小中间大”的梯次结构，使人大常委会每一届都有相当数量的委员继续留任，避免出现大出大进、一届一茬、频繁换班的现象，以增强人大常委会的活力，保持人大常委会工作的稳定性和连续性。二是要优化人员结构。现在比较多地考虑将党委、政府、法院、检察院、军队的干部年龄到线后转岗到人大常委会工作，造成监督“一府两院”的动能先天不足，应当适当加以改善，尤其要减少行政机关、司法机关退居二线的高级官员担任常委会委员的人数。三是要实行常委会组成人员全部专职化。②适当扩大规模，增强其代表基础。[②] 全国人大常委会可考虑将规模扩充至300～400人，要保证各选举单位都能有自己产生的全国人大代表进入常委会，具体产生的办法可考虑一半委员名额分配给各代表团，由代表团选举产生，另一半名额由全国人民代表大会选举产生。地方各级人大常委会也应适当扩大规模，充分考虑专职委员的年龄、文化程度、职业经历、专业背景等方面的因素，拓宽专职委员的来源，

---

① 十届全国人大常委会增加了19名来自法律、教育、科技、经济领域学历较高、年富力强的“特别成员”，一些地方在刚结束不久的换届选举中也注意吸收部分比较年轻的专业人员进入人大常委会工作。这是一个可喜变化。

② 历届全国人大常委会的组成人员与同级代表大会的代表人数相比，规模太小，历届都没有超过200名，如九届全国人大常委会组成人员155名，十届全国人大常委会为175名。如果仅以全国人大常委会组成人员比较，许多国家议会的规模都大于我国。

全面提升常委会组成人员议政能力和效率。③适当减少常委会会议次数，延长会议期限。我国1982年《宪法》扩大了全国人大常委会的职权，全国常委会承担着越来越重要的职责，县级以上地方各级人大常委会也承担了日益繁重的工作任务，而现行的两个月开一次例会、每次会议五六天时间已不满足形势需要，在代表大会每年例会无法延长的情况下更有必要逐步延长常委会会议期限，不妨合并会议次数为3次，每次1个月至2个月。④改善常委会委员的工作条件，提高工作效率。有必要借鉴国外为议员配备助手、秘书的做法，为委员们配置相应的工作人员，协助他们处理日常事务，使委员们集中精力履行职务，有关经费由财政承担。可以先考虑在县级以上地方各级人大常委会设立兼职常委助理制度。目前，个别地方如重庆市、深圳市人大常委会已经设立为兼职常委聘用法律助理的制度，这必将有利于提高兼职常委的工作水平和效率。根据深圳市人大常委会的做法，市人大常委会为每位兼职常委委员聘用一位法律助理，法律助理必须具备法学学士学位，在深圳市从事法律专业工作三年以上，不是国家机关工作人员等。法律助理候选人名单由市人大法制委员会提出，报主任会议决定，兼职委员也可以向法制委员会提出法律助理的建议人选。法律助理的职责是根据兼职委员的要求，为其审议法规草案、开展法律监督等履行职务提供有关法律咨询意见和相关工作建议。[①] 考虑到现在人大常委会审议的预算案越来越复杂（要求编制部门预算），经济监督工作任务越来越繁重，除了聘用法律助理外，还可以考虑聘用经济助理，作为审议计划、预算、财政案的助手。条件成熟时，再将助理制度扩展至所有常委委员。美国联邦参众两院的议员平均每位有15名助手[②]，而且这些议员本身都是专职议员。⑤要尽量使常委会组成人员最终进入专门委员会，参加各个专门委员会的日常工作。每位委员应至少参加一个专门委员会，但不宜超过两个专门委员会。要提高常委会组成人员的议政素质和治国能力，更加准确地、有效地履行各项职能。⑥重视常委会工作机构的建设。常委会的大量日常基础性工作是由其工作机构完成的，工作机构的工作效能对常委会的职能作用有着相当大的影响。因此，充分调动常委会工作机构中工作人员的积极性，最大限度地发挥他们的聪明才智，本身也是在加强常委会自身的建设。要尽快实行并扩大人大机关的干部与党委、政府机关的干部相互交流制度，并在干部培训、待遇等方面与党

---

① 参见《深圳市人大常委会为兼职委员聘用法律助理办法》（2001年9月25日深圳市第三届人大常委会主任会议第十八次会议通过，2003年10月20日深圳市第三届人大常委会主任会议第五十七次会议修改），《深圳市人大常委会兼职委员法律助理工作规范》（2003年4月8日深圳市第三届人大常委会主任会议第四十五次会议通过）。

② 参见杨百揆编：《现代西方国家政治体制研究》，春秋出版社1988年版，第74页。

委、政府一视同仁。

（2）完善和加强各级人大的专门委员会。①在扩大常委会规模的基础上，适当增加专门委员会的数量。目前全国人大的专门委员会为9个，县级以上地方各级人大的专门委员会数量均没有超过全国人大，总的来看数量偏少。从全国人大来说，亟待增设的应当是宪法委员会，以加强全国人大宪法监督实施的效能。地方各级人大也应结合本地实际，相应增设专门委员会，如计划与财政预算审查委员会等。②加强专门委员会的监督职能。在议案初审过程中，专门委员会可举行听证会，要求有关部门派员出席接受询问或提供必要材料。③制定完善专门委员会的议事规则，使专门委员会的工作程序化、规范化。

（3）完善会议制度。①完善人大会议的审议、表决制度。为克服分组审议的局限性，可以就一些关系国计民生或人民群众普遍关心的热点、难点问题组织大会发言、辩论，或借鉴全国人大常委会的做法，就一些重要议题采取联组会议的方式，扩大讨论的范围。为克服整体表决法律法规（草案）的不足，可以借鉴西方议会制度的一些做法，进行逐条表决或者采取修正案方式，也可以在草案中提供备选方案供委员们选择。②进一步扩大代表或委员了解信息的渠道，可以举行各类听证会，听取行政管理相对人或有关方面代表的意见，或听取有关部门就立法背景、相关制度等进行说明。③完善会议旁听及公开报道制度。要制定人大会议及常委会会议允许旁听的规则，使人民旁听人大会议制度化、程序化。新闻媒体除报道人大及其常委会会议开幕、闭幕场面外，要加强对有关审议、讨论情况的报道，在可能的情况下实行现场直播。

（七）保障人民代表大会依法充分行使职权

人大依法行使职权，是真正实现人民当家作主的具体体现，目前要努力做到以下几点：

（1）提高对人大的认识，加强宪法和人大制度的宣传教育，用宪法和法律的规定来统一人们对人大的认识。

（2）要保障人大及其常委会行使各项职权。人大的立法、监督、人事任免和重大事项决定都需要遵循更完备、更具可操作性的法定程序，完善各项工作制度。目前尤其要做好立法和监督工作：①就立法来说，《立法法》已经颁布实施，但仍有许多问题需要在实践中继续探索、逐步完善和具体化，如《立法法》规定了有关部门对法律案听取意见的方式包括召开座谈会、论证会和听证会，但对听证的程序、听证结果的效力等都未做规定，有必要制定专门的听证规则。此外，《立法法》对最高人民法院、最高人民检察院制定的司法解释的效力，以及同宪法和法律相抵触（现实中这种情况是存在的）时如何处理也未做规定，同样需要进一步研究。②就监督来说，2006 年 8 月 27 日，十届全国人大常委会第 23 次会议 161 位常委会组成人员以 155 票赞成、1 票反对、5 票弃权，高票通过了《各级人民代表大会常务委员会监督法》，该法已于 2007 年 1 月 1 日实施。此次出台的监督法，主要是对宪法、地方组织法、立法法和人大常委会的一些决议、决定中关于人大监督方面的内容，以及目前实践中一些成熟做法的综合梳理。从监督的主体、范围和方法上看，没有突破性的规定，但是规定更统一、规范了，尤其是细化了具体的程序。例如，监督法对立法法中已有的关于规范性文件备案审查作了衔接性规定，还增加了新规定，如县级以上人大常委会有权撤销下级人大及其常委会作出的不适当的决议、决定，有权撤销本级政府发布的不适当的决定和命令，省级人大可以参照立法法规定对撤销程序作出具体规定。再比如，早已出台的立法法中有关法规审查的规定，但实行多年来，还没有出现过一次法规被撤销的案例，实际工作中通常是通过内部协调来解决。而关于特定问题调查委员会，之前也早有相关规定，但是迄今为止只有安徽的地方人大有过实践案例。此次立法在具体程序上的完善，将有助于这些制度更多地走向实际运作。除了程序完善之外，监督法中的另一个亮点是对政府预决算监督的加强。主要措施是严格控制预算执行的调整，明确人大常委会对决算和预算执行情况报告的审查重点，包括预算超收收入的使用、部门预算制度的建立和执行、财政转移支付和国债余额情况等。这些如果能认真落实，将很大程度上改变人大监督薄弱的问题。

（八）完善与人大工作有关的配套法律

现行的宪法、全国人大组织法、地方组织法、代表法、国务院组织法、人民法院组织法、人民检察院组织法、人大议事规则、常委会议事规则对各级人民代表大会及其常委会的职责权力都作了原则的规定，对推动人民代表大会制度的建设，起到了积极的作用。但其中不少条款缺乏程序上的具体规范，执行时难度较大。有必要根据代表制度运行中暴露的问题，加大政治立法步伐，加强相关具体法律、法规的制定和完善，如议案、质询、罢免、听证等方面的制度。